Walther Rohdich

Terra mirabilis

Mit Peter Mefferten zu den Sehenswürdigkeiten unserer erneuerten Erde

Das ist der berühmte Peter Mefferten, der uns in diesem Buch mitnimmt auf viele seiner eigenartigen und sensationellen Reisen. Er ist einer der Weltmeister im Sammeln von Doktortiteln und besitzt inzwischen diese hier: med-rer.nat-phil-jur-pharm-oec-rer.pol-ing-theol-biol.hum-mus-rer.agr-habil und ein gutes Dutzend h.c. Er ist außerdem sehr stolz auf seine Ähnlichkeit mit dem weltberühmten Komponisten Robert Schumann.

Walther Rohdich

Terra mirabilis

Mit Peter Mefferten zu den Sehenswürdigkeiten unserer erneuerten Erde

Rediroma-Verlag

Bibliografische Information der Deutschen Nationalbibliothek:
Die Deutsche Nationalbibliothek verzeichnet diese Publikation in der Deutschen Nationalbibliografie; detaillierte bibliografische Daten sind im Internet über http://dnb.ddb.de abrufbar.

ISBN 978-3-96103-248-8

Umschlagillustration: Walther Rohdich

www.rediroma-verlag.de
13,95 Euro (D)

Inhalt

Vorwort und Einleitung

Professor Peter Mefferten, jetzt 50 wie auf der Abbildung, der nun sein gutes Dutzend Doktortitel, darunter vier ehrenhalber, am liebsten verschweigt, ist Historiker, Mediziner, Altphilologe, Neurologe, Philologe, Satiriker, Komiker, Parasitologe, Verhaltensforscher, Luniker, Kyniker, Zyniker, Archäologe und in der Loge der Freimaurer – es ist uns bisher nicht gelungen, ihm noch mehr Berufe nachzuweisen. Auch ist es nicht gelungen, ihm die Nachkommenschaft zum gleichnamigen Spielkartenfabrikanten des 17. Jahrhunderts aus Amsterdam anzuhängen, der hin und wieder in der Literatur genannt wird. Noch engere Vorfahren sind ebenfalls nicht aufzutreiben, er selbst ist nicht verheiratet und weiß keine Namenserben zu nennen, so dass es wahrscheinlich ist: Dieser Name wird einst aussterben. So freuen wir uns, dass wir Peter Mefferten mit dem vorliegenden Werk unsterblich machen werden!

Nachdem ihm ein unbegreifliches Schicksal in Form einer Lottofee drei Lottovolltreffer beschert hat, gilt er auch als Lottologe. Um den vielen neuerscheinenden Freunden und Freundinnen zu entkommen, ist er Erd- und Mondreisender geworden. Auf dem Mond zum Beispiel interessiert ihn, wie weit ein Känguru dort in der Schwerelosigkeit springen, ein Ochsenfrosch hüpfen, das Große Grüne Heupferd schwirren und ein Faultier faulenzen kann.

Viele Sachen, die hier vorgestellt werden, veranstaltet er nicht selbst, er besucht sie als Gast oder Beobachter und berichtet dann davon in Medien. Auch treibt er einige Sachen flott voran nur dadurch, dass er anwesend ist.

„Alles in allem“, zieht er manchmal Resümee, „steckt unsere ‚Terra’ genannte Erde mehr voller Merkwürdigkei-

ten, als unsere Medien wie Fernsehen, Hörfunk, Yellow-Presse und andere Organe veröffentlichen können."
Diese Lücken zu füllen fühlt Peter Mefferten sich verpflichtet und darum macht er sich jetzt auf die Socken...

Auf der guten alten Erde, - wie alt ist sie eigentlich? -, hat sich einiges getan: Früher eifrig Herbeigesehntes, für unmöglich Gehaltenes, gar nicht Gewolltes und natürlich Unerwartetes hat sich verwirklicht – indem endlich einige Mitbürger „die Nasen voll hatten" von uralten, ja Jahrtausende währenden Querelen der Menschheit und „Nägel mit Köppen gemacht haben" – aber dadurch sind „die Wunder dieser Erde" nicht ausgestorben oder weniger geworden: „Terra mirabilis" wird aber auch manchmal zur „Terra horribilis" – „Lesen Sie selbst nach!"

Als Einleitung in die kommenden Geschehnisse schlägt Peter Mefferten vor, einige Knüller der letzten Jahre der Leserschaft vorab bekanntzumachen.
Erstens: Wissenschaftler haben errechnet, dass die Meere der Erde in den nächsten hundert Jahren um cirka 35 Zentimeter ansteigen werden. Reicht unsere Fantasie soweit sich vorzustellen, wie groß diese Bedrohung ist? Was halten zum Beispiel die Bewohner der Nikobaren, Malediven und Norderney von solchen Thesen? Wird es Panik geben?
Zweitens: Jüngster politischer Hauptknüller des letzten Jahres ist die „Rückgabe" des Kaliningrader Bezirks an Deutschland! Die russische Regierung war dieses unnatürliche Anhängsel an ihr Riesenreich einfach zu lästig geworden. Deutschland lieferte dafür unter anderem hundert Airbus-Flugzeuge, zehn Magnet-Schwebebahnen und sollte zehn Jahre lang zehn Prozent des in dem Bezirk getätig-

ten Umsatzes an Russland zahlen. Um jeder Schacherei einen Riegel vorzuschieben, wurde der gesamte Grund und Boden des neuen Regierungsbezirks Königsberg auf die Dauer von zehn Jahren verstaatlicht.

Drittens: Die Nationen der Erde kreißen – sie tun sich zusammen und gebären die Erdunion, kurz EU genannt, in die andere wie Europäische, Afrikanische und Asiatische Unionen eingehen. Fragten sich vorher die „Kleinen“ angstvoll:

„Kommen wir nicht unter die Räder?“, „Wird man uns nicht einsacken?“ oder „Fressen nicht immer die Großen die Kleinen?“,

so sind es jetzt vor allem wirtschaftliche Argumente, welche den Durchbruch bringen. Um das anschaulich zu machen, werfen wir mit Peter Mefferten einen kleinen Blick auf und in die Schweiz: Die etwas rückständigen Damen und Herren in Bern bekamen jetzt plötzlich das Muffensausen, bekanntlich eine allgemeine Krankheit, die kein Arzt diagnostizieren kann.

Viertens: Es wird ab einem bestimmten Stichtag eine einheitliche Währung geben, die durch freie Wahlen aller Erdbürger benannr werden soll – wir verraten jetzt schon, dass Peter Meffertens im Namen der Bundesrepublik gemachet Vorschlag „Tacken“ eine über Zweidrittelmehrheit bekam.

Fünftens: Die Steuerpolitik wird vereinfacht und die zum Geldschmuggel anregende MWST wird abgeschafft.

Sechstens: Schlupflöcher für Schwarzgelder und andere unrechtmäßige Barschaften wird es nicht mehr geben.

Siebtens: Jeder Bürger der Erde wird, außen den „ganz reichen“, wenn er nicht mehr im Erwerbsleben stehen kann, monatlich eine Zahlung von 500 Tacken bekommen.

Achtens und letztens: Eine absolute ungestörte und bedingungslose Reisefreiheit wird jedem gewährleistet.

Jetzt, nach diesem Vorwort und dieser Einleitung, meint unser Reiseleiter Peter Mefferten, ist es an der Zeit, zu den Abenteuern überzugehen, welche auf „der neuen Erde“ auf uns zukommen. Unser erster Abenteurer heißt Klaus Sacher, ist 39, sehr entfernt verwandt mit dem Erfinder gleichnamiger Torte, aber auch Wiener Konditormeister und hat es mitsamt seiner Familie Ehefrau Lisa, 25 und Bäckermeisterin, und Sohn Fritz und Tochter Marie, 11 und 12 satt, „für’n Appel und Ei“ in Europa zu malochen, (schwer arbeiten), und möchte also emigrieren. Aber wer woanders hin auswandern möchte, sollte dorthin erst einmal eine Urlaubsreise machen. Es genügt nicht, „über meckernde und centfuchsende Kundschaft zu meckern“ und zu sagen „aus Österreich auszuwandern ist Paradoxie“, auch nicht auf Ratschläge der Industrie- und Handelskammer zu lauschen“, „denn die dort wissen auch nichts!“
„Am besten ist es“, behauptet Peter Mefferten, „den Wunschort als Tourist zu besuchen und sich dort ‚branchenmäßig’ umzusehen.“

Neusehland Neuseeland

„Au fein“, schwärmt Fritz, „Neuseeland ist nicht weit von Pitcearn, wo die Meuterer der Bounty landeten!“
„Au fein!“, schwärmt Marie, „Auf Neuseeland gibt’s die lustigsten Vögel der Welt, Keas!“
Na, wenn das keine Reiseargumente sind! Peter Mefferten ließ sich nach einem Jahr erzählen, wie es der Familie beim ersten Besuch Wellingtons ergangen ist. In der Innenstadt entdeckten sie das Café Vienna, blieben wie angenagelt

stehen, drückten sich die Nasen am Schaufenster platt und brachen in vier Rufe aus:
„Mama, schau da!“, rief Marie, „Schwarzwälder Kirschtorte!“
„Papa, schau her!“, rief Fritz, „Wiener Marzipantorte!“
„Klaus, beguck dir das!“, rief Lisa, „Schoklade-Mandeltorte ‚Maria Theresia’!“
„Lisa, schnüffel mal!“, rief Klaus, „es riecht nach Berlinern und Mohnbrötchen!“
Klaus zückte sein Urlaubsnotizheft und notierte die Preise. Im Hotelzimmer machte er dann eine vergleichende Preisliste:

	Preis daheim in Wien	Preis in Wellington
Ein Stück Sachertorte	2,50	6,50
Dito Schwarzwälder Kirsch	3,50	8,50
Bienenstich	3,00	9,00
Berliner	1,00	3,00
Amerikaner	2,00	4,00
Stuten 500 Gramm	2,90	6,00
Mohnbrötchen	0,60	2,00

Alle Preise bereits in den neuen Tacken! Klaus und Lisa schauten sich wie Verschwörer an und antworteten unisono Marie und Fritz, die ebenso unisono von „verdammt teures Pflaster hier“ und „das sind Halsabschneider“ gesprochen hatten:
„Das ist es ja gerade, Kinder, hier können wir uns gesundstoßen.“
Und um diese Aussage zu untermauern, kauften sie je einmal Schwarzwälder Kirsch, Sachertorte, Bienenstich und Amerikaner, um sie draußen, in bequemen Stühlen in der

Sonne sitzend, genüsslich zu verzehren. Sie taten je einen Happen und sagten dann der Reihe und dem Alter nach:
„Pfui Deibel!“
„Igittigitt!“
„Fressen nicht mal Tiroler Mastschweine!“
„Könnte ich meinem besten Feind nicht empfehlen.“
Diese vernichtenden Urteile und die erfahrenen Preise zusammengenommen besiegelten folgenden Beschluss:
„Wir ziehen hierhin!“
Blieb nur noch die Mühe, sich nach den hiesigen Lebenshaltungskosten und nach den Einkaufspreisen von Mehl, Zucker, Butter und etc. zu erkundigen – sie waren niedriger als in Wien.

So waren sie nach einem halben Jahr hier an Ort und Stelle, nur hundert Schritt vom bewussten Café entfernt, und ehe sich die beiden Kinder eingelebt hatten, kletterte das Bankkonto der Familie höher und höher und würde, so Klaus Sacher, „in zehn Jahren so angeschwollen sein wie zu Hause in hundert Arbeitsjahren nicht“. „Den Fraß“ des anderen Cafés wollten die Neuseeländer natürlich nicht mehr essen, so dass dort geschlossen wurde. Und die Moral von der Geschichte? Nach fünfzehn Jahren kehrte diese Traumfamilie nach Wien zurück und eröffnete das früher angeträumte Hotel-Garni.

„Ähnliche Beispiele wie diese“, berichtete Peter Mefferten, „können Seiten füllen, so oft kamen sie vor. Immer sind es Könner des Fachs und fleißige Leute, die in den USA, in China, Russland, Japan, Australien und Südamerika ihr Glück als Bäcker, Elektriker, Mechaniker, Schreiner, Möbelbauer und Maschinisten machen. Weil sie sorgfältiger arbeiten und pünktlicher sind als ihre einheimischen Konkurrenten. Da kommt mancher Neid auf und so krude Gedanken, dass Reise- und Niederlassungsfreiheit nicht das A und O freier und sozialer Marktwirtschaft sein könne.“

Völkerwanderungen

Kaum war die langerwartete völlige Reisefreiheit, von der UN-Regierung in harten Verhandlungen nach allgemeiner „Befriedung der Erde“ durchgesetzt und bis in die hintersten Winkel der Erde bekanntgeworden, da reckten und streckten sich Tausende Reiselustige. Sie zählten ihre Kröten, jetzt weltweit „Tacken“ genannt, packten Frau, Kind und Kegel, Hab und Gut, bewegliches wie Vieh und lauter Siebensachen, die sich in einem Leben ansammeln können, und machten sich auf die Socken. Sie haben stramm Zeitungen gelesen, Fernsehen geschaut und wissen über neue Veränderungen auf den verschiedenen Kontinenten Bescheid.

So auch Ono Kapala, 31, Massai aus Nairobi, den Peter Mefferten sofort aufsucht, als er von dessen Vorhaben Wind bekommen hat. Kenias Hauptstadt, die inzwischen mehr als 15 Millionen Bewohner mehr schlecht als recht ernährt, ist über den bekannten und geliebten Nationalpark längst hinausgewachsen, so dass nun eingezäunt ist und mit seinen vielen freilebenden Tieren inmitten von Wohn- und Hochhäusern liegt. Der Park musste unbedingt erhalten bleiben, aber Elefanten, Löwen, Giraffen, Gnus und Zebras im Straßenverkehr einer Stadt – das konnte niemand wollen. Für faule und bequeme Touristen gibt es dami die Möglichkeit, von den Fenstern und Balkons des funkelnagelneuen Tausend-Zimmer-Hotels Hilton afrikanische Wildtiere zu beobachten.

Als Peter Mefferten Ono Kapala besucht, führt dieser zusammen mit seinem Bruder ein Einsternhotel nebst Restaurant in der Innenstadt, um auch weniger bemittelten Touristen hier Aufenthalt bieten zu können. Vor drei Jahren ist er direkt aus der Serengeti mit Familie hergezogen, hat alle Stammestraditionen über Bord geworfen, sein Vieh verkauft, aber seine beiden von den Vorvätern geerbten Speere, Assagais genannt, behalten – Statussymbole eines mutigen Kriegers! Das einfache Hirtenleben hatte angefangen, ihm aus dem Hals zu hängen, nun geschieht dies mit dem Stadtleben ebenfalls.

„Wir Massais", erklärt er Peter Mefferten, „sind eben Wandersleute, denen die Evolution jegliche Sesshaftigkeit versagt hat."

Er las soeben Zeitungsberichte über jene kalten Regionen der Erde, welche von der Erderwärmung besonders positiv betroffen sein sollen.

„Schon im nördlichen Sibirien", heißt es da, „ist die kimatische Veränderung deutlich zu spüren: Die Temperaturen fallen auch in strengen Wintern nicht mehr unter die minus vierzig Grad Kälte, die Eisgrenze wandert stetig nordwärts, viele Tier wie Rens, Wölfe und Nerze, wandern mit. Die Pfanzenwelt reagiert ebenfalls entsprechend, Mit wenigen Worten gesagt: Die Tundra wird, aus der Sicht des Menschen, viel lebensfreundlicher."

Ein anderer Bericht bezieht sich auf die Taiga, den südlich der Tundra liegenden Waldstreifen Sibiriens.

„Bereits im April statt im Juni schlagen die Bäume aus und die Vögel sind schon beim jahreszeitlichen Brutgeschäft."

Die noch weiter südlich anschließenden fruchtbaren Steppen Kasachstans haben es Ono besonders angetan. Dieser

Staat wirbt bereits seit zwei Jahren um Siedler und Zuzügler der ganzen Erde:
„Noch eine Generation, und wir haben hier die paradiesischen Zustände Ostafrikas vor 200 Jahren. Statt wilden Tieren werden jedoch bald Massen von Vieh weiden, Pferde, Rinder, Schafe und Ziegen. Man sollte hier Hirte sein und das Hirtenleben der Heimat fortführen! Hört, ihr Leute! Kasachstan ruft euch – ein Land zwischen Tradition und Moderne!"
Dann wird versprochen, dass es entsprechend den UN-Richtlinien keinerlei Beschränkungen geben wird.
„Es ist Platz für 100.000 Wohnwagen vorhanden! Ein Anfangsviehbestand wird kostenlos gestellt, neue Schulen sind im Bau, ebenso gute Straßen für gewünschte Stadtbesuche."

* * * * *

„Lasst uns fort- und hinziehen!"
Das wurde diskutiert, bedacht, besprochen, geplant und getan! Und nun beobachtete Peter Mefferten am nördlichen Stadtrand Nairobis den Exodus einer riesigen, aber entschlossenen Familie „mit Kind und Kegel", wie ein deutsches Sprichwort es zu formulieren weiß: Fünf Mitshubishi-Trouper mit angehängten Caravans, fünf VW-Bullis, zwei Dreieinhalbtonner, zehn Motorräder, zehn Moutainbikes mit Bollerwagenanhänger und fünf Traktoren oder Trecker, welche die Vieh- und Futterwagen hinter sich herzogen. Der Familienclan besteht aus über hundert Personen ab 1 bis 101, die überall aufgesessen waren und von hundert Hunden zu Fuß und ebenso hundert Katzen in kleinen Käfigen begleitet wurden. Auch Kleinvieh wie

Hühner, Gänse, Puten und Enten waren mit von der Partie, aber man hörte sie mehr als dass sie sicht- oder hörbar waren – eine moderne Völkerwanderung auf privater Ebene machte sich nordwärts davon.

Vor den Reisenden liegt die Autobahn „East-Africana“, die von Kapstadt nach Kairo führt, oder umgekehrt natürlich, sie ist mit ihrer Schwester, der „West-Africana“, die Kapstadt mit Algier, Madrid und so weiter verbindet, die beide von einem halben Jahr fertig geworden sind. Von Kairo soll es mit der Fähre nach Istanbul gehen, von dort weiter auf ebenfalls neuen Straßen am Schwarzen Meer entlang bis zur untersten Wolgabrücke nördlich des Kaspischen Meeres. Fürwahr eine eine waghalsige Reise für Menschen, die noch nie etwas anderes als Nairobi und die Serengeti gesehen haben! Peter Mefferten lässt diese tapferen Pioniere jetzt an sich entlangziehen, um sie später, wenn sie sich eingelebt haben, erneut aufzusuchen. Wir schließen uns ihm an!

* * * * *

Eine Reise tief in die Geschichte

Peter Mefferten fuhr nach Italien, genauer gesagt nach Kalabrien. Denn sein Freund Alfonso Trappatani, 67 und Muttersöhnchen, hatte gerufen und sehr geheimnisvoll getan, in „Sachen alte Germanen in Italien und so“, und „Sie müssen herkommmen, Professor, und dabei sein, so können Sie der erste Berichterstatter vor Ort sein und den anderen Neugierigen eine lange Nase drehen.“ Das geschah auch. Hier ist Peter Meffertens Augen- Ohrenzeugenbericht, der es tatsächlich in sich hat.

„Nächtlich am Busento klangen dumpfe Lieder..."
Das war 410.
„Tagsüber am Busento klingen frohe Lieder..."
Das ist jetzt und heute. Der Busento ist ein Nebenfluss des Crati in Kalabrien, und bei Cosenza soll laut Historie Westgotenkönig Alarich I., geboren um 370, mitten im Fluss begraben worden sein, nachdem er im selben Jahr 410 Rom geplündert und viel Beute fortgeschleppt hat. Roma war damals schon christlich und so war's wohl logisch, dass dieser Heidenkönig nicht in den Genuss seiner Untat kommen durfte. Seine Getreuen gaben sich viel Mühe mit dem einmaligen Begräbnis. Sie legten den Fluss durch Ab- und Umleitung trocken, buddelten, - natürlich ließen sie diese Arbeiten durch Sklaven und Gefangene ausführen - , ein solch tiefes Loch, dass sein lebendes Edelross mit aufsitzendem toten König und mächtigem Goldschatz hinein passte, ummauerten das Ganze (Vermutung) und schaufelten es zu. Busento wieder ins Bett gebracht, Wasser rauscht, der ganzen zahlreichen Grabungsmannschaft den Garaus gemacht, mit neuem König fortgeritten – das nennt man „Geschichte schreiben"!

Viel wurde in der Folgezeit gesucht, gestochen, sondiert und berechnet, aber nicht der kleinste Hinweis gefunden. Jetzt aber gibt es Roboter, die auf Gold ansprechen und ganz wild werden, wenn sie's riechen. Multimillionär und Goldbarrenbesitzer Alfonso Trappatani, in Kalabrien viele Hektars besitzend, liest und hört davon und fällt vor Freude fast in Ohnmacht und seiner Mutter, 90, in die hageren Arme.

„Mamma mia!“, schreit er durchs 500-Quadratmeterheim und meint tatsächlich seine Mama Maria, also 90 und Clanchefin, „Mamma, wir suchen und finden ihn!“
Schon als Junge hat er stundenlang am Busento gesessen, ist seine Ufer entlang marschiert in der Hoffnung, irgendein Zeichen, und käme es vom Himmel, zu erhalten. Sein Antrag bei der Bezirksregierung, den Fluss trocken zu legen, ist abgelehnt worden:
„Ja, wenn Sie handfeste Anhaltspunkte haben, dann vielleicht...“
Mit „handfest“ war diesmal, wie sonst immer, nicht Handaufhalten gemeint, und Alfonso rühmte sich, stets ohne das italienische „in die Taschen stecken“ und „im Handumdrehen kassieren“, ausgekommen zu sein.

Für einen Mann mit genügend Golddukaten oder Euro ist es leicht, einen der Roboter für Arbeiten im Wasser umbauen zu lassen und zu mieten, „Schnüffel“ heißt der in Frage kommende und kostet tausend Euro pro Tag. Seit Anfang Mai schlurft und nuschelt er über den Grund des Busento, schnüffelnd wie ein Maulwurf auf Regenwurmjagd, und da er in empfindlichster Einstellung nur die Breite eines Meters fassen und auswerten kann, ist Geduld vonnöten. Geologen und pensionierte Militärs mit strategischer Auffassungsgabe sind beauftragt worden, mit den Blicken alter Wandergermanen eine geeignete Stelle für ein Unterwassermausoleum zu bestimmen, doch sind seit 410 zu viele Wasser durch den Fluss gegangen, auch hat man begradigend an ihm gearbeitet – es ist alles umsonst, ja, bis Schnüffel Quiektöne ausstößt, seine Informationslampen aufleuchten und den angeschlossenen Computer arbeiten lässt. Ein Monitor zeigt die grafische Darstellung eines Kubus von sechs Meter Höhe, Breite und Tiefe. Ge-

nug, ein aufrecht stehendes Pferd samt Reiter aufzunehmen. An einigen Stellen, offenbar im Inneren, lokalisiert der Computer Gold.
„Wir haben ihn!“
Trappatanis Aufschrei erschüttert Italien, das bisher wenig Interesse zeigt, und rollt wie ein Donnerwetter über den Erdball. Die vorbereiteten Maßnahmen der Ausgrabung können beginnen, nachdem 250 indische Arbeiter eingetroffen sind. Sie sind fleißiger als alle anderen ihrer Kollegen irgendwo auf der Erde und sie sind es, die „tagsüber am Busento frohe Lieder singen“.

Die ersten Schichten des Flussbodens werden von Baggern fortgeräumt, zwei Meter etwa, bis eine eingestoßene Sonde auf festen Widerstand stößt. Das ist der Zeitpunkt, ab dem sich der einzige zugelassene italienische Fernsehsender fest vor Ort niederlässt. Jetzt treten die 250 Schaufeln der Inder in Aktion, fremde Menschen, die selbst, obwohl ihnen abendländische Geschichte vollkommen schnurz sein müsste, von fieberhafter Aufregung ergriffen werden. Nach zwei Tagen haben sie eine Platte von sechsmal sechs Metern freigelegt, die ganz offensichtlich die Decke eines Raumes darunter darstellt; sie ist gemauert. Nun heißt es, „rundum“ die Erde abzutragen, wobei wieder die Bagger eingesetzt werden können. Nach weiteren zwei Wochen hat man den ganzen Kubus derartig umgraben, dass um ihn herum eine zwei Meter breite Gasse entstanden ist.

Trappatani hat natürlich das Lustschreien aufgegeben, ganz im Bann der Ereignisse gefangen sitzt er auf einem Hochsitz, träumt nicht mehr vom ewigen Ruhm des Nichtver-

gessens, sondern hat ihn ja erreicht. Eines seiner Lebensziele.
„Dass Mamma dieses noch erleben darf!“
Er gibt Interviews am laufenden Band und belehrt die Unwissenden immer wieder über jene Zeit italischer Geschichte, als das Römische Reich unter dem Anprall der Germanenstämme unterging, die selbst Vertriebene waren. Sein Architekt Aldoro Mori, 46, entwirft bereits das Denkmal, das hier am Ufer des wieder normalisierten Busento auf einer Anhöhe stehen soll: Dieser Sechsmalsechs-Meter-Kubus, natürlich ein Nachbau aus Granit, zum Süden hin offen, wohin die Westgoten ziehen wollten, und in ihm die Statue Alarichs auf dem Pferd, welche der des römischen Kaisers Marc Aurel ähnlich sein soll.
„Dieses Denkmal wird der Anziehungspunkt Süditaliens werden“, orakelt Trappatani, „und uns beide unsterblich machen.“
So kommt es tatsächlich.

Nachdem man nun also das fertig ausgegrabene Gebäude ganz umgehen kann, heißt es, einen etwaigen Eingang zu finden. Abklopfen, horchen, anbohren, Endoskop einführen, beobachten, nichts außer der Gewissheit, einen Hohlraum vor sich zu haben, in dem sich Gold befinden muss, weil der Sensor des Roboters weiterhin verrückt spielt.
„Klar“, sagte Trappatani, „sie haben nicht vorhersehen können, dass jemand herkommt und reinzuschauen gedenkt. Versucht ein türgroßes Stück herauszuhauen.“
„Was ist?“, fragte ein Reporter, „wenn die Kammer leer ist, weil schon früher Räuber und Spitzbuben hier waren?“

„Unmöglich, dann gäbe es Sagen und Legenden davon und dann wüsste die schwatzhafte hiesige Bevölkerung auch einiges zu berichten."

Die tragenden Mauern sind einen halben Meter dick und ihre Steine so sorgfältig behauen und eingepasst, dass es einen Tag Arbeit von zwanzig sich ablösenden Arbeitern dauert, bis ein Loch entstanden ist, um einen Kopf ins Innere zu richten – natürlich Trappatanis, des Chefs vom Ganzen! Ein gefundenes Fressen für bildhungrige Fernsehleute und fotobesessene Fotografen. Sie bieten ihren Betrachtern den Anblick „eines kopflosen alten Mannes, der an die Mauer genagelt scheint".

„Ich sehe", gibt er atemlos nach außen durch, „im Kreis der Lampe Gebeine durcheinander, werden wohl von Mensch und Pferd stammen, Lederstücke, Metallteile und in einer Ecke aufgeschichtete Geräte, die aus Gold bestehen könnten. Hier riecht's richtig nach Orkus. Wir sind am Ziel, Leute."

Diese fünf Wörter flitzen wie Blitze um die Erde. Jetzt bleibt das Fernsehen, das jeden Zuschauerrekord, auch den von WM-Fußballspielen italienischer Mannschaften bricht, bis zur türgroßen Schaffung eines Eingangs live dabei. Trappatani, zwischendurch nur kurze Nickerchen einlegend, tritt am diesem erdbewegenden Tag in Alarichs Grabkammer, über tausend Jahre nach seinem Tod, seine Mamma galant am Arm führend.

„Ein Bild für die Götter!", sagt ein Reporter.

* * * * *

Trappatani hat beim ersten Rundblick richtig gesehen und geurteilt. Akribische Untersuchungen bestätigen das Alter aller Überreste und identifizieren die Gebeine als solche von Mensch und Pferd. Letzte Zweifel sind beseitigt, als man den Haufen, den damals das schließlich zusammensinkende Pferd und sein toter Reiter gebildet haben, auseinanderklaubt und eine schlichte, mit Edelsteinen besetzte Krone findet, die eindeutig den Westgoten, die später bis 711 in Spanien herrschten, zuzuordnen ist. Die Goldfunde sind so prächtig, dass hier nur ein König begraben sein kann. Sie gehen vorerst in Museum Roms, wo sie aufgearbeitet werden. Als alle Untersuchungen und Fotoaufnahmen abgeschlossen sind, wird das Grab zugemauert und wieder zugeschüttet, einschließlich der Gebeine – „Reqiescant in pace!“

Zwei Jahre später ist das geplante Denkmal fix und fertig, ein schlichter Quadratbau, nach Süden geöffnet, von wo man, besonders beim hier nicht seltenen Sonnenschein, den nach Osten gerichteten aber südwärts blickenden König auf schnaubendem Ross bewundern kann. Er ist damals nicht nach Afrika gekommen, erst nach ihm die Wandalen verwirklichten den germanischen Traum. Schon im ersten Jahr kommen fünf Millionen Besucher aus allen Teilen der Erde angereist, einschließlich Korea, Mongolei und Fidschis, die bisher nichts von europäischer Geschichte wussten, und zahlen je zehn Euro Eintritt – ein paar Jahre weiter so, und Trappatani und seine Mama haben alle Unkosten wieder eingefahren.

Peter Mefferten ist von dieser wahrhaft geschichtlichen Unternehmung so beeindruckt, geradezu aus dem Häuschen geraten, dass er auf den Geschmack gekommen ist und nach weiteren historischen Ausgrabungen Ausschau hält. Seine Blicke richten sich nach Norden, woher die

Germanen unter Alarich einst kamen, und, man höre, sehe und staune, er wird fündig. Begleiten wir ihn in das deutsche Bundesland Niedersachsen...

* * * * *

Es wird weiter gebuddelt

Aber weniger spektakulär und über tausend Kilometer nördlicher. Wer kennt den Kalkrieser Berg, in der Nähe Bramsches bei Osnabrück in Niedersachsen gelegen? Einheimische natürlich und ein paar Interessenten deutschen Anfangs in Mitteleuropa. Seit über fünfzig Jahren gräbt man am Hang des Berges nach Überresten jener drei römischen Legionen, die anno 9 von den germanischen Cheruskern unter Arminius überfallen und vernichtet wurden. Bisher hat aber weder irgendeine Theorie noch Ausgrabung, viele an vielen Orten, den Beweis erbringen können, hier und nicht woanders habe das Gemetzel stattgefunden. Denn Funde wie Legionärsmasken, Waffen, Münzen, Werkzeug und Tierskelette sind nur ein Beweis, dass die Römer hier und dort gelagert, gesiedelt oder sich sonstwie aufgehalten haben. Ein Beweis kann nur so aussehen:
„Findet den fehlenden Legionsadler!“
Jede römische Legion besaß neben ihrer Nummerierung einen „tragbaren Adler“, eine Standarte sozusagen, ging er verloren, kam Schande über die Soldaten. Alle drei Adler der Legionen Nummer XVII, XVIII und XIX, ruhm- und siegreiche, gingen verloren, zwei fanden die Römer auf späteren Feldzügen wieder, der dritte ist seitdem verschollen und muss noch irgendwo „in deutscher Erde“ ruhen – ihn zu entdecken heißt den Ort der „Schlacht im Teutoburger Wald“ gefunden zu haben.

Am Kalkrieser Berg sind die Archäologen immer noch frohen Mutes, haben sie sich doch noch einmal von neuesten Rechnern bestätigen lassen, dass infolge von Erdverschiebungen und Rutschen des Berghangs ungefähr zwei Meter Erdboden über allen Funden ruhen müssten. Tatsächlich stoßen sie immer dann, wenn sie diese Grabungstiefe erreichen, auf Funde wie Münzen, vor allem Haarspangen, die beweisen, dass hier auch „Frauen gewesen“ sind; laut historischer Überlieferung führten die Soldaten ihre Liebchen, Freundinnen und ganz normale Huren mit sich. Kalkriese steht in scharfer Konkurrenz mit der Stadt Detmold, auf dessen Gebiet, heißt es hier seit über einhundert Jahren, die Schlacht stattgefunden haben m u s s!
„Nun denn“, denkt sich Peter Mefferten und schaut eine Weile beim Graben zu, „ich bin ein alter Glücksbringer, wenn ihr fleißig arbeitet, Leute!“

Ein leichter, sachter Spatenstich verursacht ein kratzendes, klirrendes Geräusch – er macht Geschichte. Denn er trifft den vermissten Adler, dessen Tragstange zwar verrottet, der aber nach erster Reinigung eindeutig als solcher zu erkennen ist. Auch für Kalkriese und Bramsche hat dieser sensationelle Fund riesige finanzielle Folgen, kommen noch in den restlichen Monaten des Fundjahres mehr als 500.000 Besucher, um zu staunen, zu besichtigen, sich neu für alte Geschichte zu erwärmen.
„Peter Mefferten hat uns Glück gebracht“, sagen die Kalkrieser Ausgräber und verleihen ihm umgehend die Ehrenbürgerwürde des Fundortes.

* * * * *

Ein Mann im Moor

Diese Moorgeschichte erlebte Peter Mefferten nur als Ohrenzeuge in einer ostfriesischen Ortskneipe. Sie erklang natürlich unter einigen Bierchen und Schnäpschen, aber für ihre Wahrhaftigkeit verbürgt er sich.

Es wird zur Zeit viel ausgegraben in Ostfriesland, Berühmtes, Banales und Namenloses, namenlose Urzeitenmenschen allerdings auch Zu ihnen gehört Martin Moormann, 48, Heidjer und Ehemann der Anastasia Moormann, 45, geborene Schnatermann. Beide wohnhaft in Berumfehn in Ostfriesland, in Niedersachsen, in Deutschland. Heidjer nannte man früher Leute, die in mühsamer Hand- und Stielarbeit Heide und Moor kultivierten und eher hinüber waren, ehe sie Früchte aus dem Boden ernten konnten. Heute als Hobby, früher aus der Not heraus betrieben. Als Kind träumte Anastasia, einen großen Koogbauern zu heiraten und als Herrin des Hofes Mensch und Vieh nach Herzenslust zu scheuchen. Doch diese beiden Lebewesenarten der Erde wurden von diesem Unglück verschont, weil Anastasia ab 14, wenn Mädchen aufzublühen beginnen, durch irgendeinen Erbsprung ins Gegenteil verfiel und von Geburtstag zu Geburtstag stets einige Grade alterte und unscheinbarer wurde, bis sich im Dorf nicht einmal mehr Hunde und Katzen nach ihr umdrehten. Ein Schicksal, gewiss. Aber sie war einziges Kind und damit Agnatin eines Katenhofes mit zwanzig Morgen Land, teils unkultiviert, teils bereits als Ackerland hergerichtet und genutzt. Als sie 18 wurde, kam unverhofft Martin Moormann des Wegs daher, kreuzte den ihren, sah, siegte und führte sie zum Altar. Normalerweise wäre diese Liebesgeschichte jetzt mit „Es war einmal..." zu Ende, wenn Martin nicht eines Abends, sie waren just ein Jahr verheiratet, um 22 Uhr gesagt hätte, „Ich gehe mal eben zum Briefkasten“ und seitdem verschollen wäre.

Anastasia hätte für sein Verschwinden Verständnis gehabt, wenn es einem Seitensprung gedient hätte und Martin nach geraumer Zeit wieder eingekehrt wäre. Aber jetzt, im Sommer nach drei Jahren, hat sie die Warterei satt und überlegt, vom neuen Freier Horst Horstmar, der gleich alt und unverbraucht ist, beraten, ihn für tot erklären zu lassen. Der offizielle Aufruf, Martin Schnatermann möge sich melden, „sonst...“, ist schon veröffentlicht, da läuft die Meldung durchs Dorf, die mit Torfabbau im Moor beschäftigten Männer hätten „einen“ gefunden! Im Wettlauf mit Polizei und anderen Dorfbewohnern erreicht Anastasia den Fundort im Berumfehner Moor. Dort liegt ein durch und durch braun gefärbter nasser Mann bäuchlings auf dem Boden, so wie er den Arbeitern aus der Böschung heraus vor die Füße gerollt ist. Stumm stehen alle da und sind erfreut über die Sensation, einen Menschen, der tausend oder zweitausend Jahre vor ihnen das Moor bewohnte, vorzeigen zu können, da ergreift Anastasia das Wort:
„Jau, dat isser, dat is mien Martin!“ (Plattdeutsch)
„Ja, das ist er, das ist mein Martin.“ (Hochdeutsch)
Sie kniet vor ihm nieder und betet, sich nun tatsächlich als Witwe und zur Wiederverheiratung bereit fühlend. Keine schlauen Darlegungen und stichhaltige Beweisführungen der Kenner und Gelehrten naher Universitäten können sie davon abbringen, ihren Mann erkannt zu haben. Aber sie kann nicht einfach heiraten, da machen die Behörden nicht mit, bis die beantragte Todeserklärung des echten Martin Schnatermann ausgesprochen ist.

„Und wenn sie nicht gestorben sind“, kommentiert Peter Mefferten lakonisch, „dann leben sie noch heute.“

* * * * *

Dino

Peter Mefferten hat erst einmal genug der vielen Sensationen, die er entweder herausfordert oder die ihm nachlaufen wie treue Hunde. Vielleicht, denkt er, sollte ich meine Frau Petra auf die nächste Reise mitnehmen, sie lenkt von mir ab und wenn wir dann eine Gegend bereisen, die zwar auch interessant und aufregend sein kann, sollte wir wohl unsere wohlverdiente Ruhe finden.

„Wie wär’s denn mit der Arktis?“, fragte sie, „eine Kreuzfahrt in die einsamen Fjorde kann sehr gesundheitsfördernd sein, weil es dort keinen Stress gibt und auf dem Schiff jeder Gast sich selbst der nächste sein sollte.“

Das war natürlich logisch und rechtschaffend gedacht!

Es geht zu den Gletscherabbrüchen im Williams-Sund der Arktis. Also liegt im Juni, das ist hier die Zeit des andauernden Sonnenstandes, die zweitausend Passagiere fassende „Eos“ zwischen lichtem Treibeis, um ihren Gästen zwei Ereignisse der Zeit zu zeigen: Das vermehrte Kalben des Gletschers und das „Ernten“ der Eisberge. Nichts deutet darauf hin, dass heute ein Erdtag besonderer Art ansteht, es herrscht sonniges Wetter jener Weise, die für die Gegend charakteristisch ist, und nach einer Stunde Betrachtung von 10 bis 11 Uhr schlägt sich ein Teil der Touristen in die Liegestühle, um einen arktischen Sonnenbrand herauszufordern. Diese arktische Bräune entsteht in halb so langer

Zeit wie in Mitteleuropa und hält doppelt so lange, sieht gut aus und braucht kaum Pflege.

Naturfotograf Charles Lintberg, 29, wie alle seinesgleichen auf der Suche nach einem fotografischen Knüller, hat soeben eine Chipkarte vollgemacht und steckt eine neue in die Kamera, richtet seine mit dem Supertele bestückte Kamera probeweise auf den Gletscher, als er zu träumen meint. Jedoch als kaltblütiger Fotomann nicht so, dass sein rechter Zeigefinger das Auslösen vergäße! Noch ehe die Hälfte der Reisenden, die nicht ruht, in ihr typisches „Ah", „Oh", „Happy!" und „Very nice" ausbricht, das von der Gletscherwand reflektiert wird, hat Lintberg ein Dutzend Fotos gemacht, die zu denen gehören, die sein Leben verändern – zum überaus Positiven hin! In fieberhafter Eile und fast automatisch legt er sein Zweitgehäuse bereit, falls in den nächsten Minuten die auf der Speicherkarte möglichen 500 Aufnahmen nicht reichen sollten

Was ist geschehen, was geschieht hier? Eine Sensation und also genau das, was Peter und Petra Mefferten auf diesem Schiff hatten vermeiden wollen. In der Mitte der fünfzig Meter hohen Gletscherwand ist ein Streifen von hundert Meter Breite abgebrochen und wie üblich ins Meer gestürzt – nicht ganz wie üblich: Er gibt den Blick auf die nächste noch stehende Eispartie frei, in der aufrecht und wie eingeklemmt ein Tier steht. Es bewegt sich, versucht zu strampeln, sich frei zu machen, man hört sogar sein Stöhnen und Fauchen; verständlich, wenn man bedenkt, wie lange es eingesperrt gewesen sein mag und nun Freiheit wittert und sieht.

Inzwischen sind durch die vielen tausend Überraschungsrufe alle Passagiere an Deck erwacht und backbord gestürmt, so dass das Schiff für zwei Sekunden dorthin leicht krängt. Auf der Brücke haben der Kapitän und seine Offiziere den besten Ausblick, da sie Ferngläser besitzen. Auch die Besatzung des nahen Eisbergbergers, der also antikes Eis lädt, hat ihre Tätigkeit eingestellt und starrt gebannt zum Gletscher hinüber. Lintbergs größtes Glück ist es, dass er als einziger ein Teleobjektiv besitzt, denn zwar richten sich mehr als fünfhundert Foto- oder Filmkameras auf das Motiv im Eis, aber nur seine ist in der Lage, formatfüllende Bilder zu liefern. Diese gehen noch heute, sei vorab vermerkt, an seine Bildagentur ab, von dort weiter an hundert der wichtigsten Tages- und Wochenzeitungen oder Zeitschriften der Erde, schon am nächsten Tag an weitere über zehntausend Tageszeitungen und reihen ihn schlagartig, indem satte Honorare wie Hagel auf ihn einprasseln, dem exklusiven Kreis der Großverdiener und „Reichen der Erde“ ein.

Aus dem schrillen Gekreische der weiblichen und dem etwas tiefer liegenden Gegröhl der männlichen Zuschauer schält sich allmählich ein Wort heraus, das weltweit Name und Begriff werden sollte:
„Dino – Dino – Dino!“
Skandiert, fragend, befehlend. Der oder die Angesprochene gehorcht, reckt sein oder ihr Haupt den Rufern zu und löst sich mit dieser Bewegung endgültig aus der Eisumklammerung und stürzt ins Meer hinab. „Dino!“, der Name fortan erdweit in Presse, Fernsehen und Öffentlichkeit, von Dinosaurier natürlich, und es ist ein mittelgroßer Brontosaurus. Echsen, was diese Biester ja sind, wachsen lebenslang, und diese misst vom vorgereckten Kopf bis zur Schwanzspitze geschätzte zwanzig und vom Widerrist bis zum großen Zeh

fünf Meter. Mit einem Plumps heftiger als bei mitstürzenden Eisbrocken platscht Dino ins Meer, strampelt, paddelt, rudert, gestikuliert wie bei Hilferufen.
„Sie ertrinkt ja, helft!“
Doch Dino rudert sich frei, erreicht das hundert Meter seitab liegende geröllhaltige Ufer mit Müh’ und Not, tut sich dort nieder, verschnauft schnaufend.
„Man muss ihr helfen!“
Schon jetzt, wie später noch intensiver, spricht Dino menschliche Barmherzigkeit an. Lintberg, der alles exakt fotografiert hat, stürzt zur Brücke hinauf:
„Käpten, mit dem Boot rüber und hundert Salat- und Kohlköpfe mitnehmen!“
Der erste Offizier spritzt davon, fünfzehn Minuten später legt das Schlauchboot, besetzt mit drei Besatzungsmitgliedern, Lintberg und Dinofutter ab und braust davon. Nun können über viertausend Augen, starr, tränenreich und gerührt blickend, ein solche Darbietung erblicken, dass ihre Inhaber später „mit Goethe“ sagen können, „wir sind dabei gewesen“. Vorsichtig, „man weiß nie, ob ein Tier, Millionen Jahre tiefgekühlt, nicht total verbiestert ist“, nähern sich die Männer der Stelle, wo Dino ruht und ihnen mit großen Augen entgegenblickt.“
„Dino kann uns Menschen gar nicht kennen“, sagt Peter Mefferten ganz richtig, „denn zu seiner Zeit auf der Erde gab es uns noch nicht.“
Den ersten hingeworfenen Salatkopf beschnuppert Dino gar nicht erst, sondern schnappt ihn mit einem lauten Schmatz, weg ist er. Ein Kohlkopf folgt, Lintberg fotografiert wie verrückt, Totale, Details, Großaufnahmen, steigt aus, den Arm voller Futter, füttert Dino wie ein gelernter Zoowärter, während ihn der Erste Offizier (mit Lintbergs)

Kamera fotografiert. Dino hat sich erhoben, in schwindelnder Höhe sieht der Fotograf über sich im Himmel den vergleichsweise kleinen Kopf kreisen und schwenken und niederkommen, wenn wieder ein Salat- oder Kohlkopf vernascht werden soll. Derweil zieht er in Erwägung, bei Dino zu bleiben, sie zu begleiten, wenn sie sich, wie anzunehmen ist, landeinwärts begibt. Doch krüppelige dichteste Vegetation und lockeres Gestein, das Dinos klotzige Treter ohne weiteres niedermachen kann, ist für zarte Menschenfüße wohl nicht zu bewältigen. So bleibt's bei der Rückkehr, nachdem Dino Streicheleinheiten unterm Kinn, hinter den Ohren und Kraulereien kassiert hat und nichts mehr zu verfüttern ist. Prompt bricht sie ins Gestrüpp ein und geht krachend und alles niedertretend in die Wildnis davon.
„Auf Wiedersehen – bis später vielleicht!"

Nicht nur vielleicht, sondern gewiss! Der am meisten beschäftige Fahrgast ist jetzt Herr Lintberg: Speichern der ganzen Chose ins Laptop, damit nichts verloren geht, Telefonate an Bildabnehmer, dass Sensationen bevorstehen, Herbeibestellen eines Hubschraubers, um den nächsten Flugplatz zu erreichen, Einschätzen der Honorarsummen, die in den kommenden Wochen und Monaten zu erwarten sind – siebenstellige, das ist gewiss. Die Meffertens versprechen dem Fotografen, sich enrnsthaft für ihn und seine Fotos einzusetzen.
„Das war wohl nichts mit ruhigem Urlaub", maulte Petra Mefferten, meinte aber mehr Dino als ihren Mann. Sie verließen planmäßig mit dem Schiff diese Gegend und ahnten nicht, das noch ein Urzeitabenteuer anstand. Peter Mefferten erfuhr später davon und hat es der Nachwelt überliefert. Damit verlassen wir diese Erdengegend nicht

und wenden uns einem originellen Abenteuer zu, das Parkranger William C. Hunter, 29, hier in der Nähe zu überstehen hat. Doch, wir verraten es, Dino wird natürlich nicht vergessen werden!

* * * * *

Verwandtenbesuch Eins

William C. Hunter nimmt sich vor, es den bösen Wölfen ein wenig heimzuzahlen, die Ziegen und Schafe der Indianer statt Hirsche und Wildschweine gerissen haben. Auflauern auf Jagdkanzeln, so genanntes Ansitzen, ist eine seiner Spezialitäten, da sie mildes Entspannen mit permanentem Aufpassen vereinen. So sitzt er nun seit 10 Uhr auf einem Hochsitz an und hat als Gesellschafter „Bello" mitgenommen, 6, Deutsch-Drahthaar und Jagdhund von Beruf. Bello hat das beste Gehör der Erde, kein Wolf in hundert Schritt Entfernung kann noch so sachte schleichen oder verhalten hecheln, Bello hört ihn und meldet ihn durch leichtes Anknurren seinem Herrchen. Zwischen 12 und 14 Uhr ist Wolfszeit, weil dann Mensch und Vieh gern ruhen und unaufmerksam sind. Und prompt, um 13 Uhr 58, knurrt Bello. Trotz des Eiskrachens vom nahen Gletscher hat er etwas gehört! William macht die Doppelflinte bereit, legt Fernglas griffbereit neben sich, in Habachtstellung richtet er sich auf, um über den Hochsitzrand hinwegsehen zu können – das Rudel Wölfe mag kommen, näher heran natürlich, um es beschießen zu können. Vom sechs Meter hohen Hochsitz hat William Ausblick auf eine Waldschneise, die von den Räubern gequert werden muss, wollen sie ihre Beute in der Nachbarschaft holen. In Kanada ist die Jagd nur auf jene Wölfe freiegeben, die Menschen und ihren Tieren Schaden zufügen, und nur Beamte dürfen schießen. Da auch andere Tiere auftreten können, hat William seine Telekamera mitgenommen, ein Umstand, der sein Leben wie das des Dinofotografen verändern sollte.

Bello knurrt dringlicher, schaut zum Herrn auf, der jetzt im Fernglas Bewegungen von Gesträuch und Geäst wahrnimmt und das Gewehr schussfertig hält. Jetzt hört auch er Husten, Keuchen, Tritte, Rascheln an genau der Stelle, wo die Wölfe anwechseln (erscheinen) müssen, im Zielfernrohr bewegen sich niedrig hängende Zweige – zwei, drei, fünf Sekunden noch, dann knallt's!
„Aber nein, doch nicht auf Menschen, Mister Hunter!"
Ein kurzes Selbstgespräch nur, dann ein herzhaftes Fluchen und Grimmen:
„Verdammt, dass diese Kerle just jetzt herkommen müssen! Wohl Beeren- oder Pilzsammler, verfluchtes Pack, oder gar Wilddiebe!"
Her mit dem Fernglas! William setzt es an, dann ab, schüttelt den Kopf, setzt es an und ab, fährt mit der Hand übers Auge wie jemand, der eine Brille braucht aber nicht dabei hat. Er kennt alle Indianerstämme hier, die sich gehalten oder renaturiert haben, Tlingits meist, aber keiner von ihnen läuft noch fünftelnackt durch den Wald, wo er am stachligsten ist. Im Kreisbild des Glases sieht der Ranger folgende Personen: Einen Mann und eine Frau, die wie ein Paar wirken, mittelalt, einen weiteren Mann, jünger aber kräftiger, drei Kinder im Alter von geschätzten 8, 10 und 13 undefinierbaren Geschlechts. Die spärliche Bekleidung der Leute besteht aus zerfransten Bastlumpen offenbar biblischen Alters, schamhaft um die Hüften geschlungen. Warum sie sich an einem kühlen Septembertag hier oben

so spärlich bekleidet haben, erscheint rätselhaft. Noch merkwürdiger ist, dass sie Schmacht zum Verrecken zu haben scheinen, stürzen sie sich doch auf alles Essbare, das sie auftreiben: letzte Käfer, Motten und Libellen, Schlangen, Frösche und Kröten vorm Winterschlaf, dicke Nacktschnecken, eine Maus. Alles wird ehrlich geteilt und roh verschluckt.

Irgendetwas stört William an diesem merkwürdigen Geschehen, Bello wohl auch, denn er hat sich auf die Keulen gesetzt und schaut knurrend und dem bösesten Blick, wozu seine sonst gutmütige Hundeseele fähig ist, auf die Gesellschaft hernieder. Diese ist jetzt langsam in ihrem Beutezug so nahe herangekommen, dass William erste Aufnahmen machen kann, fünf Minuten später eine zweite Serie von Fotos, welche schon die Gruppe formatfüllend zeigt. Aber sie haben das surrende Geräusch der Motorkamera gehört und blicken zum Hochsitz – Aufnahmen! Ein ahnungsvolles Gefühl signalisiert William, sie könnten von Bedeutung sein. Bello knurrt grollend und schaut die Leiter hinab, wie er am besten herunter käme. Doch ohne Befehl vom Herrchen? Niemals. Grunzend und gestikulierend kommt die Gruppe auf fünfzig Meter heran, verhofft, „unterhält sich", macht insgesamt den Eindruck offener Feindseligkeit, und William beschleicht ein Gefühl kommender Gefahr. Außer der Jagdwaffe hat er die Dienstpistole bei sich, zieht und entsichert sie, legt sie neben sich auf den Sitz. Im Ernstfall würde er mit der Gesellschaft schon fertig werden – aber ein Scharmützel hier in schönster Natur? Nein!

Während jetzt der kräftige Mann bis an die Leiter herantritt und beutegierig emporschaut, nimmt William das Funkgerät her und fordert Unterstützung an:

„Schickt einen Wagen mit zwei Mann, kann sein, dass ich Hilfe brauche!“
Und jetzt, wo sein und des Besuchers Gesicht nur durch sechs Meter Luftraum voneinander getrennt sind, fällt bei William der Groschen (Zehner) der Erinnerung:
„Das sind, wahrhaftig und verflucht, Neandertaler!“
Rasch rekapituliert er, ob sie hier auf dem amerikanischen Kontinent vorkamen. Nun, er kennt sie genau durch Abbildungen aus Neandertal und weiß auch, dass die Wissenschaft sie als Vorläufer des Homo sapiens aussortiert hat.
„Neandertaler! Ich glaube, mich beißt ein Wolf!“
Diese noch leicht nach vorn gebeugte Körperhaltung, die überlangen Arme, das hässliche Gesicht, - „ein Gorilla ist eine Schönheit dagegen!“ -, mit wulstiger Nase und ausgeprägten Augenhöhlen: Kein Zweifel, es sind Neandertaler. Haben sie im Eis gesteckt wie kürzlich dieser Brontosaurus Dino und sind heute oder gestern daraus befreit worden? Unten steht dieser Unmensch noch immer unbeweglich aber zungeschnalzend und lippenleckend. Kaltblütig wechselt William das jetzt zu lange Teleobjektiv gegen ein mittleres, setzt den Blitz auf und „pfeffert“ eine Portraitaufnahme nach unten. Sie bringt ihm demnächst eine Million Tacken Honorare ein! Der Mann zuckt zusammen, röchelt böse und richtet lange, hasserfüllte Blicke auf Bello, der ihm am liebsten „in die Fresse springen möchte“.
„Meine Butterbrote!“, sagt William laut.
Sie fliegen hinab und sind in Windeseile von allen inzwischen herangekommenen Neandertalern verputzt. William hätte als Naturbursche und Tierkenner eigentlich wissen müssen, dass „freiwilliges Abgeben“ in der freien Natur stets als Schwäche ausgelegt, keinesfalls bedankt wird. Innerhalb drei Sekunden ist „Number one“, wie William

ihn nennt, affenartig die Leiter bis zum Kanzeleingang hochgeklommen, wo Bello ihm in die Gurgel fährt und William ihm in höchster Not den Gewehrkolben ins Gesicht rammt. Er stürzt und bricht sich unten sein Neandertalergenick – ist mausetot! Bello bellt, großes Geheul unten, „Number two“ kommt, Rache heischend, ein paar Leitersprossen heran, William tut einen Schuss – in die Luft, fotografiert das nächste Porträt eines entsetzten, doch immer noch zögernden Halbmenschen, ein Doppelschuss aus dem Jagdgewehr in einen nahen Baumstamm, jetzt endlich wird begriffen: Es knallt nicht nur, es kann wehtun! Dann ein Schuss im Hintergrund des weiten Forstes.
„Aha, Hilfe kommt!“
Flinker als erwartet flitzen die fünf Personen ins Gebüsch, das sie sogleich verschluckt. Sie werden trotz intensiver Suche in den nächsten Tagen nicht aufgespürt, erst nach dem Winter in einer Höhle entdeckt: Eng zusammen gekauert, die Kinder von den beiden Erwachsenen geschützt – alle erfroren. Drei Monate danach stehen, sitzen und liegen sechs Neandertaler, denn als solche stellen sie sich nach allen schärfsten Untersuchungen heraus, genannt „Hunterstaler“, realistisch präpariert im Museum zu Ottawa.

Williams zwei Rancherkollegen haben die schmutzigen Hinterteile der Flüchtigen noch sehen können, jetzt stehen sie konsterniert vor Number one. Tote in Verfolgung gültiger Gesetze hat es hier seit dreißig Jahren nicht gegeben.
„Du wirst dich verantworten müssen.“
Klar. William erklärt ihnen die Besonderheit dieser Menschen, zeigt ihnen auf dem kleinen Monitor der Kamera ihre Gesichter und ihren Habitus, aber sie können den his-

torischen Zusammenhang nicht begreifen. Natürlich kommt William unbeschoren aus der Sache heraus, zumal er sich den teuersten Anwalt Kanadas leisten kann. Den staatlichen, miserabel bezahlten Dienst hängt er an den bekannten Nagel und widmet sich nur noch der Vermarktung der Fotos und seiner „Memoiren“, die im Vorabdruck in über tausend Blättern erscheinen. So haben wir wieder einmal einen Herrn vorgestellt, der mit Fotos sein Glück besiegelt hat...

* * * * *

Intermezzo Vereinte Nationen

Ehe Peter Mefferten sich auf neue ferne und nahe Abenteuer einlässt, besucht er New York, um sich jene Wunder anzuhören und anzuschauen, die sich im Weichbild der Vereinten Nationen ereignen. Diese, denen nun a l l e Nationen der Erde angehören, haben nun von ihnen, den Nationen eben, Vollmacht erhalten, dort mit Waffen oder militärisch einzuschreiten, wo gutes, vernünftiges und praktisches Zureden nichts mehr ausrichtet.

Zunächst aber, und das ist das nächste Wunder, wird die längst fällige Welt- oder Erdwährung zum Hauptthema gemacht. Währungszusammenschlüsse wie in der EU haben sich endgültig bewährt und sollen nun weltweit eingeführt werden. Jede Nation ist berechtigt, einen Vorschlag einzureichen, wie die neue Währung heißen soll. Klar, dass nicht jeder Kleinstaat mitmacht, klar auch, dass hier nicht jeder Vorschlag genannt werden kann. Hier nun die wichtigsten Bewerber mit ihren Vorschlägen: USA Dollar, Russland Rubel, Frankreich Franc, Großbritannien Pound,

Schweiz Franken, Österreich MTT, was Maria-Theresien-Taler heißen soll, China Taler und Deutschland Tacken.
„Und wer wird das Rennen machen?“, fragte Peter Mefferten seine Frau.
„Deutschland natürlich. Tacken ist ein Wort, das allen Menschen leicht über die Lippen geht und von allen so gesprochen werden kann, wie es geschrieben wird.“
In den USA und in Russland brach großes Gelächter aus – es verging, als das Ergebnis der Abstimmung bekannt wurde: Tacken! 55% aller Stimmen waren dafür, den Ausschlag gaben die Menschen in Afrika, Südamerika, China, Japan und der Rest Asiens.
„Terra mirabilis“, kommentierte Peter Mefferten frohlockend.

* * * * *

Wichtiger als diese Währungsangelegenheit wird jedoch die Erteilung der Vollmacht an die Vereinten Nationen sein, mit Gewalt gegen unverbesserliche „Feinde der Menschheit“ vorgehen zu dürfen.
„Welche Feinde sind denn das?“, fragte Petra Mefferten naiv, denn sie weiß augenblicklich keine zu nennen.
„Piraten zum Beispiel“, antwortet ihr Mann, „sie treiben zur Zeit ihr Unwesen im Indischen Ozean. Oder Drogenbosse in Mittelamerika, die sich offenbar durch keine Drohung abschrecken lassen. Und die Mafia, die jetzt zwar auf Italien beschränkt worden ist, aber sich wieder mehr ausbreiten könnte.“
„Du bist ja ein richtiger Fachmann auf dem Gebiet der Kriminalität“, sagte seine Frau.

Davon scheint auch Kapitän Carlos Montario, 42, überzeugt zu sein. Sein Anruf trifft Peter Mefferten zur richtigen Zeit, denn er überlegt gerade, wie er die Monate, in der seine Frau eine Kur verlebt, interessant verbringen kann.
„Eine Kreuzfahrt, Kapitän?“
„Ja, kreuz und quer im Indischen Ozean.“
„Da hausen doch Piraten, Kapitän!“
„Eben drum, Meister – kommen Sie mit als Ehrengast und Berichterstatter? Alles kostenlos auf einem Luxusschiff.“
Peter Mefferten kommt mit. Er wird später für dieses Unternehmen einen anderen Namen als „Terra mirabilis“ finden!

Terra horribilis

Der schmucke Luxuskreuzer, der im Hafen von Miami vor Anker liegt, heißt „Happy Pappi & Mammi“ und ist nur für Reisende reserviert, die monatlich mehr als 50.000 Tacken verdienen und nicht älter als 30 sein dürfen – also ein ganz und gar erlesenes Publikum darstellen. Peter Mefferten, der offiziell als „Experte“ mitreist, kommt sich recht senil, fast greisenhaft unter den jungen Leuten beiderlei Geschlechts vor. Aber sie sind nett zu ihm. Es wird immer noch viel Medienrummel um das Schiff gemacht, obwohl, so die Verlautbarung des Veranstalters, „seit Monaten alles ausgebucht ist“. Klammheimlich, ohne dass Neugierige erfahren konnten warum, ist das Schiff in den letzten Monaten umgebaut und beladen worden. Als die Passagier am Tag vor der Abreise an Bord gehen, glauben viele Zuschauer, hinter das Geheimnis gekommen zu sein:
„Schaut euch die Miezen an, die da an Bord staksen“, ruft ein Zuschauer, „das sind doch alles Edelnutten und dergleichen.“

„Einige haben sogar ihre Zuhälter dabei“, sagte ein anderer.
Im Nu machen Spekulationen die Runde:
„Ein richtiges Bordellschiff das! Nur für Hurenböcke mit dicken Tackenbörsen.“
„Wenn die Piraten diesen dicken Pott in die Hände kriegen“, orakelt ein Pressemann, „dann haben diese für Jahre ausgesorgt.“
Wie recht er hat!

Aber von Luxusleben an Bord kann keine Rede sein, wie Peter Mefferten, der sich stets im Umfeld des Kapitäns oder des militärischen Einsatzleiters Admiral a. D. Erwin Lintberg, 56, aufhält, schnell feststellen kann. Alle die attraktiven jungen Teilnehmer der Fahrt sind Mitglieder der Aktion „Saubere Erde“ und haben bei den Vereinten Nationen für diesen einen Einsatz angeheuert. Demnach ist der so genannte Kapitänsempfang ziemlich dürftig ausgefallen: Keinen Sekt, weder etwas zum Knabbern noch zum Mampfen, kein Gelächter und Geschäker, denn Sex und Erotik sind tabu, es gilt, sich den Ernst der Lage zu Gemüte zu führen.
„Herrschaften“, beginnt Kapitän Lintberg, „was wir vorhaben, ist ein Dienst an der gesamten Menschheit. Nach dem alten Römerspruch, ‚Du kannst nicht in Frieden leben, wenn es deinem Nachbarn nicht gefällt’, werden wir unterwegs sein. Sollte unser Vorhaben gelingen, ist die Erde wohl für Jahrzehnte, wenn nicht Jahrhunderte, erheblich sauberer geworden. Auf in den Kampf also, Leute, und keine Sentimentalitäten bitte!“
Der Admiral übernimmt die sachdienlichen Ausführungen:

„Die Piraten des Indischen Ozeans bevorzugen zwei Methoden. Erstens: Sie tarnen sich als reguläre Meeresüberwachung und kommen mit einigen Schnellbooten heran, die mit Torpedos bestückt sind. So werden sie es mit unserem Schiff machen wollen. Ein Trupp wünscht dann an Bord zu kommen, um nach gesuchten Kriminellen, gar Seeräubern zu fahnden , und wenn dieser Trupp dann die Schiffsleitung überwältigt oder getötet hat, werden die Touristen bis aufs Hemd ausgeplündert. Danach werden sie getötet oder in den Kabinen und Räumen eingeschlossen, so dass sie mit dem torpedierten Schiff untergehen müssen."

Der Admiral legt eine Pause ein, um den Schrecken eines solchen Erlebnisses zu untermalen und zu erhöhen.

„Machen wir es mit ihnen genauso, Leute! Zweitens: Sie kapern das Schiff, wenn sie wertvolle, wieder verkaufbare Waren finden, und steuern es in einen ihrer Schlupfwinkel. Dort werden Besatzung und Passagiere niedergemacht. Sie sehen also, meine Damen und Herren, dass es auch für uns keine Skrupel geben darf."

Dann erläutert der Admiral die Kampftaktik und verkündet, dass, „wenn wir auf hoher See sind", einige Gefechtsübungen stattfinden werden.

* * * * *

Von allen diesen bedrohlichen Vorbereitungen weiß Oberpirat Horatio Nelson Alikonda, 69, genannt „Nelson the Second", diesmal absolut nichts. Er weiß nur durch seine Agenten, die weltweit agieren, von der Ausfahrt der „Happy..." und dass sie mit einem Haufen Touristen beladen sei, „deren jeder satte Hunderttausender an Tacken wert ist".

„Die jungen Damen“, berichtet der Agent aus Miami, „sind derart mit Schmuck behängt, dass man von ihnen selbst kaum etwas wahrnehmen kann. Die Herren sollen fette Brüste vor lauter Scheinen in ihren Jacken haben, mit denen sie arme Leute in Asien glücklich machen wollen. Jeder Tourist, ob weiblich oder männlich, ist mit mindestens vier echten Rolex-Uhren bestückt...“
„Na, dann Waidmannsheil und fette Beute“, beschloss Nelson, „die Welt will immer wieder neu erobert werden!“
Dieser sonst so misstrauische Mann, den stille und konsequente Ahnungen seit langem vorm Verderben bewahrt hatten, versagte nun völlig!
Derweil hat unser Kreuzfahrer St. Helena passiert und tuckert dem Kap der Guten Hoffnung entgegen. Danach ist freies Gewässer, gut geeignet zum Anlernen der freiwilligen Kämpfer und Kämpferinnen, die allesamt keinen Militärdienst geleistet haben. Es klapt wie am Schnürchen, Peter Mefferten wundert sich immer wieder, wie schnell und nachhaltig junge Menschen das Kriegshandwerk lernen können. Doch plötzlich, Madagaskar hat man steuerbord liegen, ertönt der Ruf der Ausgucks:
„Drei Schnellboote voraus!“
So beginnt der ersehnte Ernstfall eher als gedacht. Admiral Lintberg erkennt mit einem Blick durchs Fernglas, wen er vor sich hat, zumal Nelsons Visage bereits weltbekannt geworden ist. „Sollte eines der drei Boote“, befiehlt er, „uns seinen Bug zeigen, aus dem es einen Torpedo schießen kann, ist es sogleich unter Feuer zu nehmen.“
Der Piratenchef, sonst durchaus misstrauisch und auf der Hut, nagelt seinen gierigen Blick auf die riesige Beute, deren Umfang er noch gar nicht ermessen mag. Auf den Decks, an der Reling und in Bullaugen wimmelt es von

leicht geschürzten Mädchen und lockeren Herren, welche tanzen, schäkern, poussieren und sich lebhaft zuprosten. Auch nun, die Flaschen schwingend, den Ankömmlingen auf den Schnellbooten. Diese grinsen anzüglich und sehr verächtlich, schimpfen die Passagiere „Jetset-Heinis“ und „geile Tucken“ und fordern jetzt schon vom Chef, einige „der Puppen“ als Freiwild behandeln zu dürfen.

Schon postieren sich je ein Boot back- und steuerbord, jedoch in Längsrichtung, und die mittleren Geschütze auf ihnen bleiben unbesetzt. Das dritte Boot, mit Nelson an Bord, driftet sich langsam an die Bordwand der „Happy...“. Ihre Besatzung, allen voran Nelson, ist in tropische Fantasieuniformen gekleidet und macht damit durchaus offiziellen Eindruck. Es ertönt sogar der internationale Stoppbefehl und die Aufforderung, die Außentreppe herunterzulassen. Die „Passagiere“ des Dampfers mimen immer noch das lustige Völkchen auf See und rufen „kommt rauf“ und „herzlich willkommen“.

Zehn martialisch dreinblickende, bis an die Ohren bewaffnete Männer nebst Nelson II. kommen an Bord.

„Kapitän“, sagt Nelson amtlichen Tons, „wir haben Nachricht bekommen, dass Flüchtlinge aus dem bekannten Straflager St. Helena ausgebrochen sind, Opiumschmuggler unter ihnen und Kindermörder. Wir müssen Sie überprüfen, ob Sie vielleicht Unterschlupf gewährt haben.“

„Keine Sorge, Herr Offizier“, antwortet Carlos Montario, „Sie werden nichts finden. Kommen Sie aber zuerst mit auf die Brücke, um sich auszuweisen.“

Genauso hatte Nelson sich das gedacht: Kampflos auf die Brücke zu kommen und diese im Handstreich zu erobern. Nelson, seine zwei Offiziere und die zehn Bewaffneten folgen Kapitän Montario und Admiral Lintberg auf die luxuriös und technisch hervorragend ausgerüstete Brücke. Dort, das hatten sie wohl nicht bedacht, bleiben sie für ihre Männer unten in den Booten eine Zeitlang unsichtbar. Diese Spanne genügte der Brückenbesatzung, die zehn Männer per Schalldämpfern zu erschießen und die drei Führungskräfte der Piraten kampfunfähig zu machen. Sie werden wie Mumien verschnürt, eingewickelt und an Deck gebracht, um Zeugen der weiteren Entwicklung zu werden.

Zwei der Schnellboote umkreisen in lockerer Fahrt das Kreuzfahrtschiff, alle ihre Besatzungen ahnen nicht, dass sie führerlos geworden sind. Die zehn Leichen werden nun, nachdem „das lockere Volk plötzlich von allen Aussichtspunkten verschwunden" und in Stellung gegangen ist, über Bord ins unten festgemachte Schnellboot geworfen, nicht ohne ihnen vorher ein paar scharfgemachte Handgranaten in die Taschen zu stecken.

Von der Hölle auf Erden, sollte sie jemals stattfinden, können sich nur fantasievolle Menschen eine Vorstellung machen – hier findet sie jetzt statt. Ehe die Piraten auf dem Boot unten und auf den beiden anderen begreifen, was geschieht, werden sie au allen Luken, Bullaugen und anderen Schiffsöffnungen und vom Deck herunter mit schweren Maschinengewehren und Vierlingsgeschützen unter Feuer genommen. Unten explodiert das angelegte Boot, die beiden anderen gehen in Flammen auf und explodieren ebenfalls in Kaskaden von Feuerblitzen und der Leuchtspurmunition. Tote, verletzte und lebende Piraten werden wir Fackeln ins Meer geschleudert. Es ist nicht vorgesehen, Überlebenden zu helfen. Diesem ganzen Grauen schauen Nelson und seine zwei Offiziere ohne sichtbare Rührung, frei jeglicher Mentalität, aber mit asiatischer Höflichkeit zu.

„Wer von euch", spricht Lintberg sie an, „uns euren Stützpunkt und eure Verstecke verrät, kann diesen Tag überleben."
Schweigen! Stoische Ergebenheit in ein Schicksal. Schweigen auch, als der erste Offizier über Bord geworfen wird. Zwei Minuten weiteres Schweigen, dann folgt ihm der zweite Offizier. Die drei Männer haben, nachdem sie erkannten, heute die Geprellten zu sein, nicht ein Wort von sich gegeben. Nun erwartetet logischerweise auch Nelson II. sein Ende. Doch er wird abgeführt und in eine Zelle gesperrt. Denn was er nicht ahnt ist dieses: Sein Stützpunkt ist dem Admiral bekannt und wird nun angesteuert. Weil währedn des Überfalls kein Funkspruch oder Handyruf herausgegangen ist, darf davon ausgegangen werden, das komplette Piratennest überraschen zu können.

Am nächsten Tag steuert die Happy... das Nest an. Alle Inseln Indonesiens sind nicht einmal den Regierungsstellen bekannt, und da angenommen wird, die Piraterie werde von maßgeblichen Herrschaften der oberen Tausend heimlich unterstützt, kann es kein anderes Ende als das jetzige geben.
„Bei Piraten ist es üblich", erklärt Admiral Lintberg, „dass sich alle Familien- und Clanmitglieder an den Geshäften beteiligen, weitere andere wiegeln und decken ab. So gibt es kein Individuum ab 10, das unschuldig ist."

Nelson II. darf nun von der Brücke dem Untergang seines Imperiums zusehen. Es erfolgt zuerst die Einfahrt in die durch eine große Ansiedlung umgebene Flussmündung und sofort die Wendung, um im Ernstfall in Fluchtrichtung zu stehen. Am Ufer sammeln sich viele misstrauisch dreinblickende Menschen, hundert Männer versuchen in Ahnung kommender Schrecknisse einige Schnellboote zu besteigen und in Torpedoschussstellung zu bugsieren – sie glauben wohl nicht eine Sekunde daran, dass diese harmlos wirkende Kreuzfahrtschiff wirklich harmlos ist. Zu spät! Aus allen Rohren, die Happy... zur Verfügung hat, ergießt sich ein tödliches Feuer ringsum auf Häuser, Unterkünfte, Ställe und alles schwimmende Material.

Wir ersparen uns aus Gründen der Pietät weitere Einzelheiten. Nur wenige Menschen entkommen in die Wälder und Hügel des Umfeldes. Ehe es auf Heimatkurs geht wird Nelson seiner Fesseln entledigt und über Bord geworfen.

„Es ist für die Tiefenwirkung unseres Unternhmens günstig“, versichert der Admiral, „einen potenten Augenzeugen zu hinterlassen.“

Wie wahr! Die Rechnung geht auf, denn in den näüchsten zehn Jahren ist von Piraterie auf den Weltmeeren nichts mehr zu spüren.

„Ein Wunder?“, fragt Peter Mefferten verwundert, im großen und ganzen aber doch sehr erschüttert über soviel Grausamkeit und Konsequenz, „also kein ‚mirabilis’, nur ein deutliches ‚horribilis’“ So steigt in Peter Mefferten das Verlangen, wieder einmal etwas Erbauliches, Lehrreiches, Amüsantes und Belustigendes auf der Erde zu erleben. Doch das gelingt nicht. Im Gegenteil: Er darf als Allround-Wissenschaftler teilnehmen und hat für uns den nachfolgenden Bericht geschrieben.

Denn weil es gegen die Piraten so wundervoll geklappt hat, beschließt der Sicherheitsrat der EU, auch eines der letzten Probleme zum ewigen Frieden auf der Erde nun anzupacken: Die unter dem Sammelbegriff „Taliban“ letzten fanatischen Gotteskrieger, die sich in einem Wüstengebiet Afghanistans zusammengerottet haben, jetzt auszurotten:

„Wer von euch heute und in den nächsten sechs Tagen überläuft, wird aufgenommen und ohne jegliche Strafmaßnahmen in die Gesellschaft intregiert.“
Ein paar Dutzend Männer und Frauen laufen über. Dann beginnt eine generalsstabsmäßig geplante Aktion, an der alle Staaten von A wie Andorra bis Z wie Zypern beteiligt sind. Innerhalb einer Woche ist das gesamte Talibangebiet zerniert und einen Monat später durch einen Hochspannungszaun umschlossen. Hundert der neuen Flüsterhubschrauber überfliegen Tag und Nacht das Gebiet und feuern auf alles, was sich bewegt: Menschen, Pferde, Hunde, Katzen und anderes Hausgetier, dazu auf jedes motorisierte Gefährt. In jede erkannte Höhle oder sonstige Unterkunft rauschen die Raketen und Fernfeuerwerfer. Von Mullahs und Fakiren mit den Rufen „den wahren Gläubigen können 20.000 Volt nichts anhaben“ angestachelte Kämpfer versuchen den Zaun zu stürmen und verschmoren vor ihm, so die Reporter, „dass sic von Hundeküttеln nicht mehr unterschieden werden können“.

Peter Mefferten ist dabei, als man gerade jetzt in einem Archiv zu Mekka alte Schriften von Mohammed entdeckt, teilweise entziffert und der Öffentlichkeit zugänglich macht. Dort heißt es, „Dass Allah die Menschen mahne, Religionen nicht gewaltsam zu verbreiten oder Gewalt in seinem Namen und dem des Propheten nicht anzuwenden“ – also genau das Gegenteil dessen, was militante Geistliche ihren Zuhörern einzubläuen versuchen. Aus dem Text wird ein Flugblatt gedruckt und in tausend Stück über dem Gebiet abgeworfen. Am Schluss verkündet es:
„Gebt auf! Wir werden euer Leben schonen!“

Dreitausend zerlumpte, ausgehungerte und dem Dursttod nahe Individuen beiderlei Geschlechts gehorchen. Sie werden namentlich registriert, erhalten eine durchgehende Nummer in den Oberarm gebrannt und bekommen einen Chip eingepflanzt. Dann geht's ab nach Guantanamo auf Kuba zur vorläufigen Verwahrung. Was soll mit ihnen geschehen? Das wird Peter Mefferten später erfahren und mitteilen...

Zum Thema „Terra horribilis" gehören neben Groß- auch die Kleintaten der Groß- und Kleinverbrecher. Die nächsten beiden Taten, welche Peter Mefferten erfuhr und uns jetzt mitteilt, basieren auf einer rigorosen und umwälzenden Maßnahme der EU in Sachen Banken und „Knete", jetzt ja Tacken geheißen. Der neue Erdfinanzminister Alberto Penunzio, 38, verteidigte seine Neuerungen:
„Früher transferierten Diktatoren, Tyrannen, korrupte Regierungsmitglieder und Gangster ungeheure Summen auf verschwiegene Banken meist in den Tropen gelegen, die über das Unrechtmäßige ihres Tuns informiert waren – Bankgeheimnis nannten sie so etwas! Damit muss endlich Schluss sein!"
Nun müssen die Banken jede Scheckannahme, Überweisung und Bargeldzahlung ab 5.000 Tacken dem nächstgelegenen Finanzamt mitteilen. Damit war das Jahrhunderte alte Bankgeheimnis zum ersten Mal deutlich angeknackst. Durch die drastisch verringerten Geldvorräte bei Banken und Sparkassen hoffte man, dass Bankräuber nun endlich ihr böses und gefahrvolles Gewerbe erst einschränken, dann ganz aufgeben werden.

So hoffte auch Paul Mefferten, Bruder unseres Berichterstatters und Filialleiter und Rendant einer kleinen Sparkasse im münsterländischen Dorf Kattenvenne, das zwischen Münster und Lengerich gelegen ist.

„Wenn ich bis jetzt keinen Bankraub erlebt habe, wird auch bis zu meiner Pensionierung im nächsten Jahr keiner mehr vorkommen."

Gut aber falsch kalkuliert. Denn Rüdiger Klecksel, 26 und genannt „der Knacker", hat soeben seinen Knast abgesessen und offenbar in diesem nicht mitbekommen, dass sich die Zeiten für Bankräuber extrem verschlechtert hatten. Jedenfall brauchte er Geld. In Großstädten, das wusste er, waren Bankfilialen gut abgesichert, aber in Dörfern wie Kattenvenne? Der örtliche Polizeiposten ist hier schon vor fünfzig Jahren abgezogen. Doch Paul Mefferten steht eines Morgens um 8 Uhr dem Knacker gegenüber, der ihn am Hintereingang der Sparkasse abfängt. „Gib mir deine Knete", sagt er, „ehe deine Mitarbeiter kommen, und dir passiert nichts."

Paul Mefferten, ein methodischer Bankmann, der eigentlich Direktor oder Vorstand hätte werden können, bleibt gelassen. Wenn ich hier und heute hopsgehe, denkt er, wird die Rentenkasse sich mächtig freuen – das kann ich nicht zulassen.

„Mann?", fragt er, „von welchem Stern kommen Sie, „dass Sie bei einer Bank klauen wollen?"

Weil der Knacker verdutzt dreinschaut, fügt er hinzu:

„Sie können doch heutzutage besser eine Rentnerin zu Hause überfallen, die j immerhin einen vollen Sparstrumpf haben wird. Soll ich Ihnen eine Adresse nennen?"

Nach dieser Lektion „Geldwirtschaft heute“ verabschiedet sich Rüdiger Klecksel von Paul Mefferten, sagt brav „vielen Dank“ trollt sich vondannen.

So unterhaltsam und unblutig geht es beim letzten Bankraub der Vereinigten Staaten nicht zu. Er findet in Bosman in Montana statt, es fallen drei Schüsse, allesamt Volltreffer. „Max“ und „Moritz“, (Gangsterpseudonyme), zusammen 53, wissen, dass die hiesige Bank noch mit Bargeld arbeitet, mit alten Dollars und neuen Tacken, ehe sie umorganisiert werden soll.
„Max“, sagte Moritz, „lass uns noch einmal absahnen.“
„Moritz“, sagte Max, „wir wollen noch einmal absahnen.“
Bedacht, getan und sie erbeuten ihr Geld tatsächlich. Doch es nutzbringend anzulegen gelingt ihnen nicht. Sie nehmen „Heini“ als Fahrer mit, der draußen mit startbereitem Auto zu warten hat. Doch er muss vorher geschwatzt haben, so dass „Plisch“ und „Plum“, 46 und 42, Vorsitzende des „Vereins saubere Moral zu Bosman“ von dem Plan der drei Männer Wind bekommen haben. Der Verein hat überall, seine Spitzel, die gegen reichlich Tacken Ohren und Augen offenhalten und verdächtige Umtriebe dem Vorstand melden.

So kommt es, dass Max und Moritz beim Betreten der Bank am frühen, leblosen Vormittag nicht nur das Personal vor sich sehen sondern auch zwei alte Schachteln in der üppigen Aufmachung von ehemaligen Südstaatlervetteln. Das sind „Heti“ und „Teti“, 65 und 66, und sie sitzen an einem Tisch, zählen Scheine und versuchen Überweisungen zu schreiben.
„Nun“, sagen sich Max und Moritz, „die beiden nehmen wir uns vor, wenn wir den Kassierer erleichtert haben.“

Das gelingt hier anstands- und widerstandslos, eine Tüte wird gefüllt, das gesamte Personal liegt auf dem Bauch und betrachtet die Staubkörner auf dem Parkett.
„Muckt euch nicht, sonst knallt's!"
Wer will hier den Helden spielen! Während Max noch das Geld in den Beutel stopft schlendert Moritz zu den alten Damen und hält die Hand hin.
„Gebt's her!"
„Was?"
„Nun, den Zaster da, Dollar oder Tacken, is egal."
„Mann, sind Sie ein Bankräuber?"
„Ja Muttchen, was sonst!"
War's das Geständnis oder ihre Bezeichnung als „Muttchen?" Teti jedenfalls wird blass vor Zorn, zieht aus der auf dem Tisch liegenden Handtasche eine Pistole mit Schalldämpfer und versetzt Moritz einen Treffer in den Bauch. Man hört nur das „Plop" des Schalldämpfers und das „Platsch" der Bauchdecke. Moritz krümmt sich zusammen, stöhnt und lockt damit Max herbei:
„Was hast du, wieder dein Sodbrennen?"
Sein Blick auf Heti und Teti belehrt ihn eines Schlechteren, doch ehe er selbst seine Waffe ziehen und benutzen kann, verpasst ihm die aufmerksame Heti eine ähnliche Portion Blei – plop und platsch. Die beiden Damen packen ihren Kram zusammen, erheben sich würdevoll und verlassen die Bank. Draußen um die Ecke wartet Heini im Auto.
„Sind Sie?", fragt Teti, „der Fahrer der beiden Bankräuber?"
„Ja", ist Heinis letzte Äußerung, dann hat auch er eine Kugel im Bauch. Auf getrennten Wegen verlassen Heti und Teti den Tatort, betreten ein Kaufhaus und ziehen sich dort auf dem Klo um. Zwei gestandene Herren verlassen im

Abstand von Minuten das Geschäft. Sie horchen interessiert auf die Polizeisirenen, bleiben aber nicht stehen. Die drei Männer überleben nicht, können demnach keine Aussagen machen, und weil das Bankpersnal wegen seiner Bauchlage nichts gesehen hat, bleibt der Fall unaufgeklärt. Nur Bosmans kleine Unterwelt schaltet richtig und verlässt diese ungastliche Stadt schnurstracks.

* * * * *

Eva und Seth unterwegs

So kehren wir in diesem Kapitel ins Ewige Eis zurück, das allmählich seinem Namen keine Ehre mehr macht, aber äußerst spendabel der Erde Überraschungen serviert. In der Arktis freilich nur, in der Antarktis nicht, obwohl von dort in einem ungeheuren Strom großer Transportschiffe Eis in die Sahara transportiert wird; darüber bald mehr. Es geht jetzt um Eva und Seth. Peter Mefferten berichtet über diese beiden Bilbelgrößen, nachdem er die Aufforderung erhalten hat, ihr erneutes Auftauchen mit seiner Anwesenheit zu beehren.

„Wie ist es eigentlich", fragt im Verlauf einer seiner Vorträge ein Zyniker und Ketzer ihn, „nach dem Rauswurf aus dem Paradies mit Eva weitergegangen?"

Zur Erinnerung: Drei Söhne hat sie geboren, wovon einer gemordet wurde, doch keine Tochter.

„Wer hat – demnach - für die weitere Fortpflanzung gesorgt?"

Delikat, diese Frage! Adam? Was in Ordnung wäre. Kain oder Seth? Was nicht in Ordnung wäre! Wie auch immer: Wenn Adam mit Eva keine Tochter gezeugt hat, müssen es

Kain oder Seth getan haben. Das ist nicht nur Inzucht, die gewiss zur Gründung eines Geschlechts unvorteilhaft ist, sondern auch Inzest – sehr verwerflich und erniedrigend, von der sonst langatmigen Bibel verschwiegen und heute zu Recht als Delikt angesehen. Doch zu entschuldigen, wenn es um das Fortbestehen eines Geschlechts geht. „Der Zweck heiligt das Mittel“ scheint also der älteste Sinnspruch der Erdbevölkerung zu sein. Wir werden jetzt erleben, dass er aktuell geblieben ist.

Im Flüsterhelikopter XXP-ABC machen Gilbert, 36 und Walter, 37, als Gast ist Peter Mefferten dabei, ihren üblichen aber notwendigen Kontrollflug über die Eisfelder des inneren Grönlands. Trotz der Eisschmelze der andauernden Erderwärmung ist hier immer noch eine lebensfeindliche Wüste. Das hindert Kolonnen von Abenteurern nicht, ihr Mütchen zu kühlen und Grönlandquerungen in allen möglichen Varianten zu versuchen, nur um mit Bildern und Berichten in die Medien zu kommen: Hoch und quer durch die große Insel, mit und ohne Schlitten und Schlittenhunde, zu Fuß, auf Skiern und Schneeschuhen, bei glatten Eisflächen sogar mit Inlineskatern – auf jeden Fall aber möglichst spektakulär, um das Interesse der Öffentlichkeit zu wecken. Jede Rettung und Hilfe bei selbst verschuldetem Unfall muss mit mindestens 10.000 Tacken bezahlt werden, wovon Gilbert und Walter einen erklecklichen Anteil in die eigenen Taschen stecken dürfen.

Jetzt sind sie also unterwegs, und plötzlich zeigt Gilbert nach unten auf zwei braune Stellen im Eis, die gestern noch nicht zu sehen waren.
„Steine, Felsbrocken?“

Wenn ja, beweisen sie, dass Grönland auftaut und bald wieder Grünland heißen darf. Walter betrachtet die Stellen im Glas und entscheidet:
„Keine Steine. Entweder Holz oder Fell."
Jetzt ist es wegen Benzinmangels zu spät, nachzuschauen. Am anderen Tag landen sie, Peter Mefferten ist wieder mit von der Partie, neben der Stelle, aber sie ist leer, nur zwei Mulden im Schnee voller langzotteliger Haare zeigen an, dass sie den gestern entdeckten Platz wiedergefunden haben.
„Hier haben zwei große Tiere gelegen und die Eskimos haben sie geholt."
„Hier die Spuren von mächtigen Füßen!"
Den drei Männern kommt alles rätselhaft vor, aber es ist nicht rätselhaft:
„Acht Fußabdrücke, vier starke, vier schwache."
„Als wenn Mutter und Kind einhergezogen wären."
„Sie sind nach Südwesten gegangen. Die Fährten sind keine drei Stunden alt."
„Dann können wir sie noch einholen."

Los geht's in diese Richtung. Wenn es große Tiere wie Moschusochsen oder Elefanten sind, können sie kein großes Tempo vorlegen. Nach zwanzig Minuten Flug taucht vor ihnen eine Gesellschaft auf, die ihnen den Atem verschlägt: Eine Arktistouristengruppe von zehn Personen umringt die beiden Tiere, die tatsächlich Mutter und Kind und – Mammuts sind! Gilbert, Walter und Peter landen, ein Mann, offenbar der Reiseführer, ruft ihnen vorwurfsvoll, beinahe zornig zu:
„Hallo Rangers, warum wird Reisenden nicht mitgeteilt, dass es hier noch Mammuts gibt?!"

Die Angesprochenen schweigen, treten zu den Tieren, die weniger Scheu zeigen als Zirkuselefanten.
„Elefanten?“, fragt Gilbert Peter Mefferten, „gehören diese Mammuts nicht zu ihnen?“
„Tun sie“, antwortet dieser, „aber Mammuts sind doch seit der Eiszeit oder mehr Jahren ausgestorben. Jäger der Vorzeit sollen diese harmlosen Tiere ausgerottet haben.“
„So müssen“, stellt Gilbert fest, „diese zwei hier im Eis überlebt haben.“
„Diese Zwei“ vermampfen unterdessen neun Zehntel der Marschverpflegung der Reisegruppe, Obst, Brot, Kuchen, Hartgebäck und verlangen mehr, so dass unsere Helikoptermannschaft ihre Notration opfern müssen.
„Die scheinen lange nichts gegessen zu haben“, sagt ein Tourist.
„Ja“, antwortet Peter Mefferten, „seit zehntausend Jahren nicht.“
Kopfschütteln. Er holt eine Notfall- und Belegkamera aus dem Hubschrauber und macht Aufnahmen. Inzwischen hat Gilbert telefoniert und der Zentrale den Vorgang mitgeteilt.
„Ihr seid doch nicht besoffen, oder?“
Doch sie wollen einen zweiten Hubschrauber nebst Fachmann herschicken.
„Und einen Ballen Heu oder Ähnliches mitbringen!“

* * * * *

Am nächsten Tag darf die Erdbevölkerung erneut verwundert aufhorchen und in Zeitungsbildern betrachten, was das Eis ihr beschert hat. Man weiß inzwischen: Es handelt sich um Mutter und Sohn, schon am zweiten Tag Eva und Seth genannt, weil, wie das Blatt „Erd-Bild“ verlauten lässt, der

solide Seth es wohl gewesen ist, der seine Mutter mit einer Tochter schwängerte.
„Hoffen wir“, schreibt das Blatt, „dass unser heutiger Seth, in ein paar Jahren der Pubertät entwachsen, sich genauso, gar fleißiger verhält. Dann wäre die Art der Erde neu geboren. Was bedeuten schon Inzucht und Inzest, wenn es um Arterhaltung geht – Natur kennt keine Moral!“
Wie Dino werden wir auch Eva und Seth auf ihren weiteren Erdengängen begleiten...

Verwandtenbesuch Zwei

„Noch einmal meine lieben Verwandten besuchen!“
Das sagt dem eifrig zuhörenden Peter Mefferten Dr. Edgar Mazarro, 79, Biologe der Universität Nairobi. Dafür hat sein Zuhörer volles Verständnis und er befürwortet eine Reise zu ihnen, wenn er selbst mitfahren dürfe. Denn er kannte sie zwar nicht, diese famose Verwandtschaft, wusste aber, „dass sie fern im Busch, sogar im tiefen Urwald lebe“ und ihn, Edgar Mazarro, freudig empfangen würde.

Er hat sie nur einmal je Jahrzehnt besucht, seit vierzig Jahren regelmäßig und er kennt sie in- und auswendig, all ihre Marotten und Eigenarten. Jetzt, nach vierzig Jahren also, das weiß Dr. Mazarro gewiss, wird es der letzte Besuch sein, denn Gevatter Tod klopft in Gestalt eines unheilbaren Leidens, genannt Tumor, an seine Tür.
„Werden Vater Charles und Mutter Camilla noch leben?“
Eine bange Frage, die nur an Ort und Stelle beantwortet werden kann. Dort, wo ihm die Gegend von vielen Besuchen bekannt ist, wartet auf Mazarro und Peter Mefferten eine Überraschung: Ein Eingeborener hat die Familie von

Charles und Camilla in den letzten Tagen gesehen, beobachtet und kann ihren Aufenthaltsort beschreiben:
„Sie leben noch, sind aber abgewandert und halten sich da und dort auf."
Dr. Mazarro lässt sich alles genau beschreiben, merkt, dass er die Gegend kennt, chartert einen Allradwagen mit Fahrer, der ihn und Peter Mefferten auch zu bekochen hat, und sie brechen guten Mutes auf. Ostafrikanische Nebenstrecken sind noch immer Abenteuerpisten mit Schlaglöchern, tiefen Radspuren und rotem Staub oder Matsch, je nach Jahreszeit. Vorteilhaft ist, dass man überall ohne Grenzkontrollen und Angst vor Wegelagerern hinfahren kann, von Ruanda nach Kongo, von Kenia nach Uganda, Tansania und so weiter. Ziel sind die Mondberge in Uganda, aber nicht der dunkle Urwald in ihnen, sondern laut Aussagen eines ihrer Randgebiete zur offenen Steppe hin. Mazarro ist noch immer konsterniert und mag nicht glauben, dass seine Verwandten hierhin, aus dem schützenden Wald heraus, ins Freie gezogen sein sollen.

Am nächsten Tag weiß er es aber genau. Zur Erklärung, damit wegen der Namensgleichheit keine Missverständnisse aufkommen: Charles, 26, ist ein Silberrücken, ein alter Gorilla also, und Camilla,16, seine Lieblingsgattin. Die anderen Mitglieder der Familie, Nebenfrauen, Tanten, Onkel, Töchter, Söhne und Enkelkinder brauchen wir nicht namentlich vorzustellen. Unter Leitung eines örtlichen Führers, der den Doktor noch von früheren Besuchen kennt, wird Charles' Familie sogleich gefunden. Sie ist beim Hellwerden wie üblich aufgestanden und ist aus dem kalten Urwald hangabwärts ins Grasland gezogen. Das allein ist schon ungewöhnlich, findet aber, laut Bericht des

Führers, seit einigen Jahren regelmäßig statt. Deutlich erkennt Mazarro diese Veränderungen: Das Haarfell der Tiere ist schütterer geworden; sie gehen, vor allem Charles, viel öfter und länger aufrecht als früher; sie machen sich über tierische Beute her und essen Käfer, Agamen, Eidechsen, kleine Schlangen und aus den Nestern der Webervögel gefallene Jungvögel; stochern auch mit Ästen in Ameisen- und Termitenhaufen herum, um an die winzigen Tiere heran zu kommen; und besonders auffallend, Charles in seiner Rolle als Chef richtet sich oft zu ganzer Höhe auf, manchmal angelehnt an einen Baum, um die Landschaft mit Rundumblicken abzusuchen.
„Er beobachtet", versichert der Führer, „ob sich Feinde wie Löwen und Leoparden anschleichen. Er hat keine Angst vor ihnen, sie aber vor ihm, und zwar gewaltig."
Mazzaro notiert alles gewissenhaft und macht auch Fotos, Amateurbilder freilich, um nach seiner Rückkehr die Abhandlung „Gorillas auf Abwegen" zu veröffentlichen – wenn ihm das Dasein Zeit dazu lässt. Seine Gedanken zu diesem Thema umkreisen ihn wie die Tsetsefliegen hier:
„Findet hier eine Entwicklung statt", fragt er Peter Mefferten, „die der Mensch vor zigmillionen Jahren durchgemacht hat? Ist es möglich, dass derartige Evolutionen jetzt, wo die Erde sich großen Bedrohungen gegenüber sieht, radikal schneller vor sich gehen?"

Eine Woche lang halten Dr. Mazarro und sein Gast sich hier auf, dann glauben sie genug gesehen und dokumentiert zu haben und kehren zufrieden nach Nairobi zurück.
„Man müsste noch mal 40 sein!", sinniert Dr. Mazarro und denkt ans Sterben.

Ja, dann wird es einem Menschen nicht leicht aufzuhören. Nachdem er mit Hilfe Peter Meffertens die Abhandlung in groben Zügen aufs Papier gebracht hat, fällt ihm der Griffel aus der Hand. Mazarros Sohn und Erbe findet wenig Interesse am Geschriebenen und an den Fotos, dessen Sohn freilich viel, und so wird er es sein, den wir dreißig Jahre später zu den Gorillas begleiten werden...

* * * * *

Om mani padme hum

Petra Mefferten leidet neuerdings an „religiösem Nihilismus" und weiß nicht mehr, an wen und an was sie glauben soll.
„Glaube doch ans Nichts“, rät ihr Mann.
„Das kann ich nicht, mein Lieber.“
Da hält er ihr die „Tibet News“ hin, die soeben mit der Post gekommen ist. Tibet, dieses Land der religiösen Unmöglichkeiten, hat sich klammheimlich über Nacht von China gelöst, ohne dass die Chinesen es verhindert haben. Hinter hohlen Händen der Machthaber heißt es, „man solle doch diese himmlischen Fantasten und Glaubensheinis nicht dabei stören, sich selbst umzubringen“.
„Gut gesagt das“, sagte Peter Mefferten und schlug seiner Petra eine „Glaubensreise“ nach Tibet vor, „wohl das beste Mittel, sich jeglichen Glauben abzugewöhnen und runderneuert nach Europa zurückzukehren.“
So fliegen sie los. Der ehemalige Machthaber China hat inzwischen dafür gesorgt, dass Europäer in Lhasa standesgemäß wohnen können und nicht auf verschimmelte Jurten und verwanzte Zelte ausweichen müssen. Hier ist Peter

Meffertens Bericht von dort, noch vor Ort aufs Smartphone gebracht und zu Hause seiner Zeitung übergeben.

* * * * *

Alle großen Religionen haben in den letzten Jahrzehnten, in denen sie nie gekannte Toleranz gepredigt haben, hinnehmen müssen, dass mit Toleranz auch Gleichgültigkeit einhergeht, Laxheit in der Befolgung der Gebote folgt und die Achtung vor hoher Geistlichkeit sinkt.

„...ach, man will auch hier schon wieder nicht so wie die Geistlichkeit..."

Solche und ähnliche Bemerkungen haben Wilhelm Busch, 1832 bis 1908, und seine Werke auf den katholischen Index gebracht. Der jetzige Papst namens Mario Scarlatti, 56, ist anderen Religionen gegenüber sehr aufgeschlossen, - nur die prostetantische nimmt er aus -, und kann von Jahr zu Jahr mehr Gläubigen und Ungläubigen den Segen „urbi et orbi" auf dem römischen Petersplatz offerieren. Aber was nun geschieht, verschlägt ihm den heiligen Atem. Nachdem der Papst vom Fenster zurückgetreten ist, skandiert unten plötzlich die Menge der scheinbar Gläubigen jeden Alters und Geschlechts:

„Om mani padme hum: Gott, mach mich nicht dumm! Gott, mach mich nicht krumm! Om mani padme hum – oh du Lotosblüte du! (auf Deutsch oh du Hornklee du !")

„Was ist da unten los?", fragt Mario Scarlatti konsterniert seinen Kardinalstaatssekretär.

„Sie wollen in Lhasa den Dalei Lame sehen und sprechen. Außerdem möchten sie das „Neue Religiöse Zentrum der Erde, abgekürzt NRZdE, besuchen, das jetzt dort fertiggestellt und sehr eindrucksvoll sein soll."

„Erklären Sie es mir.“

„Rund um den Potala“, berichtet der Kardinal, „hat man drei nebeneinander verlaufende Straßen gebaut: Die ‚Om-mani-padme-hum-Allee‘, die ‚Nirwana-Avenue‘ und den langen ‚Meditations-Boulevard‘. Dort wird reger Betrieb erwartet.“

Nicht nur, weil auch Petra und Peter Mefferten nun dort sind. Die drei genannten Straßen für Fußgänger, prächtig und sehr fußgerecht aufgemacht, führen tatsächlich um das erhabene alte Gebäude des Potala auf- und absteigend herum. Fußlahme und sonstwie gehbehinderte Gläubige können die langsam dahingleitenden Laufbänder benutzen. Überall, besonders auf dem Meditations-Boulevard, sind Bänke, Hocker und Sessel aufgestellt. Wer innerhalb einer Monatsfrist alle drei Straßen „genommen“ hat, ist für zehn Jahre geläutert und nirwanareif, ab 65 dann für immer. Die Om-mani-padme-hum-Allee ist zweispurig, weil sie als einzige auch in Gegenrichtung begangen werden kann, und beidseitig mit den bekannten Gebetsmühlen versehen. Werden diese in Gläubigenstoßzeiten ununterbrochen betätigt, versorgen sie ganz Lhasa mit Strom, der nachts die genannten Straßen taghell macht.

Auf dem Meditationsboulevard geht es besinnlich zu. Die Sitzgelegenheiten sind meist besetzt von Meditierenden, Lesenden, vor sich hin Flüsternden. Alle fünfzehn Minuten, wenn ein Gongschlag ertönt, gehen die Menschen langsam unf bedächtig weiter. Über die Nirwana-Avenue berichtete ein Reporter im „Popolo Romana“:

„Sie gilt hier als letzte Station zur Ewigkeit und ist rundherum mit spartanischen Holzbänken besetzt. Wer auf ihnen Platz nimmt, erwartet den Tod und sieht entsprechend aus:

schwer krank, höchst leidend, aber immer froh-erwartungsvoll. Ich setze mich neben einen alten Mann aus dem Hochland, der erst 50 aber von Klima und Krankheit gezeichnet ist. ‚Komme gerade vom Doktor', berichtet er, ‚weil mich der Krebs erwischt hat, der nun rasend schnell mutiert. Mich kann das nicht schrecken. Mir tut nur meine Familie leid, die vorerst zurück bleibt. Doch was ist Familie gegen das, was mich im Nirwana erwartet, mein Herr'".

Für diese Straße gelten strenge Vorschriften. Wer auf ihr sterben möchte, darf nichts bei sich haben, das nicht rezicliert werden kann, keine Uhr, kein Handy, keinen Schmuck, kein Hörgerät und metallene Brillen. Ausnehmen gelten nur für Herzschrittmacher, Prothesen und Goldzähne. Darum sind diese Todeskandidaten in schlichtes Sackleinen gehüllt. Sie legen sich abends auf die Bänke und sind morgens tot. Dann werden sie vom Nirwana-Entsorgungs-Dienst NED eingesammelt und zum Nirwana-Acker vor der Stadt transportiert und auf Äckern, die besonders fortschrittlichen Landwirten gehören, so tief unter die Erde gebracht, dass sie auch von modernen Tiefpflügen nicht erwischt werden können.

„Noch nie", berichten diese Bauern den staunenden Meffertens, „haben wir hier solch reichhaltige, geradezu üppige Ernten eingebracht."

Petra und Peter Mefferten schauen gedankenverloren in den tibetischen Himmel und gehen damit zeitgleich konform mit dem Papst, der die Zeitung sinken lässt und gedankenverloren in den vatikanischen Himmel äugt.

Näher, Gott, dir!

Petra Mefferten ist durch die Tibetreise dem Glauben nicht nähergekommen. Im Gegenteil: Er ist weiter vor ihr hergerückt. Darum besucht sie in Begleitung ihres sehr bedenklich dreinschauenden Mannes die Gründungsversammlung der NGD-Partei in Genf. NGD ist das Kürzel für „Näher Gott Dir". Früher, als die Erde noch eine „große Platte" und nicht kugelig war, erschien es verständlich, dass die Menschheit ihre Götter „oben" wähnte. Aber heute? Wo ist bei einer Kugel oben? Es ist doch so, dass dser Bewohner des Nordpols Gott über sich fühlt, der des Südpols ihn logischerweise unter sich. Wie dem auch sei: Das ficht jene Leute nicht an, die Gott zu Lebzeiten schon näher sein möchten und die Zeit und Geld haben, dieses Nähersein zu genießen. So wachsen neue Religionen, Erd- und Weltanschauungen wie Pilze aus dem Boden und halten sich oft nicht länger als diese zarten giftigen und ungiftigen Geschöpfe des Waldes.

Allen diesen Menschen, welche das irdische Ende der Erde und das Himmlische erwarten, ist eines eigen: Sie möchten so hoch hinaus wie möglich. Nun hat unsere Erde es leider an sich, dass ihre höchsten Erhebungen ziemlich unwirtlich sind, sowohl für Menschen als auch für Tiere und Pflanzen; sogar Bakterien sollen diese Regionen meiden. Daher kommt es, dass jene Regionen, über denen der Himmel tatsächlich näher scheint, nicht bewohnt sind: Himalaja, Anden, Kilimandscharo, Fujijama, Meru, Matterhorn, Montblanc, Ätna und Vesuv, um nur die populären zu nennen. Auch der größte Knauser unter den NGD-Mitgliedern zaudert nicht, teure Bergausrüstungen zu erstehen, wenn wieder ein Parteitag in der Nähe Gottes abgehalten wird.

Petra und Peter Mefferten haben einen solchen besucht, der in mäßiger Höhe, um auch Senioren ansprechen zu können, abgehalten wurde: sommertags auf den Großglockner Österreichs.

„Dort kann man mit dem Auto hinfahren und auch übernachten!“

„Es kommt nicht auf die Meter näher zu Gott an“, orakelte Parteichef eigener Gnaden Observatorius Astrachanus, (Künstlername!), und 46, „sondern auf die innere Nähe und Aufnahmebereitschaft.“

Die Aufnahme bei ihm kostete jährlich 1.000 Tacken, für die der Aufgenommene nichts mehr bekam als eben diese Aufnahme. Peter Mefferten und seine Frau, plötzlich knauserig geworden, verdrückten sich vor den Werbern ins Tal und beschlossen, nun endlich der Einladung des neuen Papstes Folge zu leisten. Papsttum – das ist etwas Handfestes, seit 2.000 Jahren Bestehendes und man kann es, gegen den Obulus Kirchensteuer natürlich, sonst kostenlos genießen.

„Habemus nigrum Papam!“

Den Werdegang der Person dieses Beitrages kennt Peter Mefferten so genau wie seine Brieftasche, hat er doch Knirps Niklas Rochus kennengelernt, als dieser noch ein kleiner schwarzer Hosenscheißer war. Hosenscheißer? Nein, „Freischeißer“ waren die armen schwarzen Kinder Namibias allemal, denn es gab weder Hosen noch Kack- oder Pinkelpötte in der Umgebung von Okahandja. Aber eben viel Freigelände, bis an den Horizont sozusagen, und Sand, Sonne, Wind, gelegentlicher Regen und hungrige Kojoten, Köter und Wüstenwölfe sorgten für die Rezichlierung menschlicher Exkremente.

„Bei uns war es sauberer“, versicherte seine Mutter, eine Nama, „als in Ihren schäbigen Behausungen in Berlin und an der Reeperbahn in Hamburg, guter Mister Mefferten.“

Das mochte Peter Mefferten nicht abstreiten. Und er sah Niklas heranwachsen und Deutsch lernen, „eine Sprache, meint mein Lehrer, die zwar nicht die melodischste der Welt ist, aber die ausdruckstärkste.“

Auch das mochte Peter Mefferten nicht abstreiten.

Den entscheidenden Ruck im Leben des Niklas Rochus kam mit 5, dem Dreipäpstejahr, wo er die Totenfeiern zweier Päpste und die Inthronisierung des gewählten dritten im Fernsehen verfolgen konnte: Bunte Bilder aus Rom, viele tausend Menschen auf einem großen Platz, Feierlichkeiten und äußerer Pomp, die einen sensiblen Fünfjährigen aufs Innigste beeindrucken konnten.

„Was macht ein Papst, Papa?“

Einc Frage, die sich millionen Menschen bei jeder derartigen Veranstaltung stellen. Niklas stellte sie freilich aus brennendem Interesse. Papas Antwort war weder tiefschürfend noch befriedigend:

„Er regiert die katholischen Gläubigen dieser Welt und gibt ihnen seinen Segen, so wie jetzt, mein Junge, wo er ans Fenster tritt.“

Niklas sah hin und fand es prima, wie der neue Papst seinen Segen an alle verteilte, nur:

„Ich sehe den Segen gar nicht, Papa!“

Manchmal hatte er gehört, wie die Erwachsenen, wenn es endlich einmal regnete, „den Segen des Himmels“ begrüßten und durch Tänze voller Verrenkungen feierten.

„Das ist ein Sprichwort“, erklärte Papa, „richtigen Segen kann man nur spüren.“

„Ich möchte Papst werden, Papa.“
Das sagten an diesem Tag wohl millionen Klein- und Mittelkinder auf dieser Erde, vergaßen den Wunsch aber bei der nächsten Kika- oder Sandmännchen-Sendung des Fernsehens. In Niklas’ kleinem, offenbar aber der Kopfgröße nicht angepasstem Gehirn hatte es jedoch „Klick“ gemacht, unhörbar für alle, aber spürbar schon am nächsten Sonntag: Da begleitete er seine Eltern zur Kirche, wo er sich mustergültiger benahm als die meisten anderen Besucher und äußerst interessiert die Handlungen des Geistlichen und vor allem der weiß gekleideten Ministranten und Klingelbeutelsammlern mit großen Augen verfolgte. Seit diesem Tag war Niklas der fleißigste Kirchgänger Kempten Parks bei Johannesburg, wohin die Familie kürzlich mit Sack und Pack verzogen war.

Hier ist nicht der Raum, meint Peter Mefferten, das weitere Leben des Niklas Rochus in allen Konsequenzen auszubreiten. Darum fasst er sich kurz. Seinen Vorsatz, einst Papst zu werden, hält Niklas streng geheim, behält ihn aber beharrlich im Auge. Von den über tausend Kirchgängen der Familie in den nächsten Jahren verpasst er nur wenige wegen Krankheiten und Abwesenheit zu Hause. Er verschlingt nun alle greifbaren Bücher klerikalen Inhalts vom Alten Testament bis zur „Kriminalgeschichte des Christentums“. Während seine Familie ihn besorgt betrachtet aber beeindruckt schweigt, erkennt Niklas’ Lieblingsgeistlicher, der gebürtige Deutsche Henry van Austermann, 56, rasch das heranwachsende Potential für die katholische Kirche Südafrikas.

Der nun folgende klerikale Lebenslauf ist schnell erzählt: Ministrant, Stipendium fürs Gymnasium, eines für

Theologiestudium in Rom, nach Aufhebung des Zölibats frei nach Martin Luther Hochzeit mit der zwei Jahre jüngeren Nonne Berta. In den Sommerferien Besuch beider in den Armenvierteln Amerikas, Asiens und Afrikas. Dann erste Stelle als Pastor in der Heimat. In der Zwischenzeit folgen viele Veröffentlichungen zum Thema „Kirche und Leben", „Leben und Kirche" und über andere aktuelle Themen der Zeit. Innerhalb von fünf Jahren die steile Karriere vom Bischof, Erzbischof und Kardinal. Ihm half der unerwartet rasche Tod all seiner Vorgänger, die klerikale Beförderungsleiter, sonst sehr holperig, emporzuklettern und der Umstand, dass im gesamten Südafrika keine weiteren Kandidaten aufzutreiben waren.

Als der amtierende Papst das Zeitliche verlässt, geht Niklas Kardinal Rochus als einziger verheirateter Kleriker dieses Ranges nach Rom und ins Konklave. Berta, ein hübsches Ding inzwischen, züchtig gekleidet und dennoch viel vielsagende Blicke auf sich ziehend, tut öffentlich sehr bescheiden. Sie hat ihren Mann aber wissen lassen, „dass sie sich freue, „Heilige Mutter" zu werden.

„Dann müsste ich ja Heiliger Vater werden", wirft Niklas ein.

„Eben, mein lieber Mann, eben..."

Ob es einen Favoriten gibt? Die Presse spekuliert verhalten, meint aber, dass es außer Niklas „nur alte Hüte" gebe, „vergreiste Kardinäle, die schon beim Begriff „Reform" zum Rosenkranz griffen und sich nach Satanas umsähen. Der „Osservatore Romano", inzwischen alles andere als ein dem Vatikan höriges Blatt, ruft zu einer Wette auf: „10.000 Tacken dem- oder derjenigen für den richtigen und am frühesten eingereichten Tipp!"

Als die Kardinäle öffentlich unter den Blicken von 200.000 Zuschauern zu ihrer Sitzung pilgern, fällt nur Niklas mit seinen 200 Zentimetern auf die er wenig andächtig und munter nach seiner Berta Ausschau haltend mit sich herumträgt, und der modische Schnitt seiner purpurnen Uniform gefällt den Katholikinnen hier besonders gut.
„Das wäre mal seit Jahrhunderten ein rechter Kerl auf Petri Thron."
„Den wählen die nie."
„Wer weiß! Es heißt, viele der alten Knacker würden sogar eine Päpstin wählen, wenn eine nette Kandidatin aufgeboten würde."
„Niklas for Pope!", ruft eine Stimme.
Es ist Bertas, und eine Frauenclique um sie herum skandiert diese Forderung weiter.

* * * * *

Es geht in Rom bei dieser Papstwahl lockerer denn je zu. Zwar ist der Posten des Pontifex maximus nach wie vor auf der Erde hoch angesehen, aber die Interessen der Menschheit sind vielfältiger geworden. Die vielen Leute hier und in der Weltöffentlichkeit sehen sehen den Papst als das, was er ist und nach ihrer Meinung immer sein wird: Nicht als Stellvertreter Gottes auf Erden, „denn Gott braucht keinen solchen", sondern als Manager, Direktor, Verwalter und Mehrer kirchlichen Vermögens. Dem es zunächst auf Rendite, Verzinsung und dann erst ums Christentum geht.
„Was geschähe wohl", fragt „Der Spiegel" in seiner neuesten Titelgeschichte „Urbi & Orbi" und verlangt gar keine fremde Antwort, „wenn Jesus in seinen abgetretenen Latschen jetzt in Rom einzöge?"

Um 15Uhr haben sich die Kardinäle versammelt, wenig später verlassen die meisten Zuschauer ihre Plätze, um sich in der großen Stadt zu verteilen oder ihre Quartiere aufzusuchen. Berta hat sich einen Klappstuhl mitgebracht und verrät einem Reporter, dass sie hierbleibe, bis ein neuer Papst bestimmt sei.
„Auf wen haben Sie gesetzt?"
„Dumme Frage das! Auf Kardinal Rochus natürlich!"
Berta blieb unerschütterlich, obwohl keinerlei Anzeichen für ihren Optimismus sprachen. Eine Wette, die der Reporter ihr vorschlug, lehnte sie mit frommen Augenaufschlag ab.

16 Uhr 30. Noch etwa tausend Rompilger meist weiblichen Geschlechts lagern auf dem Petersplatz in milder Nachmittagssonne, bereiten ihre Zelte vor, breiten ihre Schlafmatten aus, fangen an, das Abendessen zu richten, machen sogar Feuerchen und sind heiter und unaufmerksam. So entgeht ihnen ein paar Sekunden lang der weiße Rauch, bis hektische Aufschreie alle Blicke zum Schornstein richten.
„Sie haben gewählt! Wir haben einen neuen Papst!"
Nach echt italienischer Hysterie pflanzt sich dieser Ruf in Rom fort:
„Abbiamo un papa" – „We have a pope" – „Nous avons un pape" – „Wir haben einen Papst" ertönt auch noch in vielen anderen Sprachen, alle diese Ausrufe haben nur einen Fehler, einen Schönheitsfehler sozusagen: Es fehlt ihnen ein Adverb! Dieser Fehler wird jetzt korrigiert, indem der päpstliche Ausrufer ans bekannte Fenster tritt und vorzulesen beginnt. In nur einer Stunde habe sich das Konklave

mit allen Stimmen auf einen Kardinal geeinigt, und deshalb könne er jetzt der Erde verkünden:
„Habemus..........nigrum..........Papam!“
Die vielen Pausenpünktchen sollen für die Sprechweise stehen. Also:
„Wir haben einen schwarzen Papst!“
Nach einer Verblüffungspause tobt ein Beifall auf, der alle Tauben Roms in die Luft jagt, im Umkreis von fünfhundert Metern alle noch geschlossenen Fenster erbeben, die Pferde der berittenen Polizei durchgehen und alle verfügbaren Autohupen ertönen läst.
„Dieser Beifall“, kommentiert morgen eine Zeitung lapidar, „kann nur dann noch überboten werden, wenn eines schönen Tages einmal dort am Fenster eine Päpstin ihr frisch geborenes Junges präsentiert.“
Das mag im Großen und Ganzen stimmen, mehr Jubel wäre hier in Rom kaum möglich, aber schon jetzt, wenige Minuten später, geschieht eben dieses dreimal. Der Sprecher hat noch einen Namen auszurufen:
„Niklas Kardinal Rochus – jetzt Papst Namibius I.!“

* * * * *

Keine Sprache der Erde hat tatsächlich Wörter zur exakten Beschreibung der jetzt eintretenden Zustände in Rom. In Afrika soll es noch gravierender gewesen sein. Bevor wir unseren Niklas ans berühmte Fenster treten lassen, müssen wir noch einige durchaus weltliche Querelen und klerikale Internas, die später bekannt werden, zur Veröffentlichung bringen. Nach seiner Wahl geht man daran, Niklas in die übliche professionelle Garnitur zu stecken, die in seiner Größe tatsächlich im Kleiderschrank hängt, aber er verzieht sich in sein Zimmer, kleidet sich an, kehrt zurück und bietet sich seinen vatikanischen Höflingen und Schranzen „in einem unglaublichen, aber voll und ganz christlichen Aufzug“ dar: So, wie er einst zum ersten Mal als vollamtlicher Pastor vor seine Gemeinde trat! Stummes Entsetzen. Offen stehende, sich nur zaghaft schließende Münder, und ehe ihnen Proteste entsprießen können, steht der Papst am Fenster und zeigt sich mit segnenden, grüßenden Armen dem Volk.

„Im alten Rom“, schreibt „Church and Life“ am nächsten Tag, „ist kein siegreicher Feldherr je so gefeiert worden wie Namibius I. gestern.“

Die Menschen sind nicht zu halten und beginnen, Höhepunkt der ganzen Angelegenheit, laut und rythmisch „Berta-Berta-Berta“ zu rufen. Die Kardinäle und andere Würdenträger um und hinter ihm glauben vor Scham versinken zu müssen, als diese prompt erscheint und sich dorthin stellt, wo ihr Platz ist: neben ihrem Niklas.

„So etwas Gewaltiges, Spontanes und Ehrliches“, gibt Kurienkardinal Stefano Umberto, 89, zu, „ist eine echt demokratische Abstimmung, die niemand ignorieren darf. Vielleicht“, fügt er nach einer Weile augenzwinkernd hinzu, „tut frischer Wind im Vatikan besonders not.“

Was das Kardinalskollegium ziemlich ergrimmt ist der Umstand, dass sie alle ihren jungen Kollegen als traditionsbewusst, gehorsam und lenkbar eingeschätzt haben. Namibius und Berta suchen sie zu beruhigen, es müsse niemand um seinen Posten fürchten, einige würden zwar, wenn der natürliche Abgang einsetze, nicht neu besetzt und „es wird jeglicher Luxus und Pomp aus den vatikanischen Räumen und Kleiderschränken verbannt“.

Ziehen wir eine vorläufige Bilanz: Nachdem Namibius alle päpstlichen Roben und die Purpurbekleidungen der Kardinäle in einer weltweit durch die Medien ausgeschriebenen Versteigerung für zwanzig Millionen Tacken unters Volk gebracht hat, begibt er sich unter dieses Volk, zunächst zu seinen Landsleuten in Namibia und Südafrika. Dann reist er weiter nach Brasilia und drückt dem Präsidenten dort den Zwanzig-Millionen-Tacken-Scheck unter der Bedingung in die Hand, „sie auf Cent und Zehnt für die Sanierung der Slums Rios zu verwenden". Er weiß aus leidlicher Erfahrung, dass Slums nie ganz abzuschaffen sein werden, zuviele Menschen sind ihnen verhaftet, aber die sollen wenigstens ein wenig mehr würdig leben sollen.

In dieser Art und Weise versucht das neue Papstehepaar die Erde zu beglücken, was auch viel Hohn und Spott meist sehr begüterter Menschen hervorruft. Doch schließlich verstummen alle Meckerfritzen, Miesmacher und Scheinheilige vor einem ungeheuren Erfolg: Bis zum Jahresende sind fünf Millionen Menschen in den Schoß der katholischen Kirche zurückgekehrt oder neu eingetreten, vor den Amtsgerichten ihrer Heimatorte stehen noch Schlangen Eintretungswilliger. Und ein stetiger, ununterbrochener Strom von Spenden zwischen 10 und 10.000 Tacken ergießt sich auf lokale Konten der katholischen Gemeinden und des Vatikans. Und endlich: Von dort fließen die gelder jenen Zwecken zu, die der neue Papst bestimmt, die auch Jesus wohl so bestimmt hätte. Nach der Devise

„Erziehung ist nichts – Beispiel ist alles"

wird jede Missionierungstätigkeit in Verbindung mit einer Spendenverteilung untersagt. Abteien und Klöster erwachen zu neuem, sinnvollen Leben, der allen Pomp und Prunk vergangenen Klosterlebens untersagt.

„Lernt von den protestantischen Geistlichen“, rät Namibius, „sie benötigen seit Luther weder prunkvolle noch pompöse Kleidung.“

Die Aufhebung des Zölibats erweist sich als größter Erfolg der Kirche seit der Abkehr von der Inquisition. Die neuen Lebensgefährtinnen der Gemeindepfarrer leisten meist „Arbeit for nothing“.

„Wäre diese positive Stimmung nicht geeignet?“, fragt Peter Mefferten seinen Freund Niklas, „die Vereinigung der christlichen Kirchen jetzt voranzutreiben?“

Namibius I. denkt nicht daran.

„Unsere Gesellschaft“, predigt er, „lebt von Vielfalt und Fantasie. Wir wollen beide fördern und nicht unterdrücken.“

Mit dem Vorschlag der Ultraliberalen, „das Papstamt erblich zu machen, weil doch Berta überaus niedlichen Zwillingen das Leben geschenkt hat“, beenden wir nun unseren etwas langatmig geratenen Bericht über das neue Papstpaar und schauen mal woanders hin, was die neue klerikale Toleranz so zustandegebracht hat...

* * * * *

„Auf zum Badberg!“

Der Badberg ist eine 433 Meter hohe Erhebung des Kaiserstuhls in der Samtgemeinde Stadt Vogtsburg. Zu dieser Stadt gehören sieben Gemeinden: Achkarren, Bickensohl, Bischoffingen, Burkheim, Oberbergen, Oberrotweil und Schelingen. Peter Mefferten hat die Ortschaften früher schon oft durchwandert, kennt sie also und auch ihren Wein, der freundlich schmeckt und nicht so schnell bedunt macht. Jetzt, im Gefolge der klerikalen Ereignisse, zieht es ihn dorthin zurück. Genauer gesagt: Er muss den Badberg noch einmal besteigen. Dieser ist im Ganzen gesehen ein Naturschutzgebiet, weil auf ihm seltene Pflanzen und Blumen wachsen und noch seltenere Tiere leben; diese können wir hier nicht alle aufzählen, nur vier Exemplare vorstellen: Smaragdeidechse, Pillendreher, Gottesanbeterin und die Orchidee Bocksriemenzunge. Ihretwegen kommen zahlreiche Touristen und Wanderer hierher. Jetzt durcheilt eine Meldung des Bürgermeisteramtes von Vogtsburg die katholischen Pfarrämter Deutschlands, Österreichs und der Schweiz:

„An alle ihr katholischen Geistlichen, die noch unverheiratet sind: Kommt zum Heiraten auf unseren herrlichen Badberg, wo jede unserer Gemeinden ein Standesamt einrichten wird und ihr sofort standesamtlich getraut werden könnt, wen auch immer ihr ehelichen wollt. Ein gültiger Personalausweis genügt. Zu Hause könnt ihr euch dann neu anmelden und das Familienstammbuch bekommen. Auf unserem Badberg kostet die Trauung nur 100 Tacken für zwei Personen."

Peter Mefferten liest und ist begeistert. Wie lautete doch, überlegte er, ein Wahlspruch der Kaiserstuhlgegend: „Wer einmal auf dem Kaiserstuhl gesessen, der möchte immer Kaiser sein.." Aber dann müsste sie, diese Samtgemeinde, auf alle Reserven an Beamtinnen und Beamte zurückgreifen, die irgendwie zu packen waren. Und auch die Verkehrspolizei, die hier traditionell wenig zu tun hat, aus Freiburg um Verstärkung bitten.

Peter Mefferten hat noch ein Fremdenzimmer erwischt und beobachtete vom Fenster aus einen Zug friedlicher Demonstranten beider Ansichten: Die einen trugen ein Transarent „Nieder mit dem Zölibat – Ehe für alle" und andere propagierten für „Es lebe das Zölibat – Gott will es“. Am anderen Morgen wurde der Wanderweg auf den Badberg freigegeben und ein Pilgerzug von Ehewilligen beiderlei Geschlechts und jeglichen Alters ab 18 setzte sich diszipliniert und schubweise in Bewegung. Peter Mefferten war dabei und berichtete seiner Frau über den ersten Tag der Veranstaltung und entsprechend seinem Charakter unterhielt er sich mit einigen Paaren, indem er sie minutenlang begleitete:

„Zehn Jahre lang waren Sie Nonne. Warum jetzt heiraten?“

„Weil mir das Klosterleben zum Hals heraushängt. Eher konnte ich doch nicht.“

„Herr Pastor, wird Ihre Gemeinde die Hochzeit akzeptieren?“

„Wenn sie ohne Pfarrer auskommen mag, dann nicht.“

„Herr Weihbischof, Sie heiraten Ihre Freundin...“

„Sie heiratet mich...“

„Zwei Mönche heiraten sich. Werden Sie eine Familie gründen?“

„Wir haben jeder schon ein Kind!“

„Zwei Nonnen ehelichen sich. Werden Sie Kinder kriegen?“

„Darüber wird Gott entscheiden.“

Diese Fragen und Antworten werden verständlich, wenn man weiß, welche Pärchen Peter Mefferten beobachtet hatte: Mann und Mann, Frau und Frau, Mann und Frau, Frau und Mann, Pastor und Haushälterin, Haushälterin und Weihbischof, Nonne und Nonne, Mönch und Mönch, Nonne und Mönch, Mönch und Nonne, Pfarrer und Lebensgefährtin, Lebensgefährte und Kaplan. Höhere katholische Chargen wie Bischof, Erzbischof und Kardinal waren hier natürlich nicht vertreten. Es hatte einen Kleonkrieg darüber

gegeben, ob man ein Naturschutzgebiet wie den Badberg für solch eine Veranstaltung hergeben dürfe. Der eine Gutachter sagte:
„Die vielen tausend Menschen, die herkommen, werden die Vegetation zertreten, bepinkeln und zerkacken, dass alles Leben auf Jahrzehnte hinaus erledigt sein wird. Das können die Naturschützer niemals zulassen – und das Ganz für eine Lappalie, denn die Leute, die herkommen wollen, können auch woanders und überall zu Hause oder anderswo ihre Hochzeit feiern."
Der andere Gutachter sagte:
„Früher haben Haustiere wie Kühe, Pferde, Ziegen und Schafe die Vegetation zertreten oder aufgefressen, und doch erschienen Küchenschelle und alle Insekten im nächsten Frühjahr erneut in voller Pracht. So wird es auch heuer sein."
Das entschied. Alle hundert Meter Anstieg standen drei Klosetthäuschen nebeneinander, wer im Freien urinierte, bekam 100 Tacken aufgebrummt, durfte hier nicht heiraten oder seine Heirat wurde aberkannt, wenn er schon auf dem Rückweg war. Der Rückweg: Er führte eine andere Richtung über Vogtsburg nach Oberrotweil hinab. So lief tatsächlich alles wie am Schnürchen ab und weil Picknick verboten war, gab es kaum Müll.

Nach einer Woche war Schluss der Veranstaltung. Zehntausend Menschen hatten fünftausend Paarungen gebildet, welche daheim noch bestätigt werden mussten. „Da hat es doch mehr Freude als Kummer gegeben", rechnete Peter Mefferten nach, „und die sieben Gemeinden der Stadt Vogtsburg haben massig Steuern eingenommen, die Wirte, Pensionen, Supermärkte und Tankstellen haben gute Geschäfte gemacht und ein hoher Prozentsatz der Getrauten wird in den Folgejahren wiederkommen und im Kaiserstuhl Urlaub machen."

Wie lautet doch der oben zitierte Spruch vollständig:

„Wer einmal auf dem Kaiserstuhl gesessen,
der möchte immer Kaiser sein.
(Der letzte ist schon ganz vergessen:
Er war halt nicht so gut wie Kaiserstühler Wein!"

Peter Mefferten fuhr gemächlich heim, im Kofferraum drei Kartons „Kirchberger Riesling", „Achkarrer Vulkanspätlese" und „Oberrotweiler Eichberg" transportierend...

* * * * *

Winnetou for president

Peter Mefferten hat noch einen Bericht parat, wo es um ein hohes Amt geht. Er erlebt diesen Fall nicht life mit, hat aber alles für die Geschichte aufgearbeitet. Der Schauplatz für diese Geschehnisse liegt weit im Westen, in den USA, und dort im Südwesten. Vorab muss berichtet werden, was sich in den Staaten im letzten Jahrzehnt getan hat. Die Bevölkerung war es endlich satt, dass in den USA nur Leute Präsident werden konnten, „die ordentlich Knete am Hintern hatten", egal wie sie gewonnen wurde. Auch die Umstände einer Präsidentenwahl, worüber Länder, Völker und Menschen zu lachen begannen, bedrückte die Leute. Sie sind bekannt, diese umständlichen Umstände, darum schildern wir sie nicht.

Fortschrittliche Beobachter und Kritoker richteten ihre Blicke auf Europa, vornehmlich auf Deutschland hinein, „wo jeder arme Schlucker, er braucht nicht einmal ein Parteigenosse zu sein", in dieses Amt aufrücken kann.

„Aber dort hat ein Präsident nichts zu bestellen", warfen Kritiker ein.
Wusste man natürlich, aber in den Staaten sollte es so bleiben, dass er das Sagen hatte.

Aufgeweicht war das System bereits. So konnte schon einmal ein Schwarzer Präsident werden, dem mit Abstand eine Frau folgte, dann ein in Mexiko Gebürtiger, kurz „Mex" genannt und als „Gipfel der Entgleisung" ein Mestize, den jedoch eine Attentatskugel vorzeitig hinwegraffte. So setzten sich jetzt ein paar Männer im Apachenpueblo von Arizona zusammen, um das Vorhaben auszuhecken, eine Rothaut, einen Indsman oder Ureinwohner Präsident werden zu lassen.

Diese Männer waren Apachenoberhäuptling Win á two, Medizinmann Klekipetra und Indianeragent Carlos Maywald, der einen Arizonakürbis mit einem Faustschlag spalten konnte. In dieser Zeit war das Apachenpueblo kein Eingeborenendorf mehr mit kargen, aufeinander gebauten Lehmhütten, die von Tips umgeben waren. Nein, hier herrschten versteckter Komfort und heimlicher Luxus, viele Unterkünfte dienten als Luxusherbergen für Touristen aus aller Welt, welche einzutauchen gedachten in das Leben des sagenhaftenWinnetou, die einnen Monat lang in Old Shatterhands Rolle schlüpften und sogar unter Führung einen alten, lahmen, siechen, schon übermorgen in Ruhe sterbenden Büffel erlegen durften – Rot begann „in" zu werden!

Noch immer knurrte es in den Gemütern echter Indianer: Ihre Wohngebiete hießen immer noch Reservate, die öffentliche Hand führte Aufsicht über sie, mit dem Ansteigen ihrer Bevölkerung wuchs die Angst argloser, ungebildeter Bürger vor „roten Aufständen" wie anno 1870 oder so ähnlich. Die drei genannten Männer gründeten nun eine „Indsmen-party“, die innerhalb eines Jahres eine Million Mitglieder hätte aufnehmen können, wenn ihr das technisch möglich gewesen wäre.

* * * * *

Peter Mefferten gibt hier an, dass man über die Aufstellung Win á tous zum Kandidaten fürs Präsidentenamt und dem Wahlkampf seiner Gehilfen „einen dicken Buchband“ schreiben könnte und empfliehlt, das nicht zu tun und sich voll und ganz auf die Endphase der Wahl und das Ergebnis zu konzentrieren. Das geschieht hier. Natürlich muss auch Winnetou, wie er jetzt offiziell genannt wird, jeden Staat der USA und jede Großstadt besuchen, um Liebkind zu machen, aber er verspricht nichts, verrät auch kein Regierungsprogramm, und seine Büffellederkleidung und Häuptlingaufmachung modifiziert er so ab, dass er sich überall sehen lassen kann: Bei Hausmütterchenklubs, Juffernversammlungen, Millionärsmeetings, - nur Milliardäre schließt er aus -, Karl-May-Lesungen der drei Winnetou-Bände, die sich zu nie sonst erreichten Verkaufszahlen mutieren. Er macht überall einen solch soliden Eindruck, dass ihm auch der mieseste Steuerhinterzieher glaubt, wenn er verspricht, die Steuern seines Präsidentengehalts pünktlich zu zahlen – das gab’s noch nie in Amerika! Umfragen ergeben, dass die anderen Kandidaten nicht den Hauch einer Chance hätten, gewählt zu werden. Allgemein sind die Wähler froh, dass es keinen Wahlremmidemmi mehr gibt mit dümmlich lächelnden Girls, konfettibeschmutzten Straßen und Verkehrshindernissen in den Großstädten. Verkehrsbehinderungen aber in Arizona.

Noch nie war in den Staaten seit Ende des 19. Jahrhunderts „Indianisches“ so populär. Der Gouverneur von Arizona wurde Ehrenhäuptling, es gab Lehrgänge für fachgerechtes Skalpieren, wie man Biber fängt und mit Pfeil und Bogen seinen ungeliebten Nachbarn erledigen kann.

In allen diesen Irrungen, Wirrungen und Kuriositäten stand Winnetou wie ein Fels in der Brandung, standhaft wie ein Zinnsoldat und ein Amerikaner durch und durch, „wie die Welt sich einen Amerikaner vorstellt sozusagen“, und nirgends klang Argwohn durch, dass etwas nicht stimmen könnte. Nur, außer Winnetou, wussten zwei Männer Bescheid, seine Vertrauten und Mitverschwörer Klekipetra und Carlos Maywald. Sie waren stets um ihn, denn im Gegensatz zu deutschen oder europäischen Wahlkämpfen konnte es in amerikanischen durchaus zu Handgreiflichkeiten kommen, wenn auch nur, - wie jetzt vielfach geschehen -, eine alte Komantschengroßmutter seine Hand küssen und ein Irokesengroßvater sein Haupt streicheln wollte. Er selbst musste Siouxbabys segnen und Tlingitlausbuben auf den rechten Weg verweisen.

So rückte der Wahltag, ein Sonntag auch, heran, kam und verging. Als sei Amerika plötzlich eine Sowjetrepublik geworden, lag die Wahlbeteiligung bei 99,9 Prozent und das Wahlergebnis genau auf 98 Prozent – „Winnetou for president!“

„So preiswert und kompromislos“, formulierte die „Washington Post“, „ist hier noch nie jemand US-Präsident geworden!“

„Oh“, formulierte es Peter Mefferten im Nachhinein, „welch ein kapitaler Irrtum!“

Wir kommen zum Schluss dieser amarikanischen Farce und begeben uns zum Kongress, wo Winnetou wie üblich vereidigt werden sollte. Manchen direkten Augenzeugen und viele Fernsehgucker stieß es sauer auf, dass Winnetous Leibwächter Carlos Maywald, ein Klotz von Kerl wie schon erwähnt, der nicht nur Kürbisse zertrümmern sondern auch Reporter zu Brei schlagen konnte, sich in Tuchfühlung zu seinem Schützling aufpflanzte. Der Speaker pflanzte sich ebenfalls auf, auch lag „The Bible" zum Schwören bereit, aber vorher musste noch eine Frage gestellt werden:
„Mister Winnetou, sind Sie bereit, die Wahl anzunehmen?"
Was, einschließlich ihm, nur drei Menschen wussten:
„Ich bin dazu nicht bereit."
Sprach's, verneigte sich vorm Kongress und huschte unter Wegbereitung des Mauerbrechers Maywald auf und davon, wo Klekipetra mit dem Maywald-Wagen wartete und sie zum Pueblo kutschierte. Nur Peter Mefferten, der zwischenzeitlich informiert worden war, wusste wirklich Bescheid:
„Winnetou wäre nie ein Anführer des Weißen Mannes geworden, jener Menschen, die sein Volk nahe zur Ausrottung gebracht haben, und dieser Handstreich, der nur in Amerika möglich schien, sollte späte Vergeltung sein und Genugtuung symbolisieren."
Merke auf: *„Qui nescit dissimulare nescit regnare* – Wer nicht zu heucheln weiß, der weiß auch nicht zu herrschen."

* * * * *

Leid und Freud kommen oft zu Zweit

Peter Mefferten boulevardisierte justemalen, seine Frau am Arm, durch die größte Einkaufsstraße Nizzas, um festzustellen, wie unverschämt teuer heuer hier Schmuck, Uhren und anderer Krimskrams verhökert wurde. Da fetzten vor ihnen her die Zwillingsbrüder Ali und Rudi Mente, je 41, aus ihrem Laden, rauften sich letzte Haare und brüllten wie Brüllaffen nur zwei Sätze, der aus vier Wörtern bestehen; wir geben sie hier fettgedruckt wieder:

„Sie kommen nicht mehr!"

„They never come back!"

Ali und Rudi setzten dieser Schlagzeile noch eins drauf und riefen erklärend:

„Unverschämtheit – Gemeinheit – asozial – diese Verbrecher!" Schließlich merkten sie, dass zwei Infarkte drohten, und versuchten sich und ihre konsternierten Mitarbeiter zu beruhigen. „Was ist geschehen?", fragte Peter Mefferten und trat mit seiner Frau hinzu, man ging gemeinsam in den Laden zurück, setzte sich, ließ sich Kaffee und Kuchen schmecken und Meffertens bekamen eine abenteuerliche Geschichte zu hören. Sie begann mit einer Fahrt der aus Papenburg an der Ems gebauten „Amsivaria", welche über zweitausend Passagiere aus Deutschland, den Vereinigten Staaten und Großbritannien durch die Arktis schipperte. Von diesen zweitausend trafen sich zufällig zwei Männer, offiziell inkognito unterwegs, sich aber gut kennend, am Kapitänstisch und vereinbarten ein Gespräch. Es waren UN-Generalsekretär Richard Trygve Ley, 51, genannt Sir Richard und König Faisal X., 61, genannt der neue Großmogul. Historisch wird dieses Treffen dadurch, dass sie sich am Abend in eine intime Nische zurückziehen können und der Generalsekretär seinen alten Groll gegen die „reichen Verschwender in der Wüste“ loswerden kann.

„Herr Wüstenkönig, Sie tun zu wenig zum Wohl der Menschheit!“

Vor einer Woche war ein Spiegelbericht über die Einkaufsgewohnheiten der königlichen Familie in Amerika, Europa und Japan erschienen, der, wie man in Großbritannien sagt, „dem Fass den Boden ausschlägt“. Hier ein paar Auszüge:

„50.000 Tacken für ein paar Verlobungsringe, die am Hochzeitstag weggeworfen und durch doppelt teure Eheringe ersetzt werden.“

„Eine sauduarabische Yacht liegt seit einem Jahr ungenutzt in Monte Carlo vor Anker wofür täglich ein Liegegeld in Höhe von 10.000 Tacken zu zahlen sind.“

„Prinzessin Sulaika ist heuer mit einem Tross von hundert Begleitern im eigenen Flugzeug nach Düsseldorf gereist und hat Edelklamotten eingekauft, mit denen man tausend Hofdamen einkleiden kann.“

Sir Richard ist dafür bekannt, Dinge beim Namen zu nennen und auf Stand und Rang des Zuhörers wenig Rücksicht zu nehmen.

„Haben Sie, Hoheit, schon einmal darüber nachgedacht, was kommt, wenn Ihr Öl einmal nicht mehr so sprudelt oder nicht mehr so dringend benötigt wird?“

„Das sprudelt noch lange, Sir Richard, und andere Energiequellen brauchen noch Generationen, um Öl und Benzin ersetzen zu können. – Außerdem“, fügte er mit Blick auf die Zeitschrift hinzu, „die Anwürfe solcher Habenichtse sind uns geläufig.“

Sir Richard schwieg eine Weile und schaute den König an, als wolle er hier und heute ein Attentat auf ihn bewerkstelligen. Dann sagte er:
„Was halten Sie davon, Hoheit, wenn ich Ihnen einen Plan zur Ausführung unterbreite, der Sie und Ihre komplette Familie samt Kindern, Enkeln, Haupt- und Nebenfrauen und Neffen, Kusinen, Omkels und Tanten für alle Zeiten unsterblich macht, und zwar im positiven Sinn?“
Welches Araberherz schlägt bei solchem Angebot nicht in Höchsttouren?
„Indem Sie, König und Hoheit, den Anfang machen, die Wüsten dieser Erde zu kultivieren statt Ihren Familienclan zu Geldverschwendern zu degradieren!“
Das ist, erfährt Peter Mefferten, die Vorgeschichte von „Sie kommen nicht mehr“. Wie es mit dem gewaltigen, ja ungeheuren Wüstenplan weitergeht, wird später bekanntgemacht.

Mit „Sie kommen nicht mehr“ meldet eine Zeitung, „dass alle Mitglieder des Königshauses von Saudiarabien, Feisal & Co., heuer keinen Auslandsurlaub machen und sich dafür ihren neuen inneren Aufgaben als Direktoren, Ingenieure, Konstrukteure, Aufsichtsbeamte, Kontrolleure, Chefsekretärinnen und Betreuerinnen widmen werden. Also“, fügt sie aus eigenen Schlussfolgerungen hinzu, „ist es bei uns, unseren Nachbargemeinden, in Monaco, Berlin, Wien, Düsseldorf, London, Paris, New York, Kairo und Beirut aus mit Umsätzen, die manches Luxusgeschäft überhaupt über Wasser gehalten haben.“

Ja, da hört man manches Heulen und Zäheklappern rund um den Erdball! Zu lange, zu egoistisch haben sich Geschäftsleute, Hoteliers, Chefärzte renommierter Krankenhäuser, Sanatoriumsdirektoren und Mercedesverkäufer ihre Hände reiben können, wenn sie die Nachricht erhielten, „diese und jene orientalische Majestäten geben sich die Ehre des Besuches Ihres Hauses am soundsovielten“, wo dann nicht nur Dollars oder Tacken in schwindelerregender Höhe für „Edelkrimskrams“, Staatskarossen, überteuerte Unterkünfte, vorgetäuschte Gebrechen und unnötige Kuren ausgegeben wurden, sondern auch Trinkgelder ans Personal flossen, das deren Jahresgehälter weit überstieg. Zwei Beispiele seien genannt:

Oberpflegerin Hiltruda, 58 und kurz vor der Rente stehend, konnte sich am vorletzten Arbeitstag in der Schwarzwaldklinik „Zum schwarzen Hirschen“ über ein Trinkgeld von 10.000 Tacken freuen, das ihr Prinzessin Jenufa, 17, „für hundert Küsschen auf die Stirn beim Zubettgehen und Aufstehen“ verabreicht hatte. Und im vorigen Jahr noch durfte Stubenmädchen Rita, 18, vom Hotel Mövenpick in Kairo dafür, dass sie sich täglich einmal von Prinz Jehoudin, 16, den prallen Popo tätscheln ließ, am Abreisetag 5.000 Tacken in die Bluse schieben. Ali und Rudi, die wir hier als Beispiele hervorheben, verlieren in diesem Jahr mindestens zehn Millionen Tacken Umsatz, der früher an einem Einkaufstag des „königlichen Gefolges“ getätigt wurde.

„Und so wird es weiter gehen“, weiß die Zeitung zu orakeln, „denn des Königs neues Programm, sein Land zum sozialsten und fortschrittlichsten der Erde zu machen, wird Jahrzehnte dauern und alle Kräfte der Mitglieder des königlichen Hauses voll und ganz in Anspruch nehmen. – Da wird sich mancher bescheiden müssen.“

Verlassen wir „Leid“ und wenden wir uns „Freud’“ zu!

* * * * *

Die „Standpauke“ des UN-Generaldirektors an König Feisal hat also Wirkung gezeigt. Hat sie sein soziales Gewissen angeregt? Wohl nicht. Wie überall in der hohen Politik hoher Männer und Frauen steuern auch hier Eigennutz, Egoismus und Ruhmsucht menschliches Verhalten. Das nennt man „In die Geschichtsbücher eingehen“. Aber das Ergebnis solcher Tätigkeit ist entscheidend, und diese kann sich sehen lassen. Feisals Propagandisten überfliegen jedes Jahr einmal das Land, um Luftaufnahmen zu machen, und wenn man diese nach Veröffentlichung in der Presse vergleicht, kann man nicht umhin, von der bisherigen größten Leistung menschlicher Schaffenskraft zu sprechen. In kluger Weise, um Ödland als Vergleich und Ausgleich zu erhalten, hat man steinige und felsige Partien ohne losen, bearbeitbaren Untergrund von der Kultivierung ausgespart, sie leuchten als hellgelbe Flecken inmitten einer sattgrünen, von zahlreichen Kanälen und Straßen durchzogenen und hübschen weißen Landhäusern punktierten Landschaft. Bewässert wird das Ganze von der zu riesigen Kapazitäten erweiterten Meerwasserentsalzungsanlage am Persischen Golf. Die Fern- und Hauptleitungen bringen unterirdisch das Wasser zu künstlichen, in die Landschaft betonierten Seen im Ausmaß von Tegern- und Schliersee. Diese sind gegen die wasserfressende Sonne mit modernen, der Raumfahrt entnommenen Planen abgedeckt, die, je mehr sie von oben erhitzt werden, desto mehr Kühle nach unten abgeben. Von ihnen gehen Oberleitungen wie Pipilines, aus Wärme abweisendem Kunststoff hergestellt, in alle Richtungen und Zapfstellen, von wo aus das Wasser entweder oberirdisch versprüht, in Kleinbäche verteilt oder durch Schläuche den Pflanzen zugeführt wird. Hunderttausend Lastwagen voller Humusboden und Kunstdünger sind aus allen Teilen der Erde, wo Bioabfälle zu Humus verwandelt werden, herangekarrt und mit Wüstensand vermischt worden, eine fruchtbare Kombination. Bereits nach zwei Jahren ziehen Wolken über Saudiarabien dahin, bringen Gewitter, regnen ab – „ein Zeichen, dass Allah mit dem Werk ist“. Sollte er auch wohl, oder!

Von den neuen, meist jungen Landleuten aus Kenia, Ägypten, China, Japan und Südamerika werden Erdbeeren, Kartoffeln, Gemüse, Äpfel, Gurken, Melonen, Kürbis, Kiwi und versuchsweise schon Spargel angebaut. Weizen wird bevorzugt, denn eine Kampagne „Nicht nur Reis essen!“ soll der asiatischen Erdbevölkerung neue Wege zur Ernährung aufzeigen und den Frauen die Mühen der Reiskulturen ein wenig abnehmen. Rasenflächen zur Äsung und Heugewinnung halten den Boden besonders fest und gewähren Tausenden von Rindern in Biohaltung ein zufriedenes, bis zur Schlachtung führendes Leben. Am Wichtigsten ist jedoch, dass 10.000 Familien Arbeit gefunden haben, die zwar keinen Reichtum verschafft aber Auskommen zu einem Dasein hundertmal besser als jenes in Slums, Elendsgassen und natürlichen Trockengebieten.

Ungeheure Summen an Öltacken sind in das Projekt geflossen, kommen aber, besser als von optimistischen Finanzexperten errechnet, jetzt schon wieder, direkt und indirekt, in die Staatskasse zurück: durch Umsatzsteuer, Exporterlöse, Ersparnisse für soziale Ausgaben. Ein Fachmann macht eine verblüffende Rechnung auf:

„Diese 10.000 Familien bestehen aus etwa 50.000 Menschen, von denen früher jeder, an seinem mehr oder weniger miserablen Wohnort, einmal in der Woche einen Arzt aufsuchte – weil eben Armut krank macht. So kamen dort gut und gern jährlich 2,5 Millionen Arztbesuche zu mindestens, knapp gerechnet, 50 Millionen Tacken zusammen. Jetzt, am gesunden neuen Wohnort, bei angemessener körperlicher Arbeit, froher Laune und regelmäßigem Essen, sinken die Arztbesuche auf weniger als einmal jährlich! Muss das extra in Tacken, Zehnt und Cent ausgerechnet werden...?“

Nicht alle Menschen haben das Zeug zum Landwirt, einige der Kolonisten werden scheitern und durch Nachfolger ersetzt werden. Lohn und Dank der Menschheit waren schon immer ungewiss, hier kommen sie an Feisal heran: In Form des mit zehn Millionen Tacken dotierten neu geschaffenen Nobelpreises für „Philanthropie“.

„Hoheit, was werden Sie mit dem Geld anfangen?“

Feisal genießt das Erdwohlwollen und scheint lange zu überlegen, obwohl er sich schon festgelegt hat.

„Ich werde einen Teil als Preis aussetzen. Für die beste Idee, welche Fabrik zur Arbeitsbeschaffung in meinem Staat errichtet werden kann.“

Darüber werden wir berichten. Der König ist auch einverstanden, dass sein Land, seine „Wüste“ als Paradebeispiele der nahen Zukunft herangezogen werden dürfen: zum Beispiel für die Kultivierung der Sahara, die bereits im Gange ist. Erinnern wir uns: Aus Arktis und Antarktis karren umfunktionierte Tanker Milliarden Hektoliter Eis und Eiswasser dorthin. Die UN haben einen Wettbewerb „Wasser marsch!“ ausgeschrieben.

„So kommt es", klagen und jammern Ali und Rudi Mente, „dass die Ölmilliarden nun statt hier nach Nizza in diese Objekte fließen und wir bald Sozialhilfeempfänger sein werden."
„Aber Sie haben doch", wirft Petra Mefferten vorwurfsvoll ein, „Millionen gescheffelt, indem Sie eine Schweizeruhr, um 2.000 Dollar eingekauft, für 20.000 verscherbelt haben. Wir hoffen, dass Sie dieses Geld gut angelegt haben..."
Mit dieser Hoffnung machen sich die Meffertens davon, um ihre Reise zu den Falklandinseln vorzuzbereiten, wo ein Misantrop, der mehr mit „horribilis" als mit „mirabilis" zu tun hat, sein Unwesen treiben soll.

* * * * *

Ein Erdholocaust?

Privatdozent Dr. rer. pol., med., med. dent., med. vet. und phil. Tonota Tanato, 61, ist kompromissloser Anhänger Charles Darwins, möchte aber unbedingt und ausdrücklich seine Theorien der Auslese, „Survivel of the fittest" genannt, auf die Menschheit angewendet wissen. Stereotyp übersetzt er „the fittest" nicht in „die Geeignetsten" sondern in „die Stärksten". In seiner Privatklinik auf den Falklands, die er von Großbritannien mit Zustimmung Argentiniens gekauft hat, machte er seinen Dr. rer. pol. mit der Dissertation „Hitler und die Macht des Stärkeren", eine Arbeit fiesester Absurdität und miesester Misanthropie. Der Hinweis der Erdpresse, „der spinnt ja!" , konnte nicht verhindern, dass Tanato mit Studienwünschen von Studenten eingedeckt wurde, nur jeden zehnten konnte er annehmen. Unter dem Deckmantel, „Hilfe für unsere Erde" arbeitet Tanato an einem System, diese Erde zu vernichten.

„Ich kann“, redet er sich ein, „nicht warten, bis Gott es tut.“
Je mehr Friede und Wohlstand sich ausbreiten, desto mehr eifert Tanato seinen Vorbildern nach, nämlich jenen Bösewichten wie „Blofeld & Co.“, die von James Bond 007 schließlich in jedem Film zur Strecke gebracht werden, ehe ihre Pläne gelingen. Zwei Ideen hat Tanatos krudes Gehirn schon ausgebrütet, sie müssen nur realisiert werden. Erstens: Den Erdball mechanisch so in Rotation zu bringen, dass er wie ein außer Kontrolle geratenes Karussell alles auf sich ins Weltall hinausschleudert. Wäre das mit sachgerecht angebrachten Raketen zu erreichen? Zweitens: Die Anziehungskraft der Erde außer Kraft setzen, dann würde von selbst alles, ohne Nachhilfe, langsam aber sicher, vom ewigen, göttlichen Weltenraum an- und aufgesogen werden – es sei denn, die Menschheit würde es „Talpa dem Maulwurf“ nachmachen und komplett unter die Erdoberfläche gehen.
„Welch eine großartige Vorstellung!“

Tanato entscheidet sich für „Operation Maulwurf“. Sie ist so unauffällig durchzuführen, dass selbst seine engsten Mitarbeiter keinen Argwohn schöpfen und Alarm schlagen würden. Wir haben hier nicht den Raum, das Verfahren Tanatos, das in zehn Jahren zum Erfolg führt, technisch und physikalisch darzustellen. Jetzt findet auf Falklands der erste Versuch statt, bei dem sich im Beisein Tanatos und seiner Physiker 25 Quadratmeter Boden vom Magnetismus befreien und alles, was nicht fest auf ihnen verankert ist, wie Sand, kleine Steine, Äste, eine Eidechse und Dohle „Jakob“, 2, in den Weltraum entlässt. Leider nur bis

in eine Höhe von zwanzig Metern, aus der sie unversehrt wieder hinab fallen.
„Versuch gelungen?“
„Ja, verehrter Meister, gelungen!“
Der dies antwortet ist ein Verräter, auch Spitzel genannt, der im Dienst der UN-Regierung steht. Misstrauen ist dort aufgekommen, das Dr. Tanato mitgeteilt wird.
„Meine Forschungen“, entgegnet er, „dienen der Wissenschaft und Medizin. Nach meiner Meinung wird es möglich sein, bestimmte Krankheiten wie Asthma, Herzschwäche und Tuberkulose in magnetfeldfreien Räumen erfolgreich zu therapieren.“
Das bestätigen neutrale Mediziner, Tanato darf ohne Einschränkungen weitermachen. Und es wäre ihm wohl gelungen, die Menschheit von der Erde ins Weltall katapultieren zu lassen, wenn ihm nicht trotz seiner wachen Intelligenz und kriminellen Raffinesse ein Schnitzer unterlaufen wäre – sein erster großer und letzter!

Es dauert noch fünf arbeitsreiche Jahre bis dahin. An einem 1. April ist es so weit.
„Alles startklar?“
„Alles startklar!“
Tanato und seine fünf besten Männer stehen im Freien mitten in einer Pinguinkolonie, deren Tiere als Versuchskaninchen dienen sollen. Sie sind natürlich völlig arglos und watscheln zwischen der Apparatur herum, knabbern Tanato am Hosenbein, als dieser den Roten Knopf drückt, jenen, der vielleicht zehn Jahre später die Erde von Menschen reinigen wird.

„Wenn das geschieht“, hat Tanato am Vorabend seinen Memoiren anvertraut, „fahre ich gerne mit in den Orkus oder Himmel, je nachdem...“
Jetzt sehen die Männer, wie ein Pinguin nach dem anderen das Fliegen lernt, und zwar das sonst recht komplizierte Senkrechtstarten, und Tanato und der Spitzel klatschen sich auf die Schenkel und machen einen Freudenluftsprung – der sie in tausend Meter Höhe und über den Atlantik führt, in dessen dort kalte Fluten sie wie Bleiklötze aufschlagen und für immer verschwinden. Die Menschheit ist gerettet, ehe sie überhaupt Gefahr wittert. Des Doktors Aufzeichnungen kann niemand enträtseln oder entziffern, seine Universität geht ein und seine Hörer und Hörerinnen kehren unverrichtet in ihre angestammten Hörsäle zurück. Peter und Petra Mefferten sind deswegen nichts ins All katapultiert worden, weil sie an diesem Morgen an Bord des britischen Zerstörers verschliefen...

* * * * *

Lügen haben lange Beine

Dieser Artikel, über dessen Inhalt Peter Mefferten nur vom Hörensagen vernimmt, behandelt die kürzlich begründete weltweite und närrische Partei WP, was „Wahrheits-Partei heißen soll. Ihre Mitglieder haben sich zum Lebensinhalt gemacht, „stets und immerda die Wahrheit zu sagen oder sonstwie zu äußern, und koste es Kopf und Kragen“. Das konnte freilich schnell geschehen!

Nun geht eine Aufschreiwelle der Empörung durch eine wenig informierte Erdbevölkerung. So sehr, dass der Vorstand der Wahrheits-Partei WP sich genötigt sieht, sich vom Schuldigen und seiner Tat zu trennen, vom zweiten

Vorsitzenden nämlich. Was ist geschehen? Dieser, nämlich Volker Dahnebrook, 50, der Täter, hat einen Versuch mit seinen Kindern angestellt, Tristan und Romeo, je 10 und Zwillinge. In diesem Alter von Aufgewecktheit und Neugier findet er sie geeignet, im Dienst der Parteigrundsätze tätig zu werden, zumal er sie zu Hause schon vorbereitet hat.

„Lügen oder nicht lügen, das ist die Frage!“

„Jungens, passt auf! Einer von euch, am besten Romeo, muss in diesem Experiment die Wahrheit sagen, wo es sich nur machen lässt. Du, Tristan, musst lügen, wo sich die Gelegenheit ergibt. Hier zu Hause, bei Freunden, in der Schule, wenn Besuch kommt – habt ihr das begriffen?“

„Ja, Vater“, lügt Tristan.

„Bist ein braver Junge.“

„Nein, Vater“, sagt Romeo ehrlich.

„Bist ein Blödkopp.“

Das ist die erste Lektion. Die zweite folgt am Nachmittag, als Tante Gertrud zu Besuch kommt. Sie ist deswegen ein unbeliebtes Familienmitglied, weil sie immer selbst gebackene Plätzchen mitbringt, die nach ihrem Fortgang den Vögeln im Garten spendiert werden.

„Hab’ euch was mitgebracht. Magst du meine Plätzchen, Romeo?“

„Nein“, antwortet Romeo ehrlich.

„Böser Bub du, ich bring dir nie mehr was mit! Und du, Tristan?“

„Ja, Tante Gertrud, gerne“, lügt Tristan.

„Bist ein guter Bub. Hier, nimm und iss sie!“

Die dritte Lektion findet morgen in der ersten Lateinstunde des altsprachlichen Gymnasiums statt. Studienrat Dr. Max Wietüchter stellt jeder Erstklasse dieselbe Frage, um genau

die Kombinationsgabe seiner Schützlinge herauszufinden. Er geht an die Tafel und schreibt:
„Was heißt auf Deutsch Sicilia insula est?“
Jeder Schüler hat die Antwort ins Heft zu schreiben, Wietüchter taucht bei den vorne rechts sitzenden Zwillingen zuerst auf.
„Romeo?“
„Weiß ich nicht“, hat er wahrheitsgemäß geschrieben.
„Tristan?“
„Weiß ich nicht“, hat er lügnerisch geschrieben.
„Habt ihr abgeschrieben?“, fragt Wietüchter drohend.
„Nein“, antwortet Romeo ehrlich.
„Ich schreibe nie ab“, lügt Tristan.
„Brav, nur weiter so!“
Wir meinen, dass solche drei Beispiele genügen, um klar zu machen, wohin diese Geschichte führen wird – ins Chaos. Die Zwillinge spielen ihre Rollen so gut, dass ihr Vater ganz begeistert wird und sie so sehr ermuntert, ihre Fähigkeiten dem ersten Vorsitzenden der Partei bei dessen dienstlichen Besuchen vorzuführen. Das klappt gerade noch, aber inzwischen hat Romeo das Wahrheitsagen satt, weil er merkt, dass sein Bruder mit notorischem Lügen weiter kommt und mehr Ansehen gewinnt. Das ist exakt das Gegenteil von dem, was ihr Vater zu beweisen vorhat. Es kommt zum Eklat, als die Frau des ersten Vorsitzenden die beiden arglos doch sorglos fragt:
„Warum starrt ihr mich so an, sehe ich wie eine Hexe aus?“
„Ja“, antwortet Romeo.
„Ganz und gar nicht“, antwortet Tristan, „im Gegenteil.“

Damit platzt diese lustige Geschichte, aber Peter Mefferten gelang es, noch ein paar Aspekte, die WP betreffend, ans Licht zu bringen.

Der Boss dieser Partei, Monsignore William Christ Hunter, 51 und Oberapostel, weiß den Sinn von „Wahrheitsliebe um jeden Preis“ logisch zu erklären:
„Der große Himmelsportier Petrus wird am bewussten Endtag jedem von uns nur eine Frage stellen, die lautet: „Hast du jemals gelogen?“ Die allgemeine Antwort „Der Mensch lügt seit er spricht“ wird von Petrus nicht akzeptiert. Aber wer von uns Sterblichen mag hier mit ‚Nein’ antworten?“ Herr Hunter gibt Peter Mefferten zwei Fälle zur Begutachtung bekannt.

Fall eins. Edi Mackensen, 72 und Profispitzbube aus Berlin, war nicht mehr fingerfertig genug und war deswegen gefasst worden. Das dritte Mal in zehn Jahren! In den Wochen der Untersuchungshaft bekommt er ein Traktat der WP zu lesen, und ist sofort Feuer und Flamme, sein Leben zu ändern: nämlich nicht mehr zu lügen!
„Nun, Edi“, sagt der Richter freundlich, „so sieht man sich wieder. Wollen Sie denn nicht mal in Rente gehen?“
„Kriege ja keine, Euer Hochwürden.“
„Habe gehört, dass Sie einen Pflichtverteidiger abgelehnt haben.“
„Hab kein Geld für Wortklauber und Lügenbarone.“
„Der kostet Sie ja nichts, weil bei Strafprozessen jeder Angeklagte einen Pflichtverteidiger haben muss. Einverstanden?“
„Einverstanden, Euer Gnaden. Hab ihm aber gesagt, er soll seine Backe halten.“
„Nun denn, Edi, dann wird’s ein langer Prozess werden.“

„Gar nicht, Herr Landgerichsrat."
„Und wieso nicht, mein Herr?"
„Hab nichts zu verbergen, Herr Konsul, und geb alles zu. Dann sind wir hier gleich total und ratzeputz fertig."
Der Richter stiert ihn verwundert an, hat Edi doch früher stets gelogen, dass sich die Anklage- und Zuhörerbänke bogen.
„Hier", sagt Edi und schiebt dem Richter das Traktat „Lüget nicht" auf den Tisch.
Nun, der Ankläger klagt, der Verteidiger hält die Backe und der Richter verknackt Edi zu drei Jahren Knast. Als Edi diesen, nun 75, verlässt, hat er alle Mithäftlinge und die Hälfte des Personals als Mitglieder der WP gewonnen.
„Haben andere Parteien", frohlockt Herr Hunter Herrn Mefferten gegenüber, „wohl derartige Erfolge aufzuweisen?"

Fall zwei. Ein Steuerhinterziehungsverfahren in den USA ist alles andere als ein Kabarettstück, es kann dabei um gut „zwanzig Jahre Vollpension" gehen. Der angeklagte Wohnwagenfabrikant K. Myers, 61, weiß das. Und dennoch!
„Aus unseren bei Ihnen beschlagnahmten Unterlagen geht hervor", sagt der Ankläger, „dass Sie zehn Millionen Tacken Umsatz nicht gemeldet und damit der Besteuerung entzogen haben. Stimmt das?"
„Nein! Das stimmt nicht."
„Ich habe keine andere Antwort erwartet, Sie lügen wie gedruckt."
„Ich verbitte mir diesen Ton, Sir, Sie haben hier keinen kleinen Krauter vor sich, den Sie verunglimpfen können."
„Dann widerlegen Sie doch den Ankläger."

„Es waren zwanzig Millionen!“
Muckmäuschenstille im Gerichtssaal.
„Bitte wiederholen Sie das, Beklagter.“
„Ich habe nicht zehn, sondern zwanzig Millionen Tacken Umsatz nicht gemeldet.“
„Wenn das so ist“, nuschelt der Richter, „dann erklären Sie mir, warum Sie und Ihre Brüder im Glauben dann überhaupt etwas tun, das Sie hier auf die Bank bringen kann?“
„Erstens, Herr Richter: ‚Cosi van tutte – So machen’s alle’, und zweitens: Niemand von uns hat je gesagt, dass er nie vor dem Gesetz fehlen wird und wir geben’s nur zu, wenn wir erwischt werden.“
Durchaus wohlwollend betrachtet der Richter den Beklagten von oben herab, der noch etwas hinzuzufügen wagt:
„Wären alle Menschen wie wir, brauchten Sie Herr Richter und Sie Herr Staatsanwalt, keine Überstunden zu machen.“

* * * * *

Wasser marsch!

Den gleichnamigen, mit 100.000 Tacken dotierten UN-Wettbewerb gewinnt leider nicht Peter Mefferten, der sich beworben hat, sondern Außenseiter Antonio Rinaldo, 38, ein Tunnelbauer aus Oberitalien, dem Wasser in jeder Form, in Flaschen, im Weinglas, auf dem Klosett, in der Badewanne und im Lago Maggiore zum Lebensinhalt geworden ist.

„Vom Wasser haben wir’s gelernt,
vom Wasser!
Das hat nicht Rast bei Tag und Nacht,
ist stets auf Wanderschaft bedacht,
das Wasser.“

„Diese von Wilhelm Müller geschaffenen und von Franz Schubert vertonten Verse“, gesteht er bei der Preisverleihung, „haben mich von Kindheit an verfolgt und in Bewegung gehalten.“
Doch zu einem „Wasserberuf ist er nicht gekommen, obwohl er seine Examens- und die Doktorarbeit dem Thema „Wasserverschwendung“ widmete.
„Als Junge und Jugendlicher“, sagt Antonio einem Reporter, „habe ich die verheerenden Überschwemmungen unserer Poebene erlebt, bei denen Milliarden Hektoliter Schmelzwasser und Regenwasser nutzlos in die Adria fließen. Habe dann lange darüber nachgedacht, ob das sein muss und wie man's ändern kann.“

Aber alle seine Vorschläge, mit dem Wasser mehr anzufangen als Jammern, Klagen und Beten, wurden verlacht und als Spinnereien abgetan. Antonio erkundigte sich nach ausländischen Überschwemmungsgebieten und erfuhr, dass nirgendwo mehr getan wurde als Deiche zu bauen und Flüsse zu begradigen, damit ihr Wasser schneller abfließen möge. Als er jetzt erfährt, dass Saudiarabien Meerwasser entsalzt, um seine Wüsten zu bewässern, glaubt er, „die Menschen sind völlig verrückt geworden“:
„Da lassen sie ihr kostbares überflüssiges Süßwasser ins Meer fließen und versalzen und dann holen sie es heraus, um es für Millionen von Tacken zu Süßwasser zurückzuverwandeln. Wenn das keine Schizophrenie ist, gibt es keine!“
Vernünftige Klagen, gute Theorien, die niemand hören möchte, außer:
„Die Wettbewerbsjuri!“

Heimlich, um sich später nicht bei Familie und Kollegen lächerlich zu machen, erstellt Antonio das Exposé „Wasser marsch!“ In ihm nimmt er seinen heimischen Strom zum Vorbild zu Vorgängen, die überall auf der Erde, bei allen Strömen und Flüssen, welche mehr oder weniger regelmäßig über ihre Ufer treten, angewandt werden kann. Spontan fallen ihm aus nah und fern ein: Rhein, Donau, Elbe, Oder, Weichsel, alle russischen und sibirischen Ströme, die indischen besonders, die sogar jedes Jahr Unheil über Uferbewohner bringen, Amazonas, Orinoko, Nil und die anderen afrikanischen Ströme, die amerikanischen von Florida über Kanada bis Alaska.
„Wasser gibt's genug auf unserer Erde, es muss nur verteilt werden.“
So soll diese Verteilung am Beispiel des Po aussehen: Es sind Überlauf- und Vorhaltebecken zu bauen, die ab einem bestimmten Wasserstand automatisch volllaufen, aber nicht überlaufen dürfen. Sie können in Norditalien überall errichtet werden, ohne das Ökosystem zu schädigen. Im Gegenteil: Seen fördern überall auf der Erde eine gesunde Ökologie und hier, bei uns, treten sie damit an die Stelle der Reisfelder, die sowieso kein italienischer oder europäischer Landwirt mehr bestellen möchte. Überlassen wir diese Arbeit den Asiaten! Wenn genügend Becken mit Fassungsvermögen, das errechnet werden sollte, erstellt werden, kann es nicht mehr zu Überschwemmungen kommen oder man könnte diese so steuern, das erhaltenswerte Biotope, zum Beispiel für die Vogelwelt, erhalten bleiben oder neu erstehen.
„Und wo bleibt das gesammelte Wasser?“, fragt Antonio sich selbst.

Ganz einfach: Es „läuft“ durch Rohre in die Sahara! Utopisch? Durchaus nicht! Sollen die Rohre etwa das Mittelmeer kreuzen? Nein.
„Dass selbst Fachleute so vergesslich oder borniert sein können!“, wundert sich Antonio.
Und er legt dar, was auf der Hand liegen sollte:
„Die Leitungen nehmen ihren Weg über Frankreich und Spanien, wo Rhone und Ebro an das System angeschlossen werden können, weiter nach Süden in Richtung Gibraltar zur Südspitze Spaniens und queren dort die Meerenge Afrika-Europa. Dort soll doch, wie allgemein bekannt ist, eine Brücke oder überbrückte Schleuse entstehen, über die endlich die Africana-West, die Autobahn Algier-Kapstadt geführt werden soll.“
Zwischeneinwurf: Die Konstrukteure dieser Brücke planen, mit einer Schleusensperre nach holländischem System den gefürchteten Anstieg des Atlantiks vom Mittelmeer abhalten zu können.
„Von Marokko aus“, fährt Antonio fort, „kann das Wasser nach saudiarabischem System in neue Auffangbecken weitergeleitet und von dort, wie ja schon bekannt, verteilt werden.“
Das ist in groben Zügen Antonios Beitrag zu „Wasser marsch!“ In einem Anhang schlägt er vor oder legt er dar, dass große Regionen der Erde so vernetzt werden könnten: Die mitteleuropäischen Flüsse wie Rhein und Elbe und die der Alpen können ihr Hochwasser in der geschilderten Weise über den Po nach Nordafrika abgeben, die Donau ihr Wasser ans Balkangebiet, Oder und Weichsel nach Polen und die Ukraine, „und so weiter und so fort“. Wie gesagt, dies ist laut Ausschreibung nur ein Vorschlag, über die finanziellen Möglichkeiten kann sich zwar Antonio

seine Gedanken machen, braucht sie aber nicht zu entwickeln. Persönlich ist er der Meinung:

„Was es auch kosten mag, Gelder sind immer für eine Idee zu beschaffen, von der man überzeugt ist. Außerdem genügt es für ein solch riesiges Projekt, sich nicht sofort in zehn, sondern erst in zwanzig bis fünfzig Jahren zu rentieren."

Wir merken, dieser Außenseiter könnte für höhere Aufgaben als Tunnel- und Straßenbau einzusetzen sein. Den 100.000-Tacken-Preis sollten wir ihm jedenfalls gönnen. Ob seine Vorschläge in die Tat umgesetzt werden oder nicht, darüber später mehr. Zunächst ist ein weiterer Wettbewerb zu bearbeiten...

* * * * *

Volk's Wagen

Peter und Petra Mefferten erinnerten sich vage: König Feisal hat in seiner unendlichen Güte und nach Allahs Willen einen Teil seines Nobelpreises Vorschlägen gewidmet, die seinem Staat Arbeitsplätze „Weg vom Öl" beschaffen und sichern sollen. Es regnet jetzt solche Mengen Vorschläge, dass die Jury nur zehn annimmt. Sie besteht aus Mitgliedern des königlichen Clans, in die Endauswahl. Koryphäen, Spitzenwissenschaftler und hochkarätige Volkswirtschaftler nehmen teil, da mag man August Hilgemann aus Wolfsburg, genannt Uropa, 101, „ewiger VW-Rentner", nur wenig Chancen einräumen. Aber er lässt nicht nur alle hinter sich, sondern sogar die Jury in Ekstasegeschrei ausbrechen und Freudenveitstänze ausführen.

„Vatter", sagt Tochter Elke, 81, am 2. Mai und reicht ihm einen Brief, „Vatter, du hast Post aus Riad bekommen. Da ist ein königliches Siegel drauf."
August erbricht es und kann vom englischen Text nur „100.000 Tacken" lesen. Erst ein Enkel übersetzt, dass er den Wettbewerb „Weg vom Öl" gewonnen hat.

Wir wollen hier nicht, wie Peter Mefferten es tut, über den Jubel in Familie und Gemeinde und allen Presserummel berichten, der nun entsteht. Wohl aber über Verwunderung und Erstaunen, als der VW-Vorstand erfährt, was das Ganze auf sich hat. Brütet er doch seit Monaten darüber nach, mit welch neuem Auto man die Erdbevölkerung beglücken kann, ergebnislos bisher. Obwohl Herrschaften beiderlei Geschlechts, die jährlich zusammen mindestens 50 Millionen Tacken an Gehältern und sonstigen Zuwendungen einstreichen, ihre Köpfe rauchen lassen. Unser Opa hat sich nach Bekanntwerden des Wettbewerbs in den „Wolfsburger Nachrichten" hingesetzt und seinen Beitrag an einem Sonntag handschriftlich zu Papier gebracht. Nachdem sein Anwalt, immerhin eine schweigepflichtige Person, ihn redigiert, ins Englische übersetzt und getippt hat, geht er mit gewöhnlicher Post zu 6 Tacken Porto ab.
„Da hör'n wir nix mehr von."

So lautet er dem Inhalt nach:
„Geben Sie, Euer Hoheit, VW die Möglichkeit, bei Ihnen ein Werk zu errichten, in dem nur ‚der alte Käfer' hergestellt wird. Und zwar nach Baumethoden der 50er-Jahre des vorigen Jahrhunderts, also weniger als halbautomatisch. So dass, wie damals in Wolfsburg, Germany, 10.000, 20.000 oder gar 50.000 Arbeiter in einer Achtstunden-

schicht pro Tag Brot und Auskommen finden werden. Wenn sich die Produktion auf nur ein Modell konzentrieren lässt, sowohl technisch wie farblich ‚vorbehandelt', so dass der Käufer sein Auto selbst nach Gefallen anmalen kann, wenn außerdem auf Neuschöpfungen, Konstrukteure, teure Manager und aufwändige Reklame verzichtet wird, kann man das Auto nach meiner Schätzung für weit unter 3.000 Tacken an Mann und Frau bringen. Zusätzlich schlage ich einen Minicaravan als Anhänger vor, in dem zwei Personen, etwas beengt zwar, übernachten, kochen und aufs Klöchen gehen können. Dieser sollte nicht mehr als 2.000 Tacken kosten. Wenn Sie, wohlgeneigte Majestäten, diese Pläne verwirklichen, ermöglichen Sie nicht nur Millionen, nein Milliarden Menschen die heute notwendige Mobilität für Beruf und Urlaub, sondern sich selbst ewiges ehrendes Gedenken derselben. Hochtungsvoll und mit besten Grüßen aus Wolfsburg Ihr Uropa August Hilgemann am 1. April dieses Jahres."

Vierzehn Tage später hält ein Taxi vor dem Haus, ihm entsteigt Kronprinz Feisal mit einem Scheck in der Hand, der natürlich den Besitzer wechselt.
„Mein ganzes Leben lang", sagt August ergriffen, „bin ich ein armer Schlucker gewesen, ohne der gleichnamigen Partei beigetreten zu sein. Und jetzt das..."
Man geht zum Kaffeetisch, der Prinz isst zum ersten Mal etwas, das fortan sein Lieblings- und Leibgericht werden soll, in dem er sich „am liebsten wälzen möchte": niedersächsischer Bienenstich. Einer der zahlreichen Enkel Augusts ist Konditor, er wird sofort engagiert und samt Familie mitgenommen, „Quadratkilometer Bienenstich herzustellen". Er wird damit der zweite Reiche der Familie Hil-

gemann. Uropa August zieht sich nach einer Tasse Kaffee und zwei Streifen des Kuchen zu einem kurzen Schläfchen zurück und stirbt schnurstraks und friedlich in seinem Bett aus dem 18. Jahrhundert.

* * * * *

Ob man es nun glaubt oder nicht: Seine Idee wird durchgezogen. Denn vier Wochen nach erdweitem Bekanntwerden der ganzen Sache sind bei „VW, Wolfsburg, Germany" 100.000 Käferbestellungen eingegangen, teils vorab bezahlt, und dieser Strom scheint nicht abreißen zu wollen. Die Geschäftsleitung entscheidet: Ein Werk in Saudiarabien, ein zweites in der Mongolei in Ulan Batur, das schon seit einem Jahr in der Planung eines anderen Modells steht. Alle Mitarbeiter werden zwar ein niedrigeres Gehalt als ihre Kollegen in Europa bekommen, dafür liegen die Lebenshaltungskosten in beiden Ländern deutlich niedriger, wenn man mit „einem normalen Leben" zufrieden ist: In Ulan Batur kosten zehn Eier 1 T, in der Schweiz 5 T, im Umfeld von Riad kostet ein Kilogramm Schweineschnitzel 4 T, in Norwegen 15 T – zwei Beispiele nur. In beiden Werken werden vorerst je fünftausend Leute beschäftigt, die mit ungeheurem Fleiß und Enthusiasmus arbeiten und ganz nach ihren Wünschen und Vorstellungen jeden Nachmittag um 17 Uhr und jedes Wochenende frei haben. Dafür sind religiöse und politische Feiertage gestrichen. Alle zehntausend Mitarbeiter haben natürlich einen Käfer bestellt, müssen aber warten, bis alle Vorabbestellungen ausgeliefert sind.

Die Straßen der Erde werden bald von Käfern erobert, und keiner gleicht dem anderen: Weil jeder Besitzer ihn individuell bemalt, gefärbt und angestrichen hat. Nur das Solardach ist bei allen gleich, und natürlich seine Innereien und seine Motorisierung. Fünfzig Kilowatt des vorn untergebrachten Motors machen ihn bei fünf Liter Verbrauch 120 KMH schnell. Das reicht für Menschen „erster Autofahrergeneration“ anderer Mentalität als der von Europäern und Nordamerikanern aus. Die Fantasie der neuen Autobesitzer in puncto Bemalung ist grenzenlos: Da fahren in Afrika Kilimandscharos, Zebras, Leoparden, Löwen, Krokodile und Büffel herum, in Asien Pandas, Tiger, Drachen, Buddhas, Dalai Lamas und Tempel, in Nordamerika Filmstars, Sänger und Saurier, in Südamerika meist Inkagrößen, Andenberge, Titicacaseen und Pinguine, in Australien Koalas und Kängurus über die Straßen, Pisten, Staub- und Schotterwege. Auf den intercontinentalen Autobahnen sind Käfer seltener anzutreffen, zumal sie als Gespann mit dem neuen Kleinkaravan nur „90 Sachen hinlegen“ können. In den ersten drei Jahren werden rund zwei Millionen Käfer gefertigt und verkauft. Dieses „Wunder von Wolfsburg“, wie der Vorgang offiziell genannt wird, gibt auch der Person, der wir uns jetzt zuwenden, Brot und Lebensinhalt. Wie seine Großväter wird auch Peter Mefferten ein Käferfan, zumal die Fahrerei mit ihm in den engen Winkelgassen europäischer Altstädte wieder ein Vergnügen wird.

* * * * *

Dr. med. Kasimir Kupferschmitt, 26 und ehemaliger Klassenkamerad Peter Meffertens, wird der erste berühmt gewordene Käfernutzer und trägt wesentlich zum Verkauf dieses stählernen Insekts bei. Es lohnt sich, hier seinen Werdegang in Verbindung mit dem Käfer zu verfolgen. Mit dem Studium hat er alle Hürden zum Beruf des praktischen Arztes bravourös genommen und hat mit seiner Doktorarbeit „Der Eiter des Hyppokrates“ Aufsehen und Verwunderung erregt. Nun steht der kommerzielle Teil seines Werdegangs an: Was kosten Errichtung und Unterhaltung einer Praxis? Die Errichtung ist relativ leicht zu errechnen. Miete oder Bau der Räumlichkeiten, Einrichtung, die minimal nötige technische Ausstattung mit allen Geräten zum Röntgen, Durchleuchten, Diagnostizieren und Behandeln, modernste Computer und ein oder zwei MTAs, da kommen nach Kasimirs Rechnung mindestens 500.000 T zusammen, die komplett zu 6 bis 8 % Zinsen geliehen werden müssen. Das bedeutet: Bei einer Laufzeit des Kredits von zwanzig Jahren müssen insgesamt etwa eine Millionen T zurück gezahlt werden.

„Jetzt verstehe ich“, murrt Kasimir, „warum sich so wenig Jungmediziner selbständig machen wollen.“

Was ist zu tun? Da stoßen ihn zwei Entdeckungen auf den rechten Weg: Einmal die ersten positiven Berichte über den neuen Käfers nebst Anhänger, dann die in Versform gefassten Memoiren eines gewissen Johann Andreas Eysenbarth, 1663 bis 1727, die so beginnen:

„Ich bin der Doktor Eisenbart,
kurier die Leut auf meine Art:
Ob Kaiser, Bauer, Prinzipal,
zum Doktor muss ein jeder mal...“

Dieser famose ungewöhnliche Mediziner war wandernder Chirurg und wurde wegen seiner marktschreierischen Methoden zu Unrecht, aber natürlich nur von seinen Standeskollegen, als Kurpfuscher hingestellt. Sie interessierten

sich nicht für seine Erfolge an meist mittellosen Kranken. Kasimir ist einen Tag lang nachdenklich geworden, danach schnappt er sich wieder seinen Rechengriffel und versucht zu notieren, was ein nomadisierender Arzt braucht: das Käfergespann, die Grundausstattung, Messer, Gabeln und Löffel zur Wundbehandlung, die einfachsten Messgeräte für Fieber, Puls und Blutdruck, Verbandsmaterial und einen Zentner der wichtigsten Medikamente. Außerdem, da Reisen zu Zweit gewiss angenehmer ist als Solokutschieren, eine MTA. Eine hat er schon an der Hand, Edeltraut Abramowski, 24, knackig und griffig, die sich nun zum Mitmachen bereit erklärt, „wenn Sie mich, Doktor, ehelichen". Vorgeschlagen – überlegt – getan! Eine MTA im Status einer Angestellten arbeitet nur acht Stunden am Tag, feiertags, samstags und sonntags gar nicht, und möchte dafür mit zwei- bis dreitausend T monatlich entlohnt werden. Eine MTA im Status einer Ehefrau dagegen arbeitet rund um die Uhr, auch nachts gelegentlich, und bezieht nichts mehr als „freie Station". Dr. Kasimir hat auch die finanziellen Aspekte des Vorhabens beleuchtet: Statt sich 500.000 T von schrappigen Banken zu leihen, wird er mit einem Startkapital von 10.000 T auskommen.
„Also Edeltraut", sagt er heiter sie knutschend, „den ersten Satz der Medikamente wird mir die pharmazeutische Industrie gewiss gern kostenlos überlassen und unser technisches Gerät ersteigern wir uns billig aus einer der jetzt häufigen Praxispleiten."

Auf geht's! Erstes Ziel ist der schwarze Kontinent, den unser Arztehepaar von Ägypten her aufrollt. Bald ist sein Gespann, das einfarbig in hellblau gefärbt ist, bekannt „wie ein bunter Hund" und wird in allen Dörfern am Weg nach

Süden erwartet. Städte meidet das Paar, weil dort die medizinische Versorgung zwar nicht optimal, aber immerhin vorhanden sei. Frei nach Vorbild Dr. Eisenbart ist Dr. Kasimir nicht zimperlich, wenn es um die Behandlung von Wunden und kleineren Verletzungen geht.
„Meine Patienten hier in den vernachlässigten Gebieten der Erde sind ebenfalls nicht zimperlich und gewohnt, Schmerzen hinzunehmen, wenn sie den Anfang von Heilung und Besserung bedeuten."

Verfolgen wir ein Beispiel in einem Dorf bei Khartum. Dort führt eine Frau ihren Mann heran und erklärt, dass er weder arbeiten noch schlafen könne, „weil ihn der Arsch jucke wie tausend Stiche von Bremsen und Tsetsefliegen" und er nichts anderes mehr täte als sich zu kratzen. Kasimir erinnert sich an seine Kindheit, wo ein 14jähriger Schulkamerad, der später unbedingt Arzt werden wollte, „tapferen Mitschülern" Warzen an Händen und Fingern „ausbrannte". So geht er jetzt diesen sudanesischen Hämorrhoiden an den Wickel. Der Patient wird in die dafür notwendige Körperhaltung gebracht, so dass sein Gesäß steil in den afrikanischen gerichtet ist, wird von seiner Gattin und Edeltraut so ruhig gehalten, dass er vom Doktor bearbeitet werden kann. Desinfizieren, vereisen, das Handwerkszeug angesetzt. Dieses ist so einfach, dass es in keiner ordentlichen Arztpraxis zu finden ist: eine zehn Zentimeter im Durchmesser messende Briefmarkenlupe, hier Brennglas genannt, und augenblicklich nach dem Ansetzen und Herstellen des richtigen Fokuspunktes beginnt die erste, preiselbeergroße Hämorrhoide zu kochen, zu bruzzeln und zu qualmen. Es riecht nach gebratenem Fleisch, Wolken steigen auf, eine Hämorrhoide nach den anderen zieht sich in der Hitze lang und schrumpft wunschgemäß zusammen. Schmerzen? Der Patient lässt sich nichts anmerken. Auch beim Betupfen der Schmorstellen mit Jod zuckt er nur kurz zusammen. Salbe drauf, Mull in den After geklemmt, geschafft!

„Gute Frau, achten Sie darauf, dass sich Ihr Mann nach dem Kacken ordentlich den Hintern wäscht und abtrocknet. Hier ist eine Tube Antihämo zum abendlichen Einreiben.“

„Tausend Dank, Doktor und Doktorin!“

Und das fällige Honorar? Besteht in diesem Fall nicht aus Barem, ein gebratenes Huhn ist es, dazu sechs Eier, Kartoffeln, eine Melone. Die Essensbeschaffung ist im übrigen ein Problem, wenn es längere Zeit keine Möglichkeit zum Einkauf gibt. Manche Patienten fühlen sich zu stolz, in Naturalien zu zahlen, sie ziehen Tackenscheine aus der Hosentasche.

„Fantastisch, ideal – keine Abrechnung mit Krankenkassen!“

Auch diese sehen das Unternehmen, im Gegensatz zur Ärzteschaft, positiv an, denn überall, wo Kasimir eine Weile gewirkt hat, steigen die Profite der Kassen ziemlich nach oben. Natürlich ist Dr. Kasimir klug genug, nicht zu quacksalbern und Fälle, die er nicht behandeln kann, abzulehnen und zu überweisen. Aber in seinem Wirkungskreis der armen Schlucker gibt es Hunderttausende Bagatellfälle, die niedergelassene Ärzte nur ungern übernehmen, da sie zu wenig Rendite bringen: Kleine und mittlere Hautverletzungen, die sich in tropischen Gebieten gefährlich auswachsen können, Bronchitis, Dauerhusten, Koliken, Zeckenstiche, die nach unsachgemäßer Selbstbehandlung lebensgefährlich werden können, auch Bisse von Hunden bis ungiftigen Schlangen, die Blutvergiftungen fördern. Immer wieder ermahnt vor allem Edeltraut als mitfühlende und attraktive Frau zur Sauberkeit und demonstriert ihren Zuhörern das richtige Anlegen und Kleben von Verbänden und Pflastern. Dr. Kasimirs Vorrat an Medikamenten geht nicht aus, denn er braucht nur zu mailen, „dies und jenes nach Kapstadt, Durban, Kinshasa oder anderswo postlagernd Flugplatz“ – schon hat er es. Das freiheitliche Leben erhält die Spannkraft und es gibt keinen Arbeitsbeginn mit Unlust und Frust. Bald heißt Kasimir „der rasende Doktor“ und wird überall gern erwartet. Das größtmögliche Lob spendet ihm das Monatsmagazin „Mobile Ärzte“ in einem Zehn-Seiten-Artikel:

„...kann man getrost behaupten, dass das Ehepaar Kupferschmitt mehr Segen über die Menschheit dieser Erde bringt als hundert Missionare oder fünfhundert Päpste...“

„Ich bin wie Dr. Eisenbart:
kurier die Leut auf meine Art!“

Wohlan! Lassen wir Kasimir und Edeltraut weiter wirken und wenden wir uns einem Zeitgenossen zu, der ganz andere Ziele verfolgt.

* * * * *

Ein neues Inkareich

„Aussteiger“ – ein Begriff, der vorwiegend arme Leute bezeichnet, was von der ASP, der neu gegründeten „Arme-Schlucker-Partei“, sehr heftig bestritten wird. Sie hat recht. Denn Oberaussteiger und späterer Sonnenkönig Maximilian Hesekiel Nathaniel Herzog von Cromwell, 39, ist so reich, dass „stinkreich“ auf ihn nicht mehr zutrifft und er deswegen von seinen Anhängern schlicht „Fettbauch“, englisch „paunch“ genannt wird. Ob er adelig ist oder nicht interessiert in dieser Zeit niemanden, „Adel verpflichtet zu nichts mehr“, Charisma ist alles, und wenn Geld hinzukommt, kann eigentlich nichts mehr schief gehen.

Dieser kuriose Herzog, ein Duzfreund Peter Meffertens, schwimmt auf der Welle eines munter propagierten Erduntergangs, seitdem er behauptet, seine eigenen Messungen ergäben andere Werte der Klimaerwärmung als die offiziellen. Und er macht als erster Ernst damit, für Rettung zu sorgen – Rettung nicht des einfachen Volkes, das interessiert ihn nicht. Wenn es mit der Erdbevölkerung, so argumentiert er, irgendwie nach einem Untergang weitergehen soll, entweder auf dem heimischen Planeten oder auf einem anderen fernen, dann sollten nur Menschen überleben, die das Zeug zur Wiederbesiedlung besitzen.

„Und diese“, behauptet er, „finden wir nicht in Slums, Arbeiterwohnungen, Werkskantinen und auf Äckern und Feldern, sondern allein in den Chefetagen. Außerdem“, fährt er fort, „sollte man bedenken, dass Wasser zu kommen und zu gehen pflegt, wie Eis- und andere Zeiten es auch taten und tun.“

Mit diesen Ansichten bepackt macht er sich auf die Suche nach einer Bleibe für höher und hoch gestellte Persönlichkeiten. Ein Berg, ein Gebirge wird’s wohl sein müssen, eines mit adeliger Tradition und Geschichte. Peter Mefferten hilft ihm uneigennützig und findet es in den Kordilleren Südamerikas, in Peru, dort wo die Inkas einst ein stolzes Königreich besaßen. „Das könnte reaktiviert werden“, sagt Peter Mefferten, der schon dort gewesen ist, „mit dem alten Machu Picchu als Hauptstadt.“

Dort fällt sogleich die herzogliche Entscheidung. Stellen wir also diese abgelegene Erdgegend einmal näher vor. Im Jahr 1911 strolchte der Amerikaner Hiram Bingham unter Führung eines Indiojungen hier herum und fand schließlich die Ruinen der „Lost City of the Incas". Wir wollen auf Einzelheiten nicht eingehen, zumal über den Sinn der Stadt in der Höhenlage 2.400 Metern weiterhin gestritten wird. Bis ins 16. Jahrhundert muss die Stadt noch bewohnt gewesen sein, aber die Feldterrassen waren nie groß genug, um Tausende Einwohner zu ernähren. Jetzt sind nur noch Ruinen da, die das Imposante der Anlage zeigen. Es heißt heute, „keine Reise durch Südamerika sei komplett ohne den Besuch Machu Picchus", und tatsächlich reißt der Touristenstrom seit hundert Jahren nicht ab. Nicht alle Besucher können den Inka-Trail benutzen, da er körperliche Fitness voraussetzt, die nur wenige von zu Hause mitbringen. Ein Zug geht von Cusco durchs Tal des wilden Rio Urubamba durch immergrünen Urwald 112 Kilometer lang zur Bahnstation Machu Picchu, Kleinbusse bringen die Besucher zu den Ruinen. Seit fünfzig Jahren existiert auch eine Seilbahn. Alle diese Umstände nimmt Maximilian auf wie die frische Luft hier, und schon entwickelt sein praktischer Sinn Möglichkeiten einer Erneuerung: Wasser kann vom Titicacasee hergeleitet werden, Solarenergie ist für diese Gegend prädestiniert, und alle Einrichtungen wie die Eisenbahn, die Seilbahn und die Helikopterflotte sind vom bankrotten Staat gewiss preiswert zu erwerben.

Zurück im Rest der Erde beginnt Maximilians Laufbahn als Prediger „einer besseren Erde als dieser, wo arme Schlucker zur Macht drängen und Rücksicht auf Leute genommen wird, deren Vorfahren seit Generationen Slums bewohnen". Aber er gründet nicht, wie anzunehmen wäre, eine neue Partei, etwa das Gegenstück zur ASP.

„Politische Parteien“, orakelt er, „sind auf unserer Erde noch weniger erwünscht als arme Menschen, die, was man zugeben sollte, nicht immer schuld an ihrem Los sind. Man nenne mir eine Partei, die es geschafft hat, hieran etwas zu ändern.“

„Was halten Sie von Religionen, Hoheit?“

„Noch weniger als von Parteien, sie stehen in meiner Ausrottungsskala ziemlich oben.“

„Und wer steht ganz oben?“

„Die Demokratie!“

Er muss das erklären, wenn man ihn nicht für einen politischen Fanatiker halten soll.

„Sehen und hören Sie und nennen Sie mir eine Demokratie vom Anfang, sagen wir einmal die altathenische, bis in unsere Zeit, die der Menschheit Gutes gebracht und ihre Erbübel beseitigt hat – Sie werden mir keine nennen können!“

„Aber alle Diktaturen sind heutzutage beseitigt worden.“

„Es geht nicht darum, Gewaltherrschaften und –täter zu beseitigen, sondern darum, dem Guten und Positiven im Menschen mehr Chancen zu geben.“

Kenner politischer Gepflogenheiten glauben, dass dieser „etwas spinnerte“ Adelige nichts anderes anstrebe als eine politische Karriere, aber sie irren sich.

* * * * *

Maximilians zweiter Besuch Machu Picchus dient bereits einer konkreten und realistischen Planung und Anordnungen.

„Wenn hier früher“, bemerkt er seinem ersten Adlatus gegenüber, Familienclanflüchtling Aleksandrow Y. Bortschow, 28, aus Kiew stammend und durch Erbschaften „zum Kotzen reich“ geworden, „Menschen auskömmlich gewohnt haben, dann muss das auch heute möglich sein. Haben Sie die Frische und diese Reinheit der Luft bemerkt?“

„Ja“, antwortet Aleksandrow begeistert, „meine Migräne, in der Ukraine oft so unerträglich, dass ich am liebsten mit dem Kopf gegen eine Wand rennen würde, ist wie fortgeblasen.“

„Und die Ruinen hier“, schwärmt sein Herr und dreht sich armschwenkend im Kreis, „können alle als Fundamente neuer, sozusagen auf sie gesetzter Häuser, stehen bleiben.“ Er nimmt einen faustgroßen Stein, den „vielleicht ein Inkabaumeister schon in Händen hielt“, und wirft ihn übermütig den Hang hinab. Dort hört man den klirrenden, dennoch wohlklingenden Aufschlag. Stein auf Metall? Hier, wo es nur Steine, Pflanzen und Erdboden gibt! Diese Überlegung macht dem Herzog alle Ehre und gibt seinem Erdendasein endlich die ersehnte Richtung. Denn was er dort findet, wo sein Stein aufgeschlagen ist, suchen Menschen seit dem Untergang der Inkas: ihre Sonnenscheibe. Aus purem, massivem Gold solle sie sein, so die Überlieferung, aber der letzte Haushofmeister der Inkas habe sie vor den goldgierigen Weißen unauffindbar versteckt. Nun, Maximilian kramt sie aus Kraut und Ranken heraus und schafft sie mit Hilfe seines Jüngers nach oben ins freie Sonnenlicht, versucht sie mit dem Ärmel blank zu putzen, aber in fünfhundert Jahren hat sich viel zähe Patina angesammelt. Es ist wohl am besten, die Reinigung Fachleuten zu überlassen.

Wie allen Findern großartiger Altertümer vor und nach ihm juckt es Maximilian gewaltig in den Fingern, den Fund geheim zu halten und sozusagen in die eigene Tasche zu stecken. Das geht nicht, er weiß es, denn erstens gibt es bereits Augenzeugen und Mitwisser, nämlich Aleksandrow und eine noch ahnungslose Reisegruppe, die gaffend herschaut, und zweitens machte er sich strafbar und verlöre alle Reputation; in Peru in den Knast zu kommen, nun, das kann nicht angenehm sein. Jetzt telefoniert er seinen Repräsentanten in Lima an, teilt den Fund mit und bittet um Abholung durch eine autorisierte Stelle, „per Hubschrauber bitte, denn das Ding ist über hundert Pfund schwer“. Das staatliche Inkamuseum, das ist die autorisierte Stelle, tut misstrauisch und skeptisch, zu viel Schabernack ist mit Inkaschätzen schon getrieben worden, aber Maximilians Name bürgt schließlich – eben das nennt man Reputation! Und er erweist sich als großzügiger Erdenbürger und Gönner der Allgemeinheit, als er auf Finder- oder Bergelohn verzichtet und sich nur zweierlei erbittet: Eine Nachbildung der Sonnenscheibe in Messing, „denn es ist leichter und glänzt, entsprechend poliert, besser als Gold“, in doppelter bis dreifacher Größe und die Erlaubnis, dort oben einen Wohnort „der Erdelite“ errichten zu dürfen. Genehmigt!

Werbung zu diesem Projekt braucht Maximilian nicht zu machen, da er wegen seines Fundes in aller Munde, Ohren, Augen und Zeitungen rückt. Auch Neider, meist jene Menschen, die unter Verlust von Gesundheit und Vermögen geforscht und gestöbert haben, reden und lästern nur „über diese reichen Heinis, denen alles von selbst in den Schoß fällt“. In Hunderten Interviews unter Anleitung Peter Meffertens für Fernsehen, Hörfunk und Presse erhält er Gelegenheit, für seinen Traum eines neuen Inkareiches zu wer-

ben. Und er ist klug genug, einem etwaigen Massenandrang in die Anden geschickt einen Riegel vorzuschieben: „Jeder kann mitmachen, jedoch als Aktiver nur, wenn er, - das ist eine vorläufige Ansage -, für 100.000 Tacken Aktien der Inka–AG erwirbt und weitere 100.000 Tacken für die ersten etwas kargen Jahre mit nach oben bringt. Als Passiver kann mitmachen, wer bereit ist, für landesübliches Gehalt Dienstleistungen zu übernehmen oder ganz gewöhnliche Arbeiten zur Erhaltung des Gemeinwesens."
Maximilian lässt durchblicken, dass er hierbei hauptsächlich an die vielen Millionen Indios des Halbkontinents denkt, die für Hungerlöhne arbeiten oder arbeitslos sind.

Ist ein Scharlatan am Werk? Will Maximilian nichts anderes, als an fremder Leute Tacken zu kommen? Mitnichten! Warum sollte er!
„Dieser Mann hat einen Tick in der Birne!"
„Wieder ein Messias, der Jünger sucht, diesmal reiche!"
Zwei zitierte Stimmen voller Kritik und Hohn, die neben anderen nur 0,1 % aller ausmachen.

* * * * *

Ein Jahreszeitsprung bringt den Berichterstatter Peter Mefferten und uns mitten ins Geschehen. Obwohl Fahrstraße und Seilbahn bis nah ans Ziel heranführen, wälzt sich eine Menschenschlange zu Fuß Berge empor, hinab, hinauf, durch Täler, aber insgesamt natürlich kontinuierlich nach oben.
„So muss es vor 500, 600 Jahren ausgesehen haben", schwärmt ein Reporter von „Geo", „denn das Inkareich

unterhielt selbstverständlich Beziehungen zu Regionen im unteren Urwald bis zum Meer hinunter.“
Nur Leute mit Fantasie stellen sich vor, was anders ist als früher:
„Es sind keine Sklaven wie damals, keine beschimpften, geprügelten, gepeitschten und nicht bezahlten Menschen mehr, die jetzt, zwar auch schwitzend, ächzend und durstig, aber freiwillig Lasten nach oben schleppen.“
Durstig? Muss nicht sein: Alle 500 Höhenmeter hat Cocacola einen Drinkshop eingerichtet, wo gegen einen Tacken Obolus getrunken werden kann, und wer Hunger hat oder bekommt, kann ihn alle tausend Streckenmeter bei McDonalds stillen. Dort stehen auch mobile Lokusse, deren Sammlungen zur Düngung von Plantagen in den Tälern genutzt werden.

Wer nun glaubt, Maximilian wolle eine neue aber primitive Stadt bauen, irrt sich. Erinnern wir uns, wen er von Anfang an im Visier hat: VIPs! Aber nicht einfach nur solche, dies es auf dem Papier oder in ihrer Fantasie sind, sondern „echte, gewachsene mit Knete in der Hinterhand“. Ein weiterer Zeitsprung ans Ende des Jahrzehnts führt uns mitten hinein in ein Völkchen, das sich kindlich-heiter, naivalbern und froh-optimistisch gibt, aber noch vor wenigen Jahren und Monaten zu den humorlosesten Zeitgenossen zu rechnen war: Präsidenten, Spitzenmanager, Direktoren, Aufsichtsräte, Vorsitzer, Majestäten. Berufe wie diese lassen bekanntlich ihren Inhabern keine Zeit mehr zu menschlichen Regungen wie lachen, wenigstens schmunzeln, beten, aus-sich-gehen, sich zum Pinkeln an einen Baum stellen oder auf offener Straße Eis schlecken und eine Tüte

Pommes verputzen, sich mit Menschen niederen Standes lauthals über Fußball unterhalten.
„Wir alle“, erklärt Exkronprinz Kazika Akazi, 47, aus Japan einem Fernsehteam, „wir alle hier“, und sein Arm schlägt einen Bogen um den Erdkreis, „hatten wirklich jahrzehntelang einen Stich in der Birne, unser Leben nur der Arbeit zu widmen. Sehen Sie mich an: Da unten in Japan war ich ein Monster von 300 Kilogramm und man hätte mir einen separaten Thron bauen müssen. Alle Diäten, ja Hungerkuren haben nur Gewichsverluste von ein bis zwei Kilo ergeben und machten mich zu einer unausstehlichen Kreatur.“
Kazika macht sich über zwei McDonaldsschnitzel her wie der bekannte Wolf über Omi.
„Sehen Sie mich jetzt an!“, fährt er schmatzend fort, „wo sind die Kilos geblieben? Sie haben sich hier in der Höhenluft verdünnisiert wie ein Pup unter der Bettdecke. Mit ihnen alle Gebrechen und Zipperlein, denen Nippons Starärzte machtlos gegenüberstanden: Flimmern der Herzvorkammern, die genannte Fettsucht, Ohrläppchen- und Lidzucken, Tinnítusbrausen wie Brandungsrauschen in beiden Ohren, Parkinson im linken Großen Zeh und Libidoschwäche bis zur Verblödung.“
Ein herzhafter Rülpser nach dem letzten Schnitzelhappen, „Schnauzeputzen“ am Ärmel.
„Also sehen Sie mich an und fotografieren Sie mich als Beispiel einer positiven Reinkarnation!“

Ein Peter Mefferten bereits Bekannter kommt angeschlendert, Hände in verbeulten Hosentaschen, Pfeife wie Wilhelm Busch im Mund: Herr von Schremppler. Auch er hat eine Wiederverleiblichung hinter sich: Von Hitze und sti-

ckiger Atmosphäre Stuttgarts in die azurne Himmelsnähe Machu Picchus oder „vom Sarg zur Wiege".
„Die letzte körperliche Inspektion, gründlich gemacht wie bei unseren Autos mit dem Stern, fiel so aus, dass der Arzt angesichts des drohenden Verlusts eines Patienten mitfühlend wurde und es über sich brachte, mir diesen Ort hier zu verschreiben. Für mindestens ein Jahr, wie er sagte, und die Ehefrau oder Geliebte zur Erwärmung kühler Hochgebirgsnächte mitnehmen. Ich glaube, dieser Arzt hat noch nie ein solch effektives Rezept ausgestellt."
Herr von Schremppler lädt zu Riesenstücken mexikanischer Sahnetorte ein.
„Sie wiegen ein Kilo und haben mehr Kalorien oder wie die Dinger heißen in sich geladen als eine Schwarzwälderkirsch in Stuttgart. Trotzdem sind die Fettrollen meines Bauches und die an den Oberschenkeln meiner Frau vergangen wie Eintagsfliegen nach der Hochzeit. Wenn man sich hier eingewöhnt hat, gibt es keine Schlaflosigkeit mehr, selbst die kapitalste Migräne verpufft im Wind, über mangelnde Verdauung spricht man nicht mehr und Rheuma und Gicht sind unbekannte Begriffe geworden."

Sie spazieren von Alt- zu New Machu Picchu hinüber, die Kamera folgt ihnen und schwenkt auf König Maximilian I. Regierungssitz zu, der von zwei 50 Meter Durchmesser aufweisenden Inka-Sonnenscheiben flankiert wird. Diese scheinen auf den ersten Blick aus Gold oder Messing zu bestehen, sie sind aber die erdgrößte Photovoltaikanlage mit 50.000 Kilowatt und erzeugen unter der Höhensonne der Anden 50 % mehr Energie als vergleichbare Anlagen in tieferen Regionen. Jedes Haus besitzt hier eine solch starke Anlage, dass auf andere Stromerzeugung mit Leitungsverlegung verzichtet werden kann. Am Stadtrand liegt

das riesige Wasserbecken, das vom Titicacasee gespeist wird, daneben eine Kläranlage.
„Dort werden“, erklärt Kazika, „unsere Exkremente recikliert und zur Bewässerung der tiefer liegenden Getreide- und Kartoffeläcker geleitet.“

Auf einer Bank vor ihrem hübschen Inka-Einfamilienhaus trifft Peter Mefferten jetzt Miss Earth `32 Anita Katterfeld, im vorvorletzten Misswahljahr 24, jetzt 39 – ein Alter, im dem derartige Damen meist abgetakelt zu sein pflegen. Nicht so diese. Herr Mefferten als Reporter sperrt Augen und Mund auf und lässt erstere ungeniert, beinahe geilblickig, an ihrem Korpus entlang auf und nieder streifen.
„Donnerwetter, Miss Anita! Sind Sie’s oder ist’s Ihre Tochter?“
„Da staunen Sie, nicht wahr? Sehen Sie sich meine Haut an! Da unten“, ihr Zeigenfinger richtet sich graziös ins Tal, „habe ich mich jeden Tag angekleistert, dass abends beim Zubettgehen die Bruchstücke wie Scherben vom Gesicht fielen. Jetzt nehme ich nur eine milde Sonnenkreme und habe eine Haut wie’n Kinderpopo.“

* * * * *

„Ist hier das lang ersehnte Paradies entstanden?“, fragt Peter Mefferten.
„Nicht ganz“, philosophiert König Maximilian, „bedenken wir, dass wir alle Nachkommen desjenigen Paares sind, das mit Schimpf und Schande aus dem ersten vertrieben wurde! Wie können wir uns dann dort wohl fühlen, wo unendliche Langeweile den Ton angab! Was konnten Adam und Eva, in ihrer Neunzehntelnacktheit, denn anderes tun als

sich erotisch zu beschäftigen! Aber ihr Fehler war, sich dabei zu vergnügen."
Der König schmunzelt, als sei er der Schöpfer.
„Hier bei uns", versichert er treuherzig, „darf sich jeder vergnügen, der das Geld hat, sich hier anzusiedeln. Andere müssen arbeiten, wie das bei den alten Inkas auch der Fall gewesen ist, aber sie sind freie Menschen mit eigenen Entscheidungen und werden nach normalen Erdtarifen bezahlt."
Er tritt, gefolgt von seinen Zuhörern, aus dem Haus zur nördlich gelegenen Sonnenseite des Hauses, durch die originellste Tür der Erde: Sie ist jene Nachbildung der Inkasonne, die er gefunden hat, rund, mit zwei Meter Durchmesser. Vom Garten geht der Blick aufs alte Machu Picchu, das weiterhin von Fremden gegen eine Mautgebühr von zehn Tacken besucht werden kann.
„Mit diesem Geld", sagt der König, „erhalten wir die Ruinen und graben im Umfeld weiter."
Er zeigt Funde, die demnächst nach Lima abgehen werden.
„Wer hätte gedacht", fügt er hinzu, „dass hier einmal alles wiederbelebt würde! Hier kann uns die kommende Sintflut nichts anhaben."
Hier oben hat Maximilian den höchst gelegenen und modernsten Supermarkt der Erde einrichten lassen, der im Lauf der nächsten zehn Jahre Vorbild für alle auf der Erde werden soll. In ihm ist kein Personal außer den Regalbeschickern zu sehen, die sich von Kunden nicht ansprechen lassen. Mit dem speziell ausgestatteten Einkaufswagen fährt der Kunde wie üblich herum, und jedes Mal, wenn er ein Teil in den Wagen legt, erhält er die Ansage „Sie haben bis jetzt für 100 Tacken (Beispiel) gekauft". Legt er ein

Teil ins Regal zurück, wird ihm das gemeldet und von der Summe abgezogen.
„So weiß ich immer“, schwärmt Analphabetin und Indiohausfrau Ines Espada, 41, „genau, was ich gerade ausgebe.“
Die Kasse liest die Werte des Einkaufswagens ab, der Kunde drückt seinen Daumen aufs EDV-Feld und futsch ist das Geld von seinem Konto bei der ansässigen Inkabank. Wer mogelt, indem er etwas in die Tasche steckt oder vorm Abrechnen aus dem Wagen nimmt, wird automatisch inhaftiert und steht vor verschlossenen Türen.

Ehe wir dieses famose Königreich verlassen, wollen wir horchen, wie die Erdbevölkerung und ihre Institutionen hierüber denken. Der Staat Peru: Er hat nichts einzuwenden, da alles ordentlich abläuft, die Steuern der Reichen fließen und die Arbeitslosigkeit verringert ist. Da hauptsächlich und bevorzugt „Ureinwohner“ eingestellt werden, sind deren soziale Spannungen verringert worden. Die privaten Krankenkassen der Neusiedler: Sie jubilieren, weil, wie wir erfahren haben, sie „wegen permanenten Gesundheitszustands ihrer Mitglieder“ stark entlastet werden. Sie fördern die Ausreise sogar. Die Rentenkassen: Sie jubeln nicht, weil sie schon absehen können, dass just diejenigen ihrer Mitglieder, die fünfstellige Renten beziehen, statt wenige Jahre nach Renteneintritt zu sterben wohl „alle hundert und mehr Jahre alt werden“. Das normale Erdvolk: Es reagiert natürlich unterschiedlich, hier lachend, dort Vögel zeigend, da murrend „über die Reichen, die sich alles leisten können“, vielfach die Überlegung ziehend, es ihnen auf anderen „billigeren Anhöhen“ gleichzutun.

* * * * *

Fortsetzung „Völkerwanderung“

„Der Mensch wandert weite Strecken, seitdem er aufrecht gehen kann.“
Das meint Professor Maurice Tippel, 64, beschäftigt auf der Universität von Bijing, wie das frühere Peking nun heißt.
„Warum?“, fragt er sich selbst, „weil er stets auf der Suche nach besseren Lebensbedingungen gewesen ist. Das hat sich bis heute nicht geändert, mein lieber Peter Mefferten, steigert sich zur Zeit sogar, weil unsere Erde grenzenlos geworden ist.“
Peter Mefferten stimmt zu und verweist auf die Familie des Ono Kapala, die nach einer langen Wanderung nun in Kasachstan angekommen ist und ihm per Post berichtet hat:
„Wir sind trotz aller Schwierigkeiten hier gut angekommen und machen vor lauter Begeisterung zuerst unsere angestammten Stammestänze, dass die Steppe wackelte. Solche Freudenausbrüche kennt man hier nicht, dafür saufen die Männer hier wie ostafrikanische Schluckspechte und faulenzen herum, wenn sie nicht gerade auf dem Pferderücken hocken.“

Hier eine kurze Erinnerung: Kasachstan lockte mit großzügigen Angeboten Siedler aus allen Erdteilen an, weil die Regierung ihren eigenen Leuten eine effektive Kultivierung des armen Landes nicht zutraute. Natürlich nicht nur ländlich orientierte wie die Kapalas, sondern auch Arbeiter und Techniker, denen ihre Heimat zu eng und spießig geworden war.
„Kommen Sie her! Ob bi- oder sonstwie sexuell, mit oder ohne Trauschein, arm oder reich, Landwirt oder Klofrau, vorbestraft oder astrein, Kümmeltürke, Inkanachkomme oder Erbsenzähler.“

Die kasachische Steppe mit ihrer Weite, ihren Herden aus Rindern, Schafen, Ziegen und Onagern imponiert den Auswanderern aus Ostafrika von Beginn an, sie erinnert sie an die Landschaft der Masai Mara und der Serengeti.
„Wir wünschen uns aber“, sagten die Kinder der Reisegruppe, „zu Weihnachten Zebras, Impalas, Gnus und Warzenschweine.“
Mit diesen Wünschen wurde Ono Kapala bei der Regierung vorstellig, mehr aus Jux und Dollerei als ernsthaft, reiß aber diese Regierung und die Parlamentarier so aus den Socken und von den Sitzen, dass sofort ein Dutzend Airbuslaster gechartert werden, um aus Ostafrika 1.000 der genannten Tiere einfliegen zu lassen. Sie vermehren sich so zahlreich, dass sie schon nach drei Jahren gegen gutes Geld von Ausländern bejagt werden können.

Ono Kapalas nächster Brief an Peter Mefferten, ein paar Monate später geschrieben, schildert dieses Paradies bereits gemäßigter:
„Inzwischen haben wir eine Jurte von 1.000 Quadratmeter Wohnfläche errichtet, die uns im Winter Schutz gewährt. Diese Winter, sagen Einheimische, sind längst nicht mehr so kalt wie früher, höchstens bis zehn Grad minus, und dauern nur noch von November bis März. In Sibirien, weiter nordöstlich, wird es mit der Erwärmung Probleme geben, denn wenn der Dauerfrost des Bodens ausbleibt, werden alle gemauerten Häuser infolge ihres Gewichtes über kurz oder lang versinken wie der Mann im Moor oder einstürzen. Hier weiter südlich reibt man sich die Hände, weil die Evolution endlich einmal bisher vernachlässigte Regionen der Erde bevorzugt.“

Weiters schildert Ono die Veränderungen ihres Daseins gegen das frühere, als er noch gewöhnlicher Hirte war und gegen Dollars für Touristen so genannte Stammestänze aufführte. Er und die Seinen leben nicht von Milch und Blut allein.
„MacDonalds und Cocacola haben auch hier ihre Filialen geöffnet. Wir aber essen inzwischen unser Vieh, trinken Kwass, Selters und Cola, sammeln Preiselbeeren und machen Aufgestzten aus ihnen. Am liebsten mögen die Kinder morgens Kornflakes und deutsche Brötchen, mittags Wiener Schnitzel aus Rentier, Ochse und Wildschwein mit Bratkartoffeln, nachmittags Schwarzwälder Kirschtorte und abends Frankfurter Würstchen mit Camembert. Da gedeihen sie prächtig und wachsen uns bald über den Kopf."

Solche Briefe sind die beste Reklame für Kasachstan. Die anderen ehemaligen Republiken der Sowjetunion folgen dem Beispiel und versprechen kostenlose und günstige Autos, Häuser und Traktoren. Die Ukraine ist auf dem Weg zur Kornkammer Europas stecken geblieben, sie möchte ihre Weiten mit chinesischen Bauern auffüllen:
„Männer und Frauen, verlasst eure düster-feuchten Täler und sumpfigen Unterkünfte, die noch vom ersten chinesischen Kaiser stammen können, pfeift auf die Schönheit eurer Flusstäler, wenn sie doch jedes Jahr überschwemmt werden und die Ernten vernichten. Was zahlt euch euer Staat für Kartoffeln und Gemüse? Einen Klacks! Hier bei uns könntet ihr Weizen anbauen, der überall auf der Welt begehrt ist..."
Die Machthaber in China, nominell letzte Kommunisten, nachdem die KP-Nester Kuba und Nordkorea für die De-

mokratie missioniert wurden, murren zwar beim EU-Rat über diese rüde Werbung, müssen sich aber vorhalten lassen, selbst nicht besser zu handeln. Tatsächlich packen tausende chinesische Landleute ihre Sachen, nachdem einer ihrer Spionagetrupps, als Touristen verkleidet, vor Ort war und grünes Licht gegeben hat. Diese Einreise extrem fleißiger Menschen bringt die Ukraine wirtschaftlich einen guten Schritt voran.

* * * * *

Die Schöpfer der EU haben nie vorgehabt, nationale Identitäten zu unterdrücken, aber zu dem weltweiten Hin- und Hergeschiebe von Millionen Touristen kommt nun jenes von Arbeitskräften. Sie bleiben, wenn nicht für immer, doch länger am Ort als ein Tourist und lernen Land und Leute besser kennen – der Abbau von Vorurteilen ist die logische Folge dieser Entwicklung.

Und die echten Nomaden und Wanderer dieser Erde? Es gibt sie noch. Berber und Tuareg in Afrika, Tschukschen, Jakuten und Ewenken in Sibirien. Doch sie sind schon lange keine echten Nomaden mehr, gemessen an ihre Vorfahren. Sie fahren PKW und Lastwagen, schicken ihre Kinder auf Schulen und Universitäten, ziehen aber im Sommer mit ihren Rentierherden durch Taiga und Tundra und nächtigen in Jurten aus Leder und Fellen. Doch ihr Speiseplan hat sich drastisch geändert, seit MacDonald und Cocacola auch in ihrem Lebensraum leicht erreichbare Filialen aufgemacht haben. Sie werden in Zukunft noch größere Wanderungen unternehmen, wenn die Vitus-Behring-in-memoriam-Brücke fertiggestellt ist, die Sibirien mit Alaska verbinden wird – mehr über dieses Wunderwerk der Technik können wir später lesen. Für das nächste Abenteuer, das Peter Mefferten aus wohlweislichen Gründen nicht mitmacht aber scharf beobachtet und kommentiert, bleiben wir noch eine Weile in Kasachstan. Dort nämlich ist ein internationales Zentrum der Raumfahrt jetzt soweit ausgebaut, dass Menschen, die Gott näher sein wollen als bisher möglich, endlich ihre Wünsche erfüllen können.

„Näher, mein Gott, zu Dir!“

„Wir haben“, versichert Raumfahrtdirektor Charles Pinkerton glaubhaft gegenüber dem neugierigen Peter Mefferten, „mit der kruden NGD-Partei (Näher Gott Dir) nichts am Hut, denn hier geht es uns um die Demonstration der neuesten Raumfahrttechnik. Natürlich können wir nicht ausschließen, dass sich religiöse Knallköppe und klerikale Sonderlinge unserer Technik bedienen.“

Da muss Peter Mefferten zustimmen. Er ist nun als Zuschauer dabei, denn bei den Abflügen aus der kasachischen Steppe gibt es jetzt mehr Zuschauer als früher, zum einen weil viele Siedler hergekommen sind, zum anderen weil es keine militärischen Geheimnisse mehr gibt und Zuschauer und Medien sogar erwünscht sind. Was heute, an einem 1. Juni, hier stattfinden soll, ist ein unmenschliches Unternehmen, und doch im Sinn der Allgemeinheit nicht zu verhindern.

„Die Suche der Erdmenschen nach einer neuen Bleibe im Weltraum beginnt!“

Das riesige Raumschiff steht bereit und ragt höher in den Himmel als Shanghais neueste Wolkenkratzer. Schließlich muss es lebende und tote Fracht in einer Menge transportieren, die noch nie verladen worden ist. Vor zehn

Jahren begann die erste ernsthafte Erörterung des Unternehmens, und spontan meldeten sich über zehntausend Leute, die mitmachen wollten. Ohne genau zu wissen, was sie erwartete. Nur eines war gewiss und ist es jetzt kurz vor dem Abflug auch: Niemand würde zur Erde zurückkehren!
„Der Flug wird mit hin und zurück (safety back) mindestens hundert Jahre dauern. Es sind dann Söhne und Enkel der Starter, die uns die Nachricht überbringen werden, ob es Leben oder Lebensmöglichkeiten im Weltall gibt."
Im Auswahlverfahren der Zehntausend werden die geeignetsten Personen ausgesiebt. Viele treten freiwillig zurück, als ihnen die Schwere des Entschlusses bekannt wird, andere wollen eine wichtige Veränderung ihres Lebens nicht hinnehmen, nämlich sozusagen „zwangsweise heiraten zu müssen".
„Eine der wichtigsten Aufgaben der Mitreisenden an Bord wird sein, sich zu vermehren. Das sollte nicht schwierig sein, hat dieses der Mensch doch bisher an allen erreichten Stellen der Erde geschafft. Dass Mitglieder der zweiten Generation die Erde je wieder betreten, ist unmöglich, es sei denn, eine Panne zwingt zur frühen Umkehr. So werden es die Enkel der jetzt Startenden sein, die, vielleicht schon im hohen Alter und mit den Urenkeln an Bord, nach hundert oder mehr Jahren hier wieder landen."

Heiraten? Warum? Leben nicht Milliarden Menschen treu und brav zusammen, - früher abwertend „wilde Ehe" genannt -, ohne eine „ewige" Bindung eingegangen zu sein? Ja, das tun sie in steigendem Maß sogar, selbst die Päpste der jüngsten Vergangenheit haben eingelenkt, „da es besser sei, sich illegal zu vermehren als gar nicht" – nach dem Motto: „Gott gab das Weib, von Ehe hat er nichts gesagt!" Aber es ist ein Unterschied, ob etwas aus

freien Stücken geschieht oder offiziell. Sofort nach Bekanntwerden der Pläne brach ein Sturm der Entrüstung los:
„Diese Rakete ist der reisende Puff!"
„Unmoral ausgerechnet auf einer Reise, die näher zu Gott führt."
„Fahrt nur los, Ihr Ferkel, Gott wird euch in Asche auflösen!"
Drei Zitate von Tausenden. Ein sachlicher Vorschlag wurde schließlich von allen akzeptiert:
„Es ist keine moralische oder juristische Frage, sondern eine praktische, ob man die jungen Leute mit oder ohne Trauschein losfliegen lässt. Ordnung ist das halbe Leben, sagt man, und es stimmt, denn Ehe ist unser Ordnungsfaktor Nummer eins."
Es folgen Hinweise, wie viel leichter es jetzt ist und später sei, wenn Erbfolge und dergleichen mehr geregelt sind.

In einem netten „Liebescamp" in Florida haben die jungen Leute Gelegenheit, „sich zu verknallen", wenigstens sympathisch genug zu einer „Ehe auf engstem Raum" zu finden. Beim Start darf niemand unter 18 und über 20 sein. Simulatoren stimmen sie auf Daueraufenthalt an Bord ein, sie lernen kochen, Vieh hüten, schlachten, reparieren, Geburtshilfe, Grundlagen ärztlicher Versorgung, Kinder erziehen, Verhalten in Notfällen und vor allem Geduld und praktische Toleranz. Trotz der Altersschranke gelingt es, eine Vielzahl nützlicher Berufe zusammenzubekommen: Unterhalter für U- und E-Musik, Geistliche aller teilnehmenden Religionen, - schließlich sind jede Menge letzter Tröstungen und Ölungen zu verteilen -, Viehzüchter, Hobbygärtner, „geborene Techniker und Mechaniker", Wahrsager, Opti- und Pessimisten. Ihnen allen gleich muss sein, sich von Verwandten, Bekannten, Habe, Gütern und etwaiger beruflicher Karriere trennen zu können.

* * * * *

Alles, was dazu gehört, steht, sitzt und liegt an diesem 1. Juni im Weichbild des Startplatzes herum und wartet. Soeben sind „die Passagiere" an Bord gegangen und „Tränen fließen wie's Brünnlein auf der Wiesen".

„Es ist doch", schreibt die Kasachstan-Prawda und Peter Mefferten findet das auch, „ein herrlicher Anblick, wie die Kolonne der überaus hübschen jungen Leute Hand in Hand zum Raumschiff marschiert und wie eine Riesenschlange in ihm verschwindet, während das Schluchzen und Jammern, wie Klageweiber es tun, von der Tribüne herüberschallt. Taschentücherschwenken, heftiges Kreuzschlagen, Niederknien gegen Mekka, stummes buddhistisches Verharren, die Klappe des Eingangs schließt sich, Qualm und Dampf kräuseln in der blauen Steppenluft, gleich wird das Schiff abheben..."

Weniger spektakulär verlief Stunden vorher das Verladen der lebenden Kost: Schweine, Kühe, Kälber, Geflügel. Auch diese sollen nicht nur aufgegessen werden, sondern auch möglichst lange für Nachwuchs sorgen.

Am Tag nach dem Start titelt der „Osservatore Romano": „Nach dem Motto ‚Bleib auf der Erde und nähre dich redlich' ist dieser Flug der komplette Wahnsinn und bleibt es auch, unabhängig davon, wie er ausgeht. Der Heilige Vater hat nur deswegen seinen Segen dazu gegeben, weil er ihn den vielen jungen Menschen nicht verweigern kann."

Und wie geht dieser Flug aus? Das wird für immer unbekannt bleiben, denn am Ende unserer Abhandlung ist das Raumschiff noch nicht zurückgekehrt. Natürlich kommen Meldungen herein über den Fortgang der Reise, über Geburten, Todesfälle, Krankheiten und das tägliche Einerlei der Routine. Wer stirbt, wird wie eine Mumie verpackt und dem Weltall übergeben, das er für alle erdenklichen Zeiten durcheilen wird. Verlassen wir dieses Häufchen Verlorener und wenden wir uns solchen Menschen zu, die zwar auch ins All „geschossen“, aber heimkehren werden...

* * * * *

„Guter Mond, du gehst so stille über Moskau und Eltville“

Mit der Stille auf ihm ist’s endgültig vorbei! Der Mensch, das umtriebigste Wesen der Erde, macht sich auf, den Erdtrabanten in Besitz zu nehmen. Was Lunanisten und Selenelisten (Mondwissenschaftler) seit hundert Jahren ersehnt und apostrophiert haben, geschieht an diesem denkwürdigen 31. März von Cap Carneveral aus: Der Mondtourismus beginnt! In den letzten fünf Jahren ist wöchentlich einmal eine Jumborakete hinauf gefahren und hat Menschen, Baumaterial, Lebensmittel, Wasser, Tiere und Pflanzen gebracht, denn ohne Luxus hier oben wird sich kein Tourist finden, der 50.000 Tacken für eine Woche Luna-Aufenthalt zahlen wird. Auch Peter Mefferten ist nicht dabei, weil er eben diese 100.000 Tacken für sich und Petra nicht aufbringen kann.

„Wie sieht’s dort oben aus?“

Fragt er den Mondfahrtdirektor Professor Doktor Korbinius Maier aus Tegernsee.
„Karg, mein Lieber," antwortet der verdrießlich, „äußerst karg natürlich, spartanisch sogar, aber nur außerhalb der Gebäude, unter freiem Himmel sozusagen. Und das Spazierengehen ist lästiger als gedacht, denn obwohl die Raumanzüge viel kleiner und leichter geworden sind, wiegen sie noch immer zwanzig Kilo. Alle Versuche der Mondwissenschaftler, - die übrigens von studierten Gelehrten nicht ernst genommen werden -, dem Mond eine Atmosphäre zu verabreichen und ihn in gemäßigte Rotation zu versetzen, sind gescheitert. Er steht stille da und rührt sich nicht, muss als abweisend betrachtet werden, vielleicht, so mutmaßen Gegner des Mondprojekts, sieht er zu deutlich auf uns und unser Treiben herab, dass ihm nach Erdenbürgern gelüsten könnte."

Kuriose Versuche mit Tieren und Pflanzen im Freien sind gemacht worden, die soweit gingen, ein Känguru in den Raumanzug zu stecken. Vorher war eines, dass man ungeschützt auf die schwere- und luftlose Oberfläche des Mondes gesetzt hatte, in einem Riesensprung zwanzig Meter hoch und vierzig Meter weit gesprungen und tot aufs Gestein gefallen. Ähnlich Frösche, die Viermetersprünge schafften, Brieftauben, die heim zur Erde zurück finden sollten. Die Schwerelosigkeit machte jede Bewegung zu einem athletischen Rekord mit Todesfolge. So waren die Fantasten kuriert und die Kenner jeweils in ihren Ansichten bestätigt.

Pioniertaten zur Erschließung des kargen Mondes haben Coca Cola, McDonalds und Siemens/Daimler, kurz SD, geleistet. Die beiden ersten kennen wir ja zur Genüge, da sie überall dort, wo Menschen sich ballen, versorgend vor Ort sind. SD hat den Mond mit Solaranlagen überzogen, die man von der Erde aus mit dem Fernglas ausmachen kann und die dort so hohe Leistungen erreichen, dass man ernsthaft überlegt, solche Aggregate außerhalb der Erdatmosphäre zur Stromversorgung zu installieren. Außerdem hat SD die neueste Ausführung der Magnetschwebebahn „nach oben“ gebracht, in der Ausstattung zwar in abgespeckter Version, technisch aber der Erneuerung der Anlagen auf der Erde entsprechend. Lautlos gleiten die vollkommen abgedichteten Züge „around the moon“ dahin, auch auf seiner für uns dunklen Rückseite. Für die Touristen zu sehen gibt’s in den vielen Maren und Kratern nichts als Steine und Staub, als Ausgleich für diese Tristesse jedoch an einem Aussichtspunkt unvergessliche Ausblicke auf „Mutter Erde“, die schwerelos und mucksmäuschenstill durchs All zu treiben scheint, leuchtend blau an den wolkenlosen Stellen. Mit starken Teleskopen, deren Sicht hier auf dem Mond nicht verschleiert wird, kann man „Einzelheiten“ wie Städte, Flüsse, Seen, Autobahnen und Hochhäuser erkennen. Es ist gelungen, über ganz normale Handys Telefonverbindungen herzustellen, deren Gesprächsminute zwar 100 Tacken kostet, aber stark genutzt wird.

Für Touristen sind folgende Räumlichkeiten errichtet worden: Hotels und Restaurants wie auf der Erde üblich und von unseren beiden „Bekannten“ betrieben. Schachbrettgroße „Mondschnitzel mit Pommes, Majo, Ketchup, Salat und eimerweise Cola“ finden reißenden Absatz, Wein à la Luna, Champagner Selene und Trabantencognac am festlichen Abend, zum Mondfrühstück „ham & eggs“ von hier gezogenen Schweinen und Hühnern, warme Milch von

Mondrindviechern, Brötchen „from the earth best German Bäcker“, Stratosphärenbutter und „Mare-Foecunditatis-Marmelade“. Zu einem Renner, ebenso von McDonalds serviert, haben sich „Großmamas Grießschnitten“ gemausert und werden auf „Teufelkommraus“ verputzt. Hier für alle Bürger, die sich zwar eine Mondfahrt leisten können oder wollen, wohl aber diese „Leckerei für linde Sommerabende“ und als Alternative zum dick machenden Grillen, das ansonsten geheime Rezept:
„Man nehme Hartweizengrieß, Milch, Zucker, Vanillezucker, geriebene Zitronenschale, koche daraus einen steifen Brei und fülle ihn zum Abkühlen in eine längliche Kuchenform. Am nächsten Tag wird er heraus genommen und in Scheiben geschnitten, diese werden in Mehl gewälzt und in einer Pfanne in Butter oder Margarine krossbraun gebacken und sofort so heiß wie möglich serviert und gegessen. Dazu süßes Obst oder Saft reichen – wohl bekomm's!“
„Wer diese Köstlichkeit in der Pfanne oder auf dem Teller sieht“, weiß Chefkoch Stefan Anton Dammmeier, 44, zu verheißen, „pfeift auf Diät und vergisst selbst den eisernsten Willen zum Abnehmen!“

Für die Unterhaltung der Touristen stehen die auch auf der Erde üblichen Einrichtungen zur Verfügung: Tanz-, Musik- und Spielhallen, dazu Läden zum Einkauf von Souvenirs wie Mondgestein, Mondsand, Männer im Mond, die Damen Luna und Selene in delikater Aufmachung, Mondkarten und Zertifikate, der Mondbesucher „Nr. ....“ zu sein. Wenn abends die Monddiskothek zu dröhnen beginnt, spitzen, so wird berichtet, hellhörige Erdenbürger unten die Ohren und summen und brummen mit. Die Spielhallen finden besonderen Anklang, wie auf der Erde auch, bei

„US-Tanten“ zwischen 60 und 100, sie geraten ganz außer sich, wenn sie einen der begehrten Mondtacken gewinnen. Der Versuch, Männer zwischen 18 und 58 mit Mondfußball zu beschäftigen, musste vom Freien in eine Halle verlegt werden, weil scharf getretene Bälle im Weltall verschwinden oder erst in zehn Minuten wiederkehren. Kein Torwart findet sich, einen Elfmeter zu halten.

Die Abfälle? Sie bleiben hier! Werden auf der Mondoberfläche zu üblichen Halden aufgeschüttet.
„Eines Tages“, schwärmt Lunarist Alfred Weitkämper, 54, „werden es solch riesige Haufen verwesender menschlicher Exkremente und Abfälle sein, die mit ihren Gasen die erwünschte der Erde ähnliche Atmosphäre schaffen, dann können wir bei Ausflügen die verdammten Raumanzüge an den Haken hängen.“
Jeweils nach einer Woche Aufenthalt ohne Verlängerungsmöglichkeit müssen die Touristen ihren liebgewordenen Mond verlassen – der Andrang ist groß, die Wartelisten sind lang. Auch wir begeben zur Erde zurück und picken uns einen verzweifelnden Bürger aus der Masse zahlreicher heraus.

* * * * *

Schrecken

Dieser von Peter Mefferten aufgesuchte Mann heißt Abu Schabraka, ist 43 und Fellache im neuen Agrargebiet der Sahara. Er war bisher nicht mondsüchtig, aber jetzt, nach dem Einfall von Milliarden Schrecken, liest er eifriger denn jemals Mondberichte und schaut den Beschriebenen, wenn er im Vollen steht, sehnsüchtig nach. Aber: Soll er noch einmal umsatteln und aussiedeln?

Was ist geschehen? Warum versteht Abu die Erde, die Welt und Allah nicht mehr? Wie kommt er zu der Verwerflichkeit, am Tun und Lassen Allahs zu zweifeln? Er erklärt es dem dem jetzt äußerst neugierigen Peter Mefferten rabiat und ketzerisch:

„Nun haben wir uns, meine Familie und ich, hier in der Sahara im Schweiß unserer Gesichter, heißt es nicht so?, eine neue Existenz aufgebaut und betreiben Ackerbau und Viehzucht, laut Koran und Bibel ein gottgefälliges Werk, da schickt man uns, wer wohl?, diese biblische Plage der Heuschrecken!"

Wütend sticht Abus Arm in vier Richtungen, dort, wo sich seine Ländereien befinden.

„Sehen Sie selbst! Alles kaputt, zerfressen, von Milliarden Heuschrecken zertreten und bekackt: Erdbeeren, Gemüse, Spalierobstbäume, Nelken, Rosen, alles für den Export bestimmt, dazu das Viehfutter wie Rüben und Hafer, alles hops, wir sind so pleite wie man nur sein kann und müssen froh sein, was zum eigenen Fressen zu behalten."

Abus Zorn ist offensichtlich und richtet sich auch nach oben.

„Alles schaffen die Großkotzigen und Schlaumeier dieser Erde, Mond- und Raumfahrten ohne Sinn und Zweck, aber diese verdammten Insekten zu vertilgen halten sie nicht für notwendig."

„Das stimmt leider", antwortet Peter Mefferten, „aber ich weiß Abhilfe, ohne zur chemischen Keule greifen zu müssen."

Wie viel Individuen beherbergt ein Schwarm, überlegt er, der im Flug die Sonne verdunkelt und sich auf dem Erdboden, beim Fressen über eine Fläche von zehn mal Zehn Kilometer ausbreitet? Kommt man mit einer neunstelligen

Zahl aus oder geht's in die Milliarden? Keiner vermag sie zu zählen, man kann die Endsumme nur schätzen, wenn man feststellt, dass sich wie hier auf einen Quadratmeter tausend Tiere befinden. Sie chemisch zu bekämpfen ist verboten.

Peter Mefferten kennt von anderen Abenteuern her den US-Drei-Sterne-Exgeneral Willy B. Schmitt, 66, der nach seiner Pensionierung in der Sahara ein Hubschrauber-Transportunternehmen gegründet hat, das Kranke und Eilige, Post und Waren an jeden Punkt des neuen Siedlungsgebietes transportiert. Einer seiner Piloten ist gestern versehentlich in einen plötzlich aufsteigenden Schwarm Heuschrecken geraten und hat dabei Tausende von ihnen getötet. Dieser Vorfall bringt Peter Mefferten und General Willy auf die Idee, seine Flotte von acht Flüsterhubschraubern zur Bekämpfung der Schädlinge zu verwenden. Eine kurze Absprache mit den Landwirten ringsum klärt den Unkostenbeitrag, wenn das Unternehmen gelingt.

Heuschreckenschwärme kommen, bleiben zum Fressen, fliegen fort und werden nicht mehr gesehen, wenn sie ihre Arterhaltung abgeschlossen haben, weil sie dann sterben. Also ist es wichtig, sie vorher umzubringen. Weil die Sahara inzwischen dicht besiedelt ist, (wir berichten noch darüber!), können die einmal aufgetauchten Schwärme stets geortet und dem General gemeldet werden. Drei Tage später findet das größte Gemetzel Afrikas statt, gemessen an der Zahl der Opfer. Als vier der Hubschrauber zum Tatort kommen, hat sich der Schwarm niedergelassen und beginnt, ein Weizenfeld kahl zu fressen. Wie eine grünbraune Dampfwalze krabbeln, hüpfen und fliegen die Tiere weiter, je nachdem, wie schnell sie fressen. Ein Hubschrauber überfliegt sie jetzt und treibt sie auf, die anderen drei stoßen wie Falken in den dichten Schwarm und zerfetzen ihn mit den Drehflügeln. In einem Durchflug werden mehr Tiere getötet als tausend Fressfeinde verzehren können. Wo die Insekten zu Boden gehen, werden sie vom Sturm der Rotoren so gewaltsam durcheinander gewirbelt und dabei an Flügeln, Beinen und Mundwerkzeugen beschädigt, dass sie als tot verbucht werden können; ein beschädigtes Insekt vermehrt sich nicht mehr. Wenn die Hubschrauber zwei-, dreimal in einen Schwarm gestoßen sind, müssen sie landen, um die Scheibe zu reinigen und um zu prüfen, dass nichts beschädigt worden ist. Die immer weiter verfolgten und an der Landung verhinderten Heuschrecken scheinen zu begreifen, dass hier eine ungastliche Gegend ist und versuchen sich in Spiralen, eng geschlossen, hoch und fort zu arbeiten. Immer wieder sind die Hubschrauber unter ihnen, zerschmettern sie sozusagen in der Luft, bis es sich nicht mehr lohnt, kleine Grüppchen zu verfolgen. Willy bläst das Unternehmen ab.

Er ist der Ansicht, dass bei diesem Einsatz 90 % des Bestandes unschädlich gemacht worden sind. Ein Heer defekter Krabbeltiere kriecht unbeholfen über die betroffenen Felder, die Landwirte sammeln sie in große Tonnen und verfüttern sie an Schweine und Hühner. Abschließend kann gesagt werden, dass ein bisher unvorstellbarer Erfolg erzielt worden ist und dass man diese Plage in den Griff bekommen wird, wenn konsequent damit fortgefahren wird. Schon im nächsten Jahr tauchen bedeutend weniger Heuschrecken in Afrika auf, so dass das Verfahren auch auf andere gefährdete Gebiete der Erde ausgedehnt wird.

* * * * *

Eine Entwüstung

UN-Generalsekretär Sir Richard hatte, erinnern wir uns, König Faisal angestoßen, sich und seine Familie für alle Erdzeiten unsterblich zu machen. Welcher Araberfürst, durchdachte Peter Mefferten dieses Angebot, horcht hier nicht auf? König Faisal tat dies natürlich auch und erfuhr, von Sir Richard, „er brauche nur den Anfang zu setzen, die Wüsten dieser Erde für Ackerbau und Viehzucht zu kultivieren“.

„Eher wandert ein lahmes Kamel zum Mond“, antwortete damals König Faisal auf dem Luxusdampfer in der Arktis, „als dass solch ein Vorhaben glücken kann.“

„Fachleute versicherten mir“, sagte Sir Richard, „dass, wenn eine Trockenwüste erst einmal zu einem bestimmten Prozentsatz mit Vegetation besetzt ist, sich das Klima in kurzer Zeit radikal zu gemäßigten Zonen hin ändert.“

„Dann“, fügt Peter Mefferten hinzu, „wird es auch in regelmäßigen Abständen regnen, so dass die künstliche Bewässerung sozusagen nur den Anstoß zum Klimawechsel gibt.“

„Und was soll dann in Wüsten wie der Sahara angebaut werden?“, fragte der noch immer skeptische Wüstenkönig.

„Alles zum Essen und Fressen für Mensch und Tier“, antwortete Sir Richard, „bedenken Sie, dass sich in absehbarer Zeit die Menschheit alle fünfzig Jahre verdoppeln wird.“

„Ihre Rechnung, Sir Richard“, warf Faisal unbeirrt ein, „stimmt nicht mehr, seitdem der Papst die Pille zugelassen hat und das Kindergeld weltweit geschmälert werden soll.“

Doch auch Sir Richard blieb unbeirrt und antwortete:

„Dennoch wird es mehr Kinder denn je geben, weil ihre Sterblichkeit drastisch verringert wird. Jetzt noch drosseln die so genannten Industrienationen in eigennütziger Weise ihre landwirtschaftliche Produktion, obwohl vielerorts Hunger herrscht. Bieten wir doch siedlungswilligen Menschen, die gewiss lieber hart arbeiten möchten als Sozialhilfe beziehen zu müssen, landwirtschaftliche Höfe und Betriebe in der Wüste an."

Selbst ein Wüstenkönig konnte sich dieser Logik nicht entziehen, und Peter Mefferten sah den Moment gekommen, dem König den letzten Nackenschlag zu versetzen.

„Machen Sie doch, Hoheit, ehe es andere tun, den Anfang, indem Sie Ihr Land, das viele Wüsten besitzt, in eine blühende Musteroase verwandeln. Öltacken sind doch genug vorhanden, lassen Sie Ihre weitverzweigte Sippschaft, darunter sicher viele Taugenichtse, in die Fäuste spucken und anpacken! Allah und sein Prophet werden Sie gewiss später mit offenen Armen empfangen!"

Solch einer Logik kann sich kein Islamkönig entziehen!

* * * * *

Hier der globale Wüstenplan, den Peter Mefferten gemeinsam mit einigen Fachleuten entworfen hat: Nämlich das potentielle Süßwasser der Eisberge dieser Erde nicht einfach im Ozean versickern zu lassen und damit dem Anstieg der Meere Vorschub zu leisten, sondern diese Eismassen zum Bewässern trockener Gegenden, der Sahara zum Beispiel, zukommen zu lassen. Diese Eisbrocken könnten in riesigen Kühlschiffen gelagert oder aufgetaut werden, zu den Küsten Afrikas transportiert und von dort durch Pipelines in große Becken geleitet und zur Berieselung der Felder, Äcker und Weiden genutzt werden.

Die Standpauke des UN-Generalsekretärs an König Faisal hat also Wirkung gezeigt. Hat sie auch sein soziales Gewissen angeregt? Kann man nicht genau sagen, Peter Mefferten jedenfalls meint, dass dies möglich ist:

„Wenn auch wie überall in der hohen Politik hoher Männer und Frauen Eigennutz, Egoismus und Ruhmsucht das menschliche Verhalten steuern.“

Doch das Ergebnis solcher Tätigkeiten ist entscheidend, und diese Ergebnisse können sich sehen lassen. Faisals Propagandaexperten überfliegen in regelmäßigen Abständen das Land und machen Luftaufnahmen, und wenn man diese bei der Veröffentlichung vergleicht, kann man nicht umhin, von der bisher größten Leistung der Menschheit zu sprechen.

In kluger Weise, um Ödland als Vergleich und Ausgleich zu erhalten, hat man steinige, felsige und unfruchtbare Partien von der Kultivierung ausgespart, sie leuchten jetzt als hellgelbe Flecken inmitten einer sattgrünen, von zahlreichen Kanälen und Straßen durchzogenen und hübschen weißen Landhäusern punktierten Landschaft. Bewässert wird das Ganze, - es ist ja ein riesiges Versuchslabor! -, von der Meerwasserentsalzungsanlage am Persischen Golf. Die Fern- und Hauptleitungen bringen unterirdisch das Wasser zu künstlichen, in die Landschaft betonierten Seen im Ausmaß von Tegern- und Schliersee in Bayern. Diese sind jedoch gegen die wasserfressende Sonne mit modernen, der Raumfahrt entnommenen Planen abgedeckt, die, je mehr sie von der Sonne erhitzt werden, desto mehr Kühle nach unten abgeben.

Von ihnen gehen Oberleitungen wie Pipelines aus wärmeabweisendem Kunststoff hergestellt in alle Richtungen und Zapfstellen ab, von wo aus das Wasser entweder oberirdisch versprüht, in Kleinbäche verteilt oder durch Schläuche den Pflanzen zugeführt wird.
„Klar“, erklärt Peter Mefferten einer Besichtigungsgesellschaft, „dass diese überirdischen Wasserverteilungen nur nachts durchgeführt werden können, um jede unnötige Verdunstung des kostbaren Wassers zu unterbinden.“
Hunderttausend Lastwagen voller Humusboden und Kunstdünger sind aus allen Teilen der Erde, wo Abfälle zu Humus verwandelt werden, herangekarrt und mit Wüstensand vermischt worden – „eine fruchtbare Kombination das“, erklärt Peter Mefferten. Bereits nach drei Jahren ziehen Wolken über Saudiarabien dahin, bringen Gewitter, regnen ab – ein Zeichen, „dass Allah mit am Werk ist“.
„Sollte er auch wohl, oder?“, mahnt Peter Mefferten.

* * * * *

Inzwischen laufen die Vorbereitungen, auch in der Sahara, dem großen Sorgenkind der Menschheit, solche Wohltaten zu vollbringen. Peter Mefferten ist eingeladen worden, auf einem Eisbergtanker das Heranschaffen der arktischen Eisbrocken mitzuerleben und in Berichten der Nachwelt zu erhalten.
„Noch nie“, lautete später seine Zusammenfassung kurz und knapp, „habe ich so gefroren wie auf dieser Reise.“
Ja, das Umfeld der großen Tanker, die in der Arktis operieren, ist eisig. Auch wenn, wie meist im dortigen Hochsommer, die Sonne sich tage- und nächtelang sehen lässt und alle Arbeiten in ihr sommerliches Licht taucht. Zwei

Methoden der Eisgewinnung, berichtet Peter Mefferten, kommen hier zur Anwendung. Bei der ersten steht oder dümpelt der Tanker in den Treibeisfeldern und „fischt" sich die kleinen Eisberge, die meist Stücke der größeren sind, mit seinen mächtigen Greifern aus dem Wasser und läd sie in den nach oben offenen Laderäumen ab. Wenn sie, von der Wärme beeinflusst, zu tauen beginnen, werden sie natürlich immer kleiner und schaffen damit Platz für neue Ladungen. Bei der zweiten Methode steht der Tanker so nahe wie möglich an der Abbruchkante des Gletschers und seine Besatzung harrt der Dinge, die dort folgen sollen:

„Kalbt er oder kalbt er nicht?"

„Kalben" nennt der Eisfachmann das Abbrechen der riesigen Gletscherbrocken, das infolge des Vorrückens des Gletschers in Richtung Meer mehr oder weniger regelmäßig erfolgt. Es lockt jedes Jahr eine Menge Touristen an und, - erinnern wir uns an den netten Dino! -, kann auch einmal eine Sensation präsentieren.

„Auch wenn die Sonne wärmend durch unsere orangefarbenen Jacken dringt", berichtet Peter Mefferten, „strömen doch diese über tausend Jahre alten Eisklötze eine Kälte aus, die, kommt man ihnen näher, durch Weste, Mark und Bein ins Blut und durch die Lunge fährt."

Ein Tanker ist voll, wenn er sein zulässiges Volumen an Schmelzwasser geladen hat, und nun dampft er gemächlich gegen Süden davon. Die Besatzung freut sich, das gefährliche Erdöl nicht geladen zu haben.

„Das Eiswasser ist eine saubere Sache", schwärmt ein Besatzungsmitglied, „und so sauber, dass wir es als Trinkwasser benutzen können."

Wenn es für die Bewässerung der Sahara bestimmt ist, löscht der Tanker entweder in Nordafrika am Mittelmeer, oder er geht nach Westafrika. Die Erfahrungen, die man in Saudiarabien gemacht hat, können auch hier für die Sahara genutzt werden. Überall im Inneren, wo man die Gegend als besiedelbar angesprochen hat, sind große Auffangbecken, kurz „Aquarien“ genannt, entstanden, wo das Wasser, vor der Sonne geschützt, gelagert und verteilt wird. Die Rohre der Kanalisation verlaufen unterirdisch und füllen die kleineren „Aquarien“ der Saharasiedler, die ebenfalls überdacht sind. Vögel, die hier hundert und mehr Jahre völlig gefehlt haben, siedeln sich an und, ein Zeichen, dass sie sich hier zu Hause fühlen, brüten und nisten auch. Sie trinken entweder aus dem Aquarium und passen auf, wenn einer der menschlichen Siedler aus Versehen oder absichtlich etwas Wasser verschüttet. Den Vögeln folgen die Reptilien, diesen die Insekten, „so dass“, bemerkt Peter Mefferten befriedigt, „hier jedermann und jedes Tier sein Auskommen haben kann“.

* * * * *

„Wer nun?“, fragt sich Peter Mefferten und fragt er die Experten, „sind nun die Menschen, die sich hier niederlassen?“

„Europäer und Nordamerikaner“, lautet eine Antwort, „sind nicht dabei.“

Es sind meist junge Landleute aus Kenia, Ägypten, China, Japan, Südafrika, Australien, Indien und Indonesien. Sie wissen anzupacken und erste finanzielle Notjahre zu überstehen, nach denen sie ihre vielköpfigen Familien nachziehen lassen. Die Palette ihrer Arbeiten ist enorm groß und vielseitig, denn sie scheinen den Weltmarkt zu kennen und richten sich nach Angebot und Nachfrage. Für die Infrastruktur hat der jeweilige Staat gesorgt, für den Absatz der Waren sorgen freie Händler.

Die Waren! Man lese und staune über das Angebot: Erdbeeren, Kartoffeln, Gemüse, Äpfel, Gurken, Melonen, Kürbis, Kiwi und versuchsweise schon Spargel! An Getreide wird Weizen bevorzugt, denn eine Kampagne „Nicht nur immer Reis essen!“ soll der asiatischen Bevölkerung neue Wege zur Ernährung aufzeigen und den Frauen die Mühen der Reiskulturen ein wenig abnehmen. Rasen- und Grasflächen zur Heugewinnung halten den Boden auch bei Sandstürmen fest und gewähren Tausenden von Rindern aller Rassen, darunter auch viele afrikanische Wasserbüffel, ein zufriedenes, bis zur Schlachtung reichendes Dasein. Am wichtigsten ist jedoch, dass bisher über 10.000 Familien hier Arbeit und Auskommen gefunden haben und weitere Tausende in den Startlöchern stehen, herzukommen:
„Dieses arbeitsreiche Leben hier ist hundertmal besser als jenes in den Slums, Elendsgassen und Wasserbooten der Flüsse Asiens!“

Ungeheure Summen an Öltacken sind in das Projekt geflossen, kommen aber jetzt schon wieder herein, direkt und indirekt, füllen die Staatskassen erneut auf und fördern damit neue Wüstenprojekte. Im Auftrag Peter Meffertens haben Fach- und Finanzleute eine verblüffende Rechnung aufgemacht:
„Diese genannten 10.000 Familien bestehen aus über 50.000 Mitgliedern, von denen früher jeder an seinem mehr oder weniger miserablen Wohnort einmal pro Woche einen Arzt aufsuchte – weil eben Armut krank macht! So kamen zu Hause gut und gern jährlich 2,5 Millionen zu-

stande, die wenigstens 50 Millionen Tacken Kosten verursacht haben. Jetzt, am gesunden neuen Wohnort, bei angemessener körperlicher Arbeit, froher Laune und regelmäßigem Essen und Trinken guter Qualität, sinken Arztbesuche auf weniger als einmal jährlich! Muss so etwas in Tacken, Cent und Zehnt separat ausgerechnet werden!"

Nicht alle Menschen haben das Zeug zum Landwirt. Einige der Kolonisten werden scheitern und durch Nachfolger ersetzt werden. Lohn und Dank der Menschheit waren schon immer ungewiss, kleine Leute gehen regelmäßig leer aus, große heimsen Dank und Anerkennung ein: Hier trifft es König Faisal, der den neugeschaffenen Nobelpreis für Philantropie zugesprochen bekommt.

„Hoheit", fragt Peter Mefferten ihn respektlos, „was werden Sie mit dem Geld anfangen?"

„Ich werde das Geld für Preise aussetzen. Einen habe ich schon konzipiert: Für die beste Idee, welche Fabrik zur Arbeitsbeschaffung in meinem Staat errichtet werden kann."

„Nun denn – nichts wie ran!"

* * * * *

„Auf in die Sahara!"

Sagte Ono Kapala im fernen Kasachstan und holte einen Reisekoffer aus dem Regal der Tausend-Quadratmeter-Jurte. Er verkaufte einen Zuchtstier, um eine Inspektionsreise in eine der Saharasiedlungen finanzieren zu können, und war nach einer Woche wieder da. Seine Familie, die auf ihn hörte wie ein Polizeihund auf seinen Herrn und auf zwanzig Köpfe angewachsen , war Feuer und Flamme von

seinem Saharabericht und alle freuten sich, „nie mehr kalte Füße, angefrorene Zehen und Dauerrotznasen zu haben“.
„Afrika, wir sehen uns wieder!“
„Wir verkaufen den ganzen Klumpatsch hier“, schrieb Ono an Peter Mefferten, „und mit dem Erlös können wir uns eine Hofstelle in der Sahara, nahe der Sahelzone, leisten und vieles mehr, was man dort braucht. Ich hoffe, dass Sie uns in absehbarer Zeit dort besuchen können.“
Wieder setzt sich ein Wandertreck in Bewegung, etwas über den halben Hinweg zurück, dann quer nach Westen abgebogen. Ono Kapala, jetzt zwanzig Jährchen älter als auf dem ersten Treck nach Kasachstan, ist ein versierter Safariführer geworden und nimmt gegen Honorar auch andere Siedler mit ins Sahel. Es gilt, schnell zuzugreifen. Wenn auch die afrikanischen Wüstengebiete grenzenlos erscheinen, so wird es doch für viele Siedler in den nächsten Jahren knapp werden können:
„In Saudiarabien und Afrika werden hunderttausende Parzellen zwischen 100 und 500 Morgen zu günstigen Bedingungen vergeben.“

Der Afrikanische Rat, gegründet, nachdem „alle Afrikaner hoch und heilig versprochen hatten, nie wieder Stammeskriege zu führen“, wirbt mit „Schwarz ist schön“ und hat verlauten lassen:
„Ohne die friedliche Einigung Afrikas wären wir alle längst verhungert oder würden es bald sein. Oder wir hätten uns gegenseitig ausgerottet. Großprojekte wie die Saharabesiedlung und der Deichbau an unseren Küsten, die Fernstraßen und Flugplätze – all das wäre nicht zustandegekommen...“

Überfliegen wir einmal zusammen mit Peter Mefferten in einem der neuen Luftreisebusse die einst so gefürchtete Sahara.

„Wir sehen“, erklärt Peter Mefferten, „dass sich große Teile noch sandfarben und braun darbieten, weil sie so steinig sind, dass sie nicht kultiviert werden können. Künstliche Kanäle, alle beidseitig von Baumreihen eingefasst, schlängeln sich durchs Land von See zu See, Teich zu Teich. Straßen und Wirtschaftswege, ebenfalls von Sträuchern und Bäumen eingefasst, teilen das Land in Quadrate und Rechtecke von Ackerland und Weiden. Mächtige Pipelineröhren wie beim Erdöl in Alaska leiten die Hauptströme des Wassers überirdisch weite Strecken. Man hat hier aus Kostengründen darauf verzichtet, sie in die Erde zu verlegen. Nicht nur einzelne Gehöfte sind gebaut worden, sondern in regelmäßigen Abständen auch Saharadörfer mit bis zu tausend Einwohnern. Dort können die Menschen ihre Besorgungen machen und sich unterhalten. Neu sind in diesen Dörfern die konfessionslosen Kirchen, ohne teure Türme natürlich, die jedem Glauben offenstehen.“

Auch der Bürgermeister des Tschad möchte etwas sagen:

„Einen imposanten Blickfang von oben bietet der Tschadsee. Wie ein blaues Riesenauge liegt er in der Landschaft. Und lässt, nach über hundert Jahren, sein Wasser kontinuierlich ansteigen. Zwar mussten deswegen einige Dörfer umgesiedelt werden, aber aus den bitterarmen Anliegern sind nun dauerhaft gut beschäftigte Arbeiter geworden, die mit reguliertem Fischfang und dem Anbau von Getreide und Kartoffeln ausreichendes Einkommen erwirtschaften.“

Ein mitreisender Wetterfrosch weiß mitzuteilen:

„Noch wichtiger als die Erträge, die in den alten Trockenzonen erwirtschaftet werden, ist die Klimaveränderung – genauso, wie wir Fachleute es prophezeit haben: Die Sahara ist tags kälter, nachts wärmer geworden, Wolkenfelder ziehen über sie hin und regnen ab, Gewitter füllen die Wasserbecken auf, auch die Kanäle natürlich, und das so genannte gemäßigte Klima ist auf dem Vormarsch. Die Wüste schrumpft. Der heiße Schirokko, der Schrecken aller im Mittelmeerraum, ist kein heißer mehr, Sandstürme, die bis nach Mitteleuropa drangen, werden harmloser und ganz aussterben. Die Tierwelt der Wüste war früher so kläglich, dass man tagelang suchen musste, um ihr zu begegnen. Jetzt können ausländische Waidmänner hier ihr Jagdvergnügen befriedigen und lassen dafür manchen Tacken in einheimischen Taschen verschwinden."

* * * * *

Nachdem Tausendsassa Peter Mefferten in seiner Eigenschaft als Landwirtschaftsberater seine Tätigkeit bei Neusiedler Ono Kapala vorläufig beendet hat, wendet er sich einer anderen Kolonistenfamilie zu, hundert Kilometer entfernt und aus Namibia stammend: Alberto und Maria Montano, 31 und 28. Zu Hause gab es für sie immer weniger zu beißen, noch weniger zu hoffen, so dass es ihnen leichtfiel, samt Anhang diese Heimat zu verlassen und dem Lockruf „Come to Sahara" zu folgen. Ihnen beiden folgten die Kinder Obonus, 10, Obona, 8, Elvira, 6 sowie deren Großelternpaar mütterlicherseits Quambo und Quimba, 54 und 51, und das Großelternpaar väterlicherseits Enrice und Nina, 56 und 52. Dieser Großkopfverband oder Familienclan kaufte sich auf Kredit der Bank of Sahara einen Traktor und überdachten Anhänger, lud seine Minihabe und Essen und Trinken auf, bestieg gemeinsam das Gefährt und verließ auf der African-West das Armenviertel Windhuks ohne einen einzigen Blick rückwärts auf Nimmerwiedersehen.

Drei Wochen dauerte die Reise, jetzt tuckern unsere frischgebackenen Landwirte auf die Hofstelle „Wasserloch Nummer 131" und gönnen dem wackeren und braven Gefährt Ruhe und wohlverdienten Garagenschlaf. Vor ihnen steht ein zweigeschossiges sandfarbenes Gebäude mit großen Fenstern und Jalusien, im Winkel dazu angebaut links ein Stall-, rechts ein Wirtschaftshaus. Die komplette Stromversorgung übernimmt eine Solarturmanlage, deren Zellen dem Sonnenstand in alle Richtungen folgen. Ein riesiges Bassin, das mit einem doppelten, sich nach innen senkenden Dach versehen ist, steht abseits, es fängt jeden Regentropfen auf und leitet ihn ins Bassin. Dieser Hof ist wie alle ringsum mit einer Kläranlage versehen, die alle natürlichen Abfälle zu wertvollem Dünger verarbeitet. Der Landbesitz umfasst hundert Hektar.

Nach einer Erholungs- und Einarbeitungszeit heißt es für diese Arbeitsneulinge dann allerdings: 1.) In die Hände spucken, 2.) die Schwarten krachen lassen, 3.) die Knochen knirschen lassen, 4.) ran an die Bouletten, 5.) das Rheuma Rheuma sein lassen und 6.) Migräne Migräne sein zu lassen. Dafür haben sie sich alle in nur drei Monaten folgendes erworben: 1.) Die Wohltaten eines tiefen, ungestörten Schlafs, 2.) das Fernsehen jederzeit abstellen zu können, 3.) einen Bärenhunger mit der entsprechenden Bärenverdauung, 4.) Befreiung vom Tinnítus, 5.) Abnahme von Fettbäuchen und 6.) Hinwendung zu idealen Bodybuilding-Körpern.

Dass diese Familie innerhalb eines Jahres gelernt hat, echte Landwirte zu sein, mit Tacken richtig umzugehen, Touristen zu schröpfen und neue Einnahmequellen zu erschließen, braucht als nützlicher Nebeneffekt kaum erwähnt zu werden. Peter Mefferten ist natürlich höchst verblüfft, wie Afrika seine Afrikaner zu prägen beginnt.
„So scheinen alle Weichen gestellt zu sein", meditiert Peter Mefferten versonnen, „um die Sahara zu einem echten Garten Eden, was Wachstum und Lebensqualität betrifft, werden zu lassen."

Doch ein Nachtrag in Form eines plattdeutschen Sprichworts scheint hier angebracht zu sein:
„Wat den eenen sien Uhl is, is den annern sien Nachtigall."
Das bedeutet hier: Was die landwirtschaftliche Erzeugung betrifft wird klar, dass die Länder Europas in naher Zukunft es ganz aufgeben müssen, selbst Nahrungsmittel aus dem Boden zu gewinnen. Gegen die Konkurrenz im Lebensmittelanbau der Sahel- und Saharazone ist nicht anzukommen: Dort reifen die Erdbeeren das ganze Jahr über, ebenso Kartoffeln, Tomaten, Beerenfrüchte, Obst und Gurken. Weizen wird zweimal im Jahr geerntet. Und die Viehhaltung?
„Auf die Massentierhaltung Europas mit 100.000 Puten und Hühnern verzichten wir freiwillig, auch auf die Haltung von Schweinen in 50.000-Tierhaltung in einem Saal, denn erstens fehlt unseren Landwirten die entsprechende Erfahrung, und zweitens ist in den Tropen die Seuchengefahr größer als im kühlen Norden."
„So wird es vorläufig, mindestens in der ersten Generation der Siedler, bei der konventionellen Landwirtschaft bleiben, die auch gefördert und begünstigt werden soll."

Das fordert auch Peter Mefferten in einer afrikanischen ländlichen Konferenz – aus der er freilich durch ein Alarmtelegramm in den äußersten Norden gerufen wird:
„Kommen Sie zur Einweihung der Vitus-Behring-in-memoriam-Brücke!“

Ein Brückenschlag

Am 1. August wird die neue Vitus-Bering-in-memoriam-Brücke zwischen Sibirien und Alaska eingeweiht. Vitus Jonassen Bering lebte von 1680 bis 1741 und war ein russischer Asienforscher dänischer Herkunft, nach ihm wurde das Meer und die Straße zwischen Asien und Amerika benannt. Diese Meerenge war ursprünglich sehr schmal und konnte von wandernden Völkern zu Fuß überwunden werden. Dann stieg das Wasser aus unbekannten Gründen an und vor dem erneuten Anstieg, der ja Thema unserer Abhandlung ist, betrug die Entfernung zwischen den beiden Großkontinenten inzwischen 85 Kilometer. Um allen Eventualitäten gewachsen zu sein, hat man die Brücke auf eine Länge von 115 Kilometer konzipiert und jetzt mit 130 Kilometern fertiggestellt. Sie nimmt eine zweispurige Straße auf, die aus Sicherheitsgründen beidseitig mit je einer breiten Standspur versehen ist, die nur in Notfällen benutzt werden dürfen. Dieser Notfall wird, sei vorab verraten, schon bei der Eröffnung eintreten, in einer Szenerie, die fantasiebegabte Erdenbürger sich niemals hätten ausdenken können. Südlich neben der Straße verläuft die „Trasse“ der Magnetschwebebahn, die, man lese und staune, einen Traum verwirklicht, den wortwörtlich noch vor wenigen Jahrzehnten nur Träumer zu träumen wagten. Lassen wir Globustrotter Ernest Victor deBur aus Kapstadt erzählen, der zu den fünfhundert Menschen gehört, die als erste, nach der Einweihung, mit dem Zug die Brücke passieren. „Ich kaufte mir daheim das Erdticket „einmal von Kapstadt nach Kapstadt“, das auch eine Seefahrt enthält. Es ging an Afrikas westlicher Küste entlang nördlich bis Rabat, wo ein Tag Aufenthalt eingelegt werden musste, ehe der Zug langsam über die noch im Bau befindliche Brücke nach Gibraltar übersetzen konnte. Von dort ging es nach Lissabon, Ausgangspunkt der Fernstrecke Lissabon-Wladiwostok. Madrid, Barcelona, Marseille, Paris, Köln, Berlin, Warschau, Minsk sind die wichtigsten Städte, bis Moskau erreicht ist. Ab hier nennt sich der Zug Transsib, ein alter Name aus der Gründungszeit der Linie. Bis Jakutsk geht es durch sibirische Einsamkeiten, die das Betrachterauge ermüden. Hier zweigt die Linie nordostwärts ab in Richtung östlichster Punkt Asiens, wo die Vitus-Brücke, wie sie kurz heißt, beginnt. Mit zweihundert Sachen, ein gemäßigtes Tempo, geht es dem amerikanischen Kontinent entgegen – Alaska! Und jetzt stets südwärts bis Punta Arenas in Feuerland. Ich möchte den Leser nicht mit Stadtnamen zwischen Alaska und hier belästigen, er mag den Weg von Nord- nach Mittel- und Südamerika auf der Karte mit dem Zeigefinger verfolgen. Ein Weg, der von nördlicher Eiseskälte durch gemäßigte und subtropische Zonen in südliche Kälte führt. Jetzt bleibt nur noch die Seefahrt östlich nach Kapstadt, und ich bin daheim, nachdem ich alle Kontinente außer Australien mit dem Zug durchfahren habe...“

Diese Reise hat zwei Monate gedauert. Jetzt, am 1. August, stehen in der Mitte der Brücke beidseitig auf den Standspuren die schwarzen hochlackierten Mercedes’ „öffentlicher“ Persönlichkeiten aus Alaska und Sibirien, die sich selbst beidseits des noch sperrenden „Goldenen Bandes“ versammelt haben. Um keine Rivalitäten aufkommen zu lassen, hat das Protokoll vorgesehen, dass beide Gouverneure mit ihren Scheren auf die Sekunde genau mittags um 12 Uhr das Band zerschneiden sollen – „doch dazu kommt es nicht“, wie Peter Mefferten genüsslich kommentiert.

11 Uhr 45. Früher musste man in diesen Erdbreiten auch um diese Jahreszeit „wie ein Schneider frieren“, jetzt hat die Erderwärmung den Augustbeginn zu einer sommerlichen Jahreszeit gemacht und von Eisbergen ist weit und breit nichts zu sehen. Möwen und andere Seevögel umfliegen gierig kreischend das aufgetischte kalte Buffet, müssen von den Fahrern in Schach gehalten werden, kacken drauf und auch auf Autos, Kostüme und Fracks – doch wohl keine einladende Gegend hier! Aber glorreiche Reden, die Referenten im Schweiß ihrer Bürotätigkeit entworfen haben, müssen auch gehalten werden; wir zitieren hier kein Wort daraus.

11 Uhr 50. Seltsame Geräusche, sich nähernde Geräusche, sind von der amerikanischen Seite her zu hören, Blicke gehen dorthin und sehen vorerst nur eine Staubwolke, keine Einzelheiten, dann Geblöke, Gekeuche, eine wogende Masse „wie eine Schlammmure“, schreibt ein Reporter, „kommt in Straßenbreite auf uns zu“.

„Volle Deckung!“

Dieser alte Schlachtruf wirkt auch in Friedenszeiten. Im Nu sind alle Kostümträgerinnen und Frackträger hinter den Autos untergetaucht, klemmen sich dort zwischen Brückengeländer und Autos ein oder legen sich flach hin – über noch die beste Haltung bei Gefahr!

„Eine Stampada!“
Eine Marabunta, nur dass es sich nicht um Ameisen handelt! (Marabunta nennt man in Südamerika jenen geschlossenen Zug von Wanderameisen, der sich endlos übers Land ziehen kann.) Und da rauscht sie heran und zwei Minuten lang vorbei in Richtung Sibirien: Eine Herde von wenigstens fünftausend vierbeinigen Tieren, so dass zwanzigtausend, falls keine amputierten darunter sind, Hufe, Füße und Beine die Brücke zum Schwingen bringen. Alles läuft so ordentlich, beinahe vorschriftsmäßig ab, dass kein Körper eines der kostbaren Autos auch nur streift. Verebbendes Blöken, Keuchen, Husten und Trappeln – fort ist der Spuk, nur Staub in der Luft und Haare und Küttel auf der Straße hinterlassend.
„Entwarnung!“

Alles kriecht zum Vorschein, etwas entsetzt und ramponiert aussehend, doch schließlich befreit lachend, weil das Band durchstoßen ist und der Gouverneur von Alaska das Wort ergreift:
„Meine Damen und Herren, ich erkläre die Vitus-Brücke für eröffnet und stelle fest, dass sie bereits der Völkerverständigung Nutzen gebracht hat, indem sich Tausende amerikanische Karibus in russische Rentiere verwandelt haben. Gutfahrt allzeit – Vitus Bering in memoriam!“

* * * * *

Hätte man ein paar Naturburschen, zum Beispiel amerikanische Trapper, über die Brücke gehen lassen, so hätten diese sofort festgestellt, dass sie von Tieren eher in Betrieb genommen wurde als von Menschen. Tatsächlich kommt es in der Folgezeit immer wieder zu gefährlichen Begegnungen der Autofahrer mit Eis- und Braubären, Hirschen,

Wölfen und kleineren Herden Rentieren, so dass Verhaltensempfehlungen ausgesprochen und Schilder „Caution! Wild animals“ an den beiden Mautstellen angebracht werden müssen. Schließlich soll die Brücke ja auch Wanderern und Trampern zur Querung dienen. Erst in Jahrzehnten wird man ermessen können, wie viel dieses Bauwerk zur Völkerverständigung beiträgt. Da wir uns just in der Gegend befinden und von Tieren die Rede ist, wollen wir uns jetzt unseren uns längst bekannten Stars zuwenden.

* * * * *

Dino, Eva und Seth

Diese drei Persönlichkeiten haben wir in letzter Zeit ein wenig vernachlässigt, aber nicht gänzlich vergessen. Wo tapern (strolchen) sie herum, wie geht es ihnen, können sie in einer von Menschen beherrschten Umwelt zurechtkommen?

Dino hat sich von seinem Reinkarnationsort nahe des Prince William Sunds allmählich essend und mampfend nach Süden vorgearbeitet, wo es wärmer und mehr zum Futtern gefunden wird. Inzwischen ist sie als eine „Sie“ erkannt worden, und da sie ein angenehmes Wesen und einen freundlichen Charakter zeigt, kann sie des regen Interesses der Erdöffentlichkeit sicher sein. Ihre Wege werden von unterschiedlich interessierten Menschen begleitet: Forscher, Zoologen, Neugierige, Presse- und Fernsehleute. Da Dino schon, als sie die Zivilisation erreichte, in reiner Gutmütigkeit und Fresslust einige Gärten, Obstanlagen und Felder geplündert hat, musste die Regierung die EU Garantien für Schadensersatz geben, wenn sie nicht riskieren wollte, dass aufgebrachte Bürger Kanadas und der Staaten das Feuer auf sie eröffneten.

„Wie alt diese Bestie ist“, lässt Farmer Ezechiel Holbein, 46, verlauten, „ist mir vollkommen schnuppe. Wenn sie mein Land verwüstet und meine Vorräte auffrisst, jage ich ihr Kugeln in den Bauch, vielleicht braucht sie hundert, bis sie krepiert.“

„Wir sollten“, regt der zuständige Dezernent in New York an, „Dino vom schießwütigen amerikanischen Kontinent wegschaffen.“

Daraufhin meldet sich die irische Naturbehörde:

„Unsere Insel ist warm und feucht, wie's pflanzenfressende Saurier lieben, und an vielen Stellen wegen brachliegender Landwirtschaft einsam genug für solch ein Tier.“

So lockt man Dino in eine passende Kiste und schafft sie auf ein Schiff, das sie nach Irland bringt. Sie ist sehr gefügig dabei, solange sie sich an Kohlköpfen, Maispflanzen, Gras und Blättern der Laubbäume vollfressen kann. In Irland steht eine mobile Kernspintografieanlage bereit, sie zu röntgen, und siehe da: Diese gewichtige Dame ist schwanger! Fünf Eier trägt sie mit sich, die, sofern sie befruchtet sind und in den Millionen Jahren Lagerung keinen Schaden genommen haben, eine neue Dinopopulation auf der Erde begründen können. In Irland hat man während der Anreise Dinos ein Gehege von zwanzig Hektar mit elektrischem Draht eingezäunt, das sie und ihre erhofften Kinder aufnehmen soll. Nun muss noch ein Nest geschaffen werden, eine Art Kuhle oder Mulde, in die sie ihre Eier abzulegen hat. Niemand auf der Erde hat Erfahrung im Umgang mit Sauriern, die ja nicht lebendgebärend, sondern eierlegend sind, und um kein Risiko einzugehen, wird man Dino die Eier „stehlen“ und in einer Brutanstalt ausbrüten lassen.

Das alles klappt ausgezeichnet. Da Saurier wie die meisten Echsen heutzutage auch keine Brutpflege betreiben, auch keine Jungenaufzucht, vermisst Dino nach der Eiablage nichts und geht daran, ihr neues Revier zu erkunden. Den elektrischen Zaun berührt sie natürlich ein paar Mal, was sie sehr aufregt und zornig macht, aber sie lernt ihn kennen und sich an ihn gewöhnen, wie es schon Millionen Haustiere der Erde getan haben. Bis die Jungen schlüpfen haben wir Zeit und Gelegenheit, Mutter und Kind Mammut zu besuchen...

* * * * *

Eva und Seth sind nicht vom südlichen Reisedrang Dinos beseelt, weil sie Lebewesen der Kälte sind. Aber für alle Fachleute auffallend ist doch, wie beide konsequent nach Westen streben, nur durch den Lebenserhalt lassen sie sich leicht vom Kurs abbringen. Eva ist wie Dino ein Wesen freundlichen Charakters und scheut Menschen nicht, Seth ist entsprechend seiner Jugend, man schätzt sein Alter auf 4, etwas kecker und unternehmungslustiger, folgt jedoch seiner Mutter „aufs Wort" – obwohl keins zu hören ist. Lautlos ziehen die beiden dahin, nur gelegentliches Schnaufen und heftiges, anhaltendes Pupen ist zu vernehmen; eine Eigenart aller Vegetarier. Es versteht sich von selbst, dass sie, wie Dino, von einer Schar Menschen begleitet werden.

Als Eva und Seth sich der Hafenstadt Sisimiut an der Westküste nähern, glaubt Professor Heinrich Schimmeck,

38, Frankfurts Zoodirektor, hinter ihre Absichten gekommen zu sein:
„Sie wollen nach Kanada aufs Festland, vielleicht sogar weiter nach Asien. Es kann sein, dass Sibiriens Taiga oder Tundra ihr Heimatgebiet sind."
„Sie kommen!"
Dieser Ruf schallt durch Grönlands zweitgrößte Stadt. „Größe" ist hier anders zu messen als in Europa, Amerika, China oder Japan: 6.000 Bürger bilden eine städtische Gemeinschaft echten Zusammenhaltens, das einst von der Kälte geprägt wurde, heute, im Zeichen allgemeiner Erwärmung, eine Lockerung erfährt.
„Eva und Seth kommen!"
Der biblische Name „Seth", neben den Namen der Brüder immer etwas im Schatten verharrend, hat ungeheuer an Popularität gewonnen und es werden inzwischen Tausende von Kindern nach ihm benannt. Deren Eltern scheint nicht bekannt zu sein, dass es noch einen zweiten Seth gab: Tierkopfgott der ägyptischen Mythologie und Mörder des Osiris. Nun, das ficht unseren vierbeinigen Seth nicht an, als er, seiner Mutter voraus laufend, am Ortsrand Sisimiuts anhält und verwundert das Empfangskomitee betrachtet: Die Hälfte der Einwohner und hundert Touristen dazu, die ein Spalier bilden. Eva naht, Seth ordnet sich hinter ihr ein, und gemeinsam traben sie weiter über den Aqqusinersuaq Richtung Innenstadt und Hafen: Vorbei an Knud Rasmussen Hojskolia, Bank, Polizei, Neue Kirche und Blaue Kirche. Da ist der Hafen! Eva hebt den Rüssel und saugt Meeresluft ein. Ist es Zufall, dass an diesem schönen Sonnentag des 24. Juni die Fähre nach Kanada ladebereit im Hafen liegt? Kann es möglich sein, dass Eva ihren Zug hierhin so „getimt" hat, dass sie pünktlich zehn Minuten vor Abfahrt

eintrifft? Natürlich antworten alle logisch denkenden Menschen hier mit „Nein“, doch der Rest der Menschheit, vor ihren Fernsehern hockend, denkt emotional und glaubt an eine Fügung zugunsten Schwacher und Hilfloser.

Ohne zu zögern, kurz zu verhoffen oder eine Fahrkarte zu lösen marschieren Eva und Seth über die Rampe aufs Schiff und ordnen sich zwischen Autos ein.
„Was soll ich machen?“, fragt der Kapitän telefonisch seine Verwaltung und erklärt die einmalige Situation.
„Sie mitnehmen, was sonst!“
Die Kombüse spendiert Salat, Melonen und Tomaten, Passagiere opfern ihre Wegzehrung, Kameras klicken und surren. Das einzige was Eva und Seth von den Mitfahrenden unterscheidet, ist der unveränderliche Umstand, dass sie ihre Notdurft ungeniert sprudeln und fallen lassen. Die Pinkel rinnt leider fort ins Meer, die Kackhaufen, aus unverdaulichen Vegetarien bestehend und intensiv stinkend, lädt sich ein cleverer Tourist mit bloßen Händen in eine Tüte und finanziert sich damit nachträglich zu Hause seine Reise: Ein halbes Kilogramm „Eva- oder Sethkacke, garantiert pur und echt“, geht pro Person für tausend Tacken weg.

Als Kanada näher rückt wird Eva unruhiger, tritt von einem Stampfer auf den anderen und trompetet zum ersten Mal. Doch wartet sie brav, bis das Schiff angelegt hat und die Bugklappe sich öffnet. Das kanadische „Hurra“ und „Willkommen“ ignoriert sie und eilt, den hurtigen Seth hinter sich, an Land. Wir haben bis hierher den beiden Mammuts reichlich viel Aufmerksamkeit geschenkt und kürzen unseren Bericht, bis sie am Ziel ihrer Erdreise sind, nun deutlich ab. Sie wenden sich westwärts, konsequent, unbeirrbar, Heinrich Schimmek bestätigend. Da sie bevorzugt feste Straßen benutzen, werden die Autofahrer vom Verkehrsfunk gewarnt, besonders vorsichtig zu sein. Eigentlich unnötig, denn angesichts der beiden Tiere, die in ihrem Sommerfell sehr proper und adrett aussehen, überfällt selbst den notorischen Raser Anteilnahme und Hilfsbereitschaft: Weil die Medien bekanntgemacht haben, „Eva und Seth essen alles, was man ihnen anbietet“, reichen ihnen viele Autofahrer ihren Reiseproviant hin oder legen ihn vor ihnen auf die Fahrbahn. Bis Ende des Jahres haben Eva und Seth Alaska bis an sein westliches Ende durchquert und nähern sich der Bering-Brücke. Allen ist schleierhaft, wie Eva den Punkt finden kann, von dem aus sie, falls sie dieses instinktiv vorgehabt haben sollte, nach Asien „hinüber setzen“ kann. Heinrich Schimmek weiß die Antwort:

„Beide haben vor Urzeiten, aus welchen Gründen auch immer, ihre sibirische Heimat verlassen und wurden von einer Eiszeit überwältigt. Elefanten, wir wissen es, haben ein beinahe menschliches Gedächtnis, und so hat Eva seit ihrem Erwachen nichts anderes in ihrem mächtigen Kopf, als heimzukommen.“

Noch einmal die Warnung an alle Autofahrer, angesichts der fehlenden Ausweichmöglichkeit auf der Brücke nichts zu provozieren:

„Verärgerte Elefantenmütter können zu rasenden Furien werden, wenn sie sich und ihre Kinder in Gefahr wähnen.“

Beiden ist inzwischen ihr Winterfell gewachsen, das sie wie ein ungekämmter Pelzmantel umgibt und sowohl vor Kälte als auch Nässe schützt. Ohne Zwischenfälle, wenn man die vielen freundlichen Begegnungen mit spendablen

und fotografierwütigen Autofahren und Wanderern nicht rechnet, passieren sie die eisfreie weil beheizte Straße und befinden sich damit in ihrer sibirischen Heimat. Dort steht ein Empfangskomitee jener Nachfahren, die früher Mammuts zur eigenen Lebenserhaltung gejagt haben. Heu ist bereit gelegt, denn obwohl hier inzwischen die noch vor fünfzig Jahren üblichen 50 Minusgrade nicht mehr erreicht werden und auf durchschnittlich 25 minus gestiegen sind, fürchtet man, dass „unsere Lieblinge" Hunger leiden können. Doch sie essen gerne Tannen- und Fichtengrün, schlitzen Birken- und Kiefernstämme auf, um an deren Rinde zu kommen und scharren sich die gefrorene Bodenvegetation frei. Ihr Wandertrieb ist erloschen, folglich:
„Sie sind zu Hause angekommen!"
Schon wird die Debatte „Nachwuchs" ernsthaft diskutiert. Seth ist der Stammhalter, wird er, der Pubertät entwachsen, mit seiner Mutter anbandeln? Diese Frage beantworten wir später und kehren jetzt zu Dino zurück.

* * * * *

Sie ist Mutter geworden! Ohne es zu wissen oder diese an sich aufreibende Funktion wahrzunehmen.
„Einer der Gründe", weiß auch hier Professor Schimmek im Fernsehen zu erklären, „warum diese großen Tiere einst ausgestorben sind, kann ihr mangelnder Familiensinn gewesen sein. Zu ihrer Zeit hat sich schon das kleinste Säugetier, eine Maus vielleicht, besser um seinen Nachwuchs gekümmert als die mächtigsten Tiere der Erde. Vögel legen ebenfalls Eier, aber sie begleiten ihren Nachwuchs immerhin bis zum Flüggewerden."

Nun, Dinos Fünflinge müssen nicht fürchten, vernachlässigt zu werden. Seitdem Irland „Dinoland" geworden ist gibt es Dinoexkursionen aus allen Teilen der Erde. Diese Insel mit ihrer wechselvollen, meist bedrückenden Geschichte erhält nun ihren verdienten finanziellen Ausgleich und „sahnt ab", Millionen Tacken strömen ins Land. Aber schon zeigt sich ein unerwartetes Problem: Sechs Dinos sind zuviel für Irland! Dinos Kinder, zwei Mädchen und drei Jungens, sind gefräßig wie ihre Mutter und werden, so eine Schätzung des Ministeriums für Landwirtschaft und Forsten, „unsere grüne Insel in zehn Jahren leergefressen haben". Was ist zu tun? Es ist klar, dass die Erde in ihrem jetzigen Zustand keinen Platz für übergroße Tiere bietet. Zwar erklären sich einige Staaten wie Sri Lanka, Costa Rica, Neuseeland, China und Australien bereit, Lebensräume zu bieten, aber nicht „für alle fünf oder sechs". Trennen will man die Jungen jedoch nicht. Da kommt der Vorschlag Chiles gerade recht:

„Setzen wir sie doch auf der Osterinsel aus! Sie ist wenig besiedelt, eigentlich nur von Aussteigern und anderen Verrückten, das ergäbe eine gute Mischung."

Alles klar: Dino bleibt als Touristenattraktion in Irland, ihre Kinder werden auf die Osterinsel transportiert, wodurch dort für den ganzen amerikanischen Raum ein neues Touristenziel entsteht. Professor Schimmek weiß Rat für die Zukunft:

„Wenn eines von Dinos männlichen Kindern geschlechtsreif geworden ist kann man es seiner Mutter zwecks Paarung zuführen. Die anderen vier mögen das auf der Osterinsel unter sich ausmachen, so dass man sagen kann, diese Tierart wird auf der Erde erhalten werden."

Davon erfahren wir später. Jetzt geht es um eine Spezies Mensch, die nach Ansicht des UN-Rates auf keinen Fall erhalten bleiben soll. Das erste dramatische Ereignis, diesen Zweck zu erreichen, führt uns ans Ufer der Ostsee, nach Königsgrad...

* * * * *

Ausrottungen und Mutationen

Ausrottungen. Peter Mefferten, der auch den vorigen Artikel verfasst hat, möchte sich erst weigern, diesen folgenden in unsere Sammlung aufzunehmen. Weil er grausam und gegen Menschenleben gerichtet sei – ein gutes Argument, klar!

„Aber wenn diese Menschen Bestien sind und brutale Mordbuben?“

„Dafür gibt es die Todesstrafe.“

„Schon lange nicht mehr. Und jeden Tag, an dem Mörder weiterleben, kann es neue Opfer geben. Also?“

„Veröffentlichen wir's!“

„Aus bisher nicht geklärten Ursachen“, schreibt das Königsgrader Tageblatt am 14. Mai, „vermutlich durch eine Gasexplosion, flog gestern das bekannte Gasthaus ‚Zum guten Ostpreußen' mit gewaltigem Knall in die Luft und begrub alle Gäste unter sich. Es war für zwei Tage vom russischen Verein ‚Sauberes Russland' für die Jahreshauptversammlung und zu Tagungen gemietet worden. Es gibt keine Überlebenden...“

Viele Mitmenschen lässt ein solches Unglück kalt, einige bedauern es sehr, nämlich jene, denen der Verein in Notzeiten beigestanden hat, ganz wenige freuen sich über alle

Maßen. Erahnt man, welche? Gewiss: die Oberbefehlshaber der UN-Polizei! Um das zu verstehen, müssen wir den Anfang des Geschehens vorstellen.

Otto von Puttwitz, 55, Gastronom, hatte auch in diesem Frühjahr sein Lokal an den Verein für eine Tagung vermietet und hatte die Gäste als reputierliche Herrschaften kennengelernt, denen man wegen des humanen Zwecks ihres Tuns entgegenkommen sollte. Ein halbes Jahr später besuchte ihn ein Gast aus New York und tat erst so, als suche er ein Quartier für einen längeren Aufenthalt in Europa, offenbarte sich dann aber:

„Ihr Haus, Herr von Puttwitz, ist eine Lasterhöhle geworden."

Schweigen. Alles hätte von Puttwitz erwartet, das nicht!

„Ich erkläre es Ihnen", vernimmt er nun, „die Männer, die bei Ihnen getagt haben, sind die führenden Köpfe des Rauschgiftkartells vom Ural bis nach Lissabon. Muss ich mehr sagen?"

Muss er nicht. So wird nun der Handel gemacht, der zur Explosion des Hauses führen wird. Für den Fall, dass sein Haus wiederum zur Tagung genutzt wird, soll von Puttwitz kurz ein Stichwort nach New York durchgeben, worauf ein Experte kommen wird, um rechtzeitig vorher eine gewaltige Sprengladung im Keller des Hauses zu deponieren.

„Warum?", fragt von Puttwitz, „lassen Sie das Haus nicht kurzerhand stürmen, wenn die Herrschaften alle versammelt sind?"

„Um kein Aufsehen zu erregen. Die Rauschgiftbosse der Erde sollen solange wie möglich im Ungewissen darüber gelassen werden, was ihnen bevorsteht."

„Und mein Haus?"

„Das ersetzen wir Ihnen, wenn Ihre Versicherung nicht zahlen sollte.“
„Unter den Leuten, die kommen“, wirft von Puttwitz ein, „können auch unschuldige sein, Fahrer, Ehefrauen, Geliebte.“
„Niemand, der in diesem Gewerbe sein Brot verdient, auch der kleinste Angestellte nicht, ist unschuldig, da er zumindest ahnt, wie das viele Geld gemacht wird.“
Der Agent nennt ein klassisches Beispiel aus Südamerika: „Da hat einer der Bosse, F. C. geheißen, seine Ehefrau Rosita, ein verdammt hübsches Weib, aber die typische Gangsterbraut, wie wir sie aus Filmen kennen. Wir wissen, dass F. im Geschäft ein wenig kürzer treten, gar aussteigen möchte, aber Rosita stachelt ihn auf mit der Frage, wie sie denn, verdiene er in Zukunft weniger, ihre Einkäufe tätigen solle. Allen denen geht es so. Wenn sie ihre Weiber, die sie nur für erotische Minuten halten, über die Maßen vergrätzen, drohen diese sie zu verlassen – sie müssten binnen kurzem unschädlich gemacht werden. Aber Morden ist das Letzte, zu dem diese reputierlichen Herren getrieben werden möchten.“

So ist der Handel perfekt gemacht.
„Sie müssen nur zusehen“, wird von Puttwitz geraten, „zum diversen Zeitpunkt außer Haus zu sein. Was Sie an Wertsachen retten möchten, lassen Sie bitte früh genug, dass nachher kein verdächtiger Zusammenhang konstruiert werden kann, wegschaffen.“
Was veranlasst Herrn von Puttwitz, wird man fragen mögen, sich auf dieses Abenteuer einzulassen? Die einfache Antwort lautet: Er gehört zu den vielen Vätern der Erde, die einen Sohn im Rauschgiftmilieu untergehen sehen.

Ohnmächtig, wie alle seine Leidensgenossen sind, gedenkt er nun der Rache zu frönen. Pünktlich am 12. Mai reisen die Erwarteten an, alles honette Erscheinungen aus den Spitzenkreisen Russlands, Lettlands, der Ukraine, Baschkiriens, Kasachstans, Weißrusslands, Rumäniens, Albaniens, Siziliens und Monacos. Seit diese Region wieder den Deutschen gehört, (sie haben sie für zwanzig Millionen Tacken von Russland gekauft), fühlen sie sich hier sicherer als anderswo, zu Recht, denn niemand der hiesigen Behörden hegt den leisesten Verdacht, dass Königsgrad zur Drehscheibe des internationalen Rauschgiftgroßhandels geworden ist. Diese Herren, keine Ehefrau dabei und keine Geliebte, reisen in zwar soliden, aber keineswegs protzigen Autos an, zwei von ihnen sogar im neuen Käfer. Am 13. versammeln sie sich im Konferenzraum, der von ihren Leibwächtern, die hier Fahrer mimen, hermetisch bewacht wird. 20 Uhr, die erste Champagnerrunde startet, Bilanzen sollen gezogen werden, da...

„Ich lag gerade im Fenster“, berichtet der nächste, hundert Meter entfernt wohnende Nachbar, „und schaute in die schöne grünende Gegend und lauschte den Nachtigallen, mein Blick fiel auf das Lokal und so sah ich, was nur wenige Menschen zu sehen bekommen: Nicht erst den Blick *nach* dem Knall, sondern erst flog das Haus in die Luft, dann hörte ich den Knall, dann sah ich die Stichflamme in den Abendhimmel schießen, und als sie verlöscht war, fielen die Hausbrocken vom Himmel zurück auf einen Haufen. ‚Da lebt keine Kakerlake, keine Hausmaus und Hausratte mehr’, sagte ich meiner Frau.“

Ganz unbewusst hat dieser Mann die beste Anerkennung für dieses Unternehmen ausgesprochen.

* * * * *

Die offizielle Untersuchung der Königsgrader Polizei gibt „Gasexplosion“ an. Etwaige Zweifel werden für sich behalten. Ehe unsere nächsten Kandidaten, die wir schon kennen, nämlich F. C. = Felipe Carstens, 61, nebst Rosita, 22, Berichte erhalten und Verdacht schöpfen können, ereilt sie ein ähnliches Schicksal. Es stimmt, was der New Yorker Agent berichtete: Felipe fühlt sich unwohl, immer nur zum Schaden der Menschheit tätig zu sein und wie jeder alternde Bösewicht hat er zwar kein schlechtes Gewissen, aber immer mehr unruhigen Schlaf:
„Werden sie eines Nachts kommen und mich holen?“
Vor ihren Gewalteinsätzen hat die UN-Polizei Warnungen verbreiten lassen, dass vollkommene Amnestie für all jene möglich sei, die unauffällig aus dem Geschäft aussteigen und Informationen über etwaige Nachfolger liefern. Verrat also! Kommt für einen Ehrenmann aus Venezuela nicht in Frage. Aufhören? Ja – wenn Rosita nicht wäre, dieses Luxusweibchen! Jedermann glaubt, sie wäre geil wie zehntausend Straßenmädchen in Rio, nichts davon. Partys in stets neuen Kleidern und bisher ungetragenem Schmuck, Einkäufe in den teuersten Läden der Erde, aber was Felipe ihr anstandslos spendiert hätte, nämlich die hundertjährige Weltraumfahrt, schlägt sie aus.
„Gibt es auf Archimedes oder Andromeda etwa Shops für mich!“

Nach unendlichen und nutzlosen Streitereien gehen beide am Abend ihres letzten Erdentages, einem 30. August, zu Bett. Es macht sie nicht argwöhnisch, dass ihr Fahrer sich am Nachmittag krank gemeldet und ihr Schloss am Hang verlassen hat. Beide haben ein leichtes Schlafmittel genommen, da sie sonst Groll, Enttäuschung und die Wortgefechte am Einschlafen gehindert hätten. Ehe Felipes Augen (für immer) zufallen, hat er ein Verfahren erdacht, wie er Rosita loswerden kann, „so oder so“! Es kommt nicht zur Anwendung. Um 1 Uhr 32 nähern sich drei Flüsterhubschrauber der zweiten Generation lautlos wie Uhus dem idyllisch im Urwald gelegenen Anwesen und eröffnen ihr leises, nur zischendes Napalmfeuer. Im Nu steht alles so in Flammen, dass selbst Fledermäuse verbrannt zu Boden stürzen – da kann es keinen Zweifel geben, dass Felipe und Rosita zu Krümeln verbrannt werden. Mit ihnen Millionen von Zehnertacken, die unters Volk gebracht werden sollten, Rositas Schmuck im Wert von fünf Millionen und ein Archiv mit Namen und Daten der Umsätze und anderer beteiligter Verbrecher. In ganz Südamerika erlischt der Rauschgifthandel.

Man kann ganze Bücher mit Berichten über Auslöschungen von Gangsterfamilien füllen, die in diesen Jahren stattfinden. Allmählich bricht deren ganzes System zusammen, da ihnen die Helfershelfer davonlaufen oder „beste Kameraden“ Verrat üben. Belohnungen von 50.000 Tacken locken. Nicht alle Aktionen können wir hier schildern. Der letzte große Schlag findet in der Mafiahochburg Palermo statt, wo die aufgeregten Führer der Branche alle Vorsicht vergessen und heimlich, wie sie glauben, ähnlich wie in Königsgrad, zusammenkommen. Ihr mitten in einem Wohngebiet liegender Treffpunkt wird am hellen Tag von Flüsterpanzern Marke Krupp-Essen umzingelt und solange beschossen, bis kein Stein mehr auf dem anderen steht.

Weiße Tücher und erhobene Hände werden nicht berücksichtigt. Einmal in Schwung gekommen und angeschoben machen auch andere, sonst laxe Staaten mit, deren Regierungen nicht ohne Mitschuld sind: Afghanistan, Pakistan, Indien, Balkanstaaten, China und Japan, Korea und Kuba. Man kann sagen: Je schärfer und brutaler vorgegangen wird, je weniger Gefangene gemacht werden, desto mitschuldiger sind die Regierungen.
„Nur rasch fort mit den Schurken, ehe sie Belastendes aussagen können!"

* * * * *

Tutti und Frutti, 39 und 40, über die Peter Mefferten jetzt berichtet, können keine Aussagen machen, so schnell kommt ein peinliches Schicksal über sie. Seitdem sie ihre Diebeslehre mit „summa cum laude" auf Sizilien bestanden haben, sind sie von Erfolg zu Erfolg geeilt, haben aber notorisch nie einen Tacken zurückgelegt. So sind sie nun, im Mittelalter stehend, so gut wie verarmt und gezwungen, jeden miesen Auftrag, der Knete einbringt, anzunehmen. Und so geraten sie an zwei sizilianische, äußerst brave und menschenfreundliche Senioren, die sie bravourös hopsnehmen werden...

Opa, 89, und Oma, 87, genannt Opa & Oma, führen den letzten Kolonialwarenladen in der Provinzstadt Enna. Im nächsten Jahr wollen sie ihren Laden schließen und einen friedvollen Lebensspätabend genießen. Am Nachmittag des 17. Oktober betreten zwei Männer ihr Geschäft, die neu im Ort zu sein scheinen, aber jedenfalls einen sehr sympathischen Eindruck machen.

„Ich nehm ne Cola“, sagt Tutti.
„Ich brauch nen Bier“, sagt Frutti.
Sie bekommen’s und betrachten fachmännisch den Laden und das Schaufenster, während sich Opa, verstohlen mit seiner Angetrauten eines Blick tauschend, sich der Kasse nähert, wo in einem unteren Fach des Regals seine Pistole liegt, besser gesagt seit vierzig Jahren unbenutzt schlummert.
„Wir sind auch Kaufleute“, sagt Tutti.
„Versicherungskaufleute“, ergänzt Frutti.
„Wir kaufen nix“, sagt Oma.
„Wir haben alles“, sagt Opa.
„Aber es wäre doch schade“, sagt Tutti und beschreibt mit der Cola in der Hand einen Kreis, „wenn der ganze herrliche Laden hier einmal zu Bruch gehen würde.“
„Ja außerordentlich schade, nicht wahr“, sagt Frutti liebenswürdig.
Dann erklärt das Gespann, das jeder außer Opa & Oma als Verbrecher erkennen würde, dass in der letzten Woche zwei Läden Ennas „kaputt gemacht“ worden seien, weil niemand sie bewacht habe.
„Wir aber“, erklärt Tutti, „übernehmen die Bewachung der Läden, wenn die Besitzer es wünschen.“
„Und wir sind sehr preiswert“, ergänzt Frutti.
„Versicherungen kann man nicht trauen“, knurrt Opa.
„Alle wollen nur unser Geld“, murrt Oma.
Aber man einigt sich schließlich auf ein günstiges Angebot von 50 Tacken wöchentlich solange, bis die Gefahr vorüber sei. Oma geht zur Kasse und rückt das Geld heraus.
„Ich kauf bei euch auch meine Zigaretten“, tröstet Tutti.
„Und ich meine Bierchen“, verspricht Frutti.

Voll friedlicher Gedanken und Gefühle trennt man sich, Opa & Oma schließen für heute ihr Geschäft.

* * * * *

In den folgenden Wochen gibt es nur noch wenige Ladenplünderungen, die von der lahmen Polizei nicht aufgeklärt werden, und Tutti und Frutti, die bei jedem Wochenbesuch Opas & Omas nicht nur ihr Geld, sondern auch ihr Gläschen sizilianischen Gebrannten bekommen, sind rundum zufrieden mit der Entscheidung, ihr kriminelles Treiben in einer Mittelstadt, nicht in einer Großstadt, begonnen zu haben. Aber im Dezember erfahren Opa & Oma „von hinten herum" die schreckliche Wahrheit, geprellt worden zu sein. Ihre vom Mittelmeerklima geprägte Wesensart empört sich ungeheuer, aber lautlos und ingrimmig, und führt zu den folgenden dramatischen Ereignissen. Inzwischen haben Tutti und Frutti Arbeitsteilung vollzogen und besuchen ihre zahlreiche Kundschaft getrennt, also als Solisten.
„Hallo, da bin ich wieder", sagt Tutti und tänzelt ins Geschäft.
„nen Schnäpschen?", fragt Oma liebenswürdig und gießt bereits ein.
Opa geht unauffällig zur Ladentür und dreht ein in der Tür hängendes Schild von „geöffnet" auf „vorübergehend geschlossen" um, natürlich so nur von außen zu lesen.
„Wohl bekomm's", rät Oma.
Davon kann offenbar keine Rede sein, denn nachdem Tutti in einem Rutsch kippt, zuckt er zusammen, lässt das Glas fallen, greift mit beiden Händen krampfhaft an Hals und Bauch, starrt Oma an und stammelt „da is was drin", hört die Antwort, „ja, was Passendes für dich", antwortet, schon ein Viertel im Exitus, „oh ihr Schufte", versucht seine Pis-

tole aus der Weste zu fummeln und knallt dann in voller Länge auf den Fußboden.
„Der ist hops“, stellt Oma fest.
„Ja, total perdu“, ergänzt Opa.
Er hatte sich „für alle Fälle“ vorher bewaffnet, nun legt er die Pistole an ihren Ruheort zurück. Er schließt jetzt endgültig ab und gemeinsam mit Oma schleift er Tuttis Leichnam nach hinten in eine Lagerkammer. Öffnet dann wieder das Geschäft, denn es ist erst 17 Uhr 30. Nach Feierabend plündern Opa & Oma Tutti aus, nehmen ihm aber nur soviel Geld ab, wie sie in der letzten Zeit für die Versicherung bezahlt haben. Noch vor Mitternacht ist Tutti beigesetzt und ruht nun friedlich im Komposthaufen des Gartens, wo schon Platz für seinen Kollegen geschaffen ist.

An diesem Abend wundern sich einige Herrschaften in der Stadt. Erstens Tuttis Familie, weil er nicht heimkommt; zweitens sein Kollege Frutti, weil er nicht zum Abliefern und Teilen der Beute erscheint; drittens jene Kaufleute, die turnusgemäß nach Opa & Oma besucht und abkassiert werden – dass nur sie sich freuen, ist erklärlich. Man sollte Mordgeschichten nicht über Gebühr in die Länge ziehen, darum teilen wir nur mit, dass auch Frutti, wie nicht anders zu erwarten ist, der Rache Opas & Omas nicht entkommt. Er kassiert nun als Einzelunternehmer ab, ist außerordentlich misstrauisch geworden und schaut beim nächsten Besuch Opa und Opa so durchdringend an, dass Opa beschließt, kurzen Prozess zu machen.
„Es gibt kein Geld mehr“, sagt er fest und stellt sich vor seine geliebte Oma, „weil du ein Gangster und Mafioso bist und ausgerottet werden musst.“

Peng, ein Knall! Ob Frutti ihn noch vernommen hat, ist ungewiss, jedenfalls bekommt er je ein Loch in Weste, Hemd, Unterhemd, Haut und Herz, aus dem sein armseliges Leben entströmt. Um Mitternacht ruht er im Komposthaufen, wo sich Maden und Würmer bereits über Tutti hergemacht haben. Alles fein zugeschaufelt und der Umgebung angepasst, Gras drauf gesät, und nachdem Opa & Oma eine Minute Andacht verbracht haben, sagt Oma:
„Wir haben ihn nicht nach Tacken durchsucht!“
„Kack aufs Geld“, antwortet Opa, „es ist schmutzig genug.“
„Wir hätten's für Arme spendieren können.“
Das stimmt, denkt Opa, aber Wiederausgraben kommt nicht in Frage...

* * * * *

Just in dem Moment, wo Ennas Polizeichef sich aufrafft, dem Treiben des Abkassierens ehrbarer Kaufleute ein Ende zu bereiten, hört dieses auf. Tutti und Frutti, längst unter lockerer Beobachtung stehend, sind verschwunden, Besuche bei deren Familien bringen nichts außer der Erkenntnis, dass sich beide Ehefrauen mit ihrem (vermuteten) Witwentum abgefunden haben. Einer der Beamten schnüffelt zwar auf richtiger Fährte, aber auf seiner Liste, wer der betroffenen Kaufleute zur Selbsthilfe gegriffen haben könnte, stehen Opa & Oma an letzter Stelle
Geht Frau Nemesis an diesen beiden alten netten Leuten unbeeindruckt vorüber? Könnte sie jedenfalls, da ihre Tat als eine gute und äußerst nützliche angesehen werden kann. Sie lässt sich Zeit und wartet ab, bis die Täter ihren Laden samt Eigenheim verkaufen und sich im Altenheim einquar-

tieren. Dort erscheint eines schlechten Tages der Polizeichef höchstselbst und eröffnet ihnen, dass sie verhaftet seien und mitkommen müssen.
„Wir haben zwei Leichen in Ihrem ehemaligen Garten gefunden. Können Sie erklären, wie sie dorthin gekommen sind?"
„Klar", antwortet Opa.
„Natürlich", antwortet Oma.
Und sie erzählen alles, aber es ist keine Beichte, nur ein trockener Tatsachenbericht.
„Dann müssen Sie mitkommen", sagt der Polizeichef.
„Wir gehen hier nicht fort", sagt Opa.
„Höchstens als Leichen", ergänzt Oma.
Inzwischen drängen sich andere Bewohner des Heims und Zuschauer von draußen heran, denn die Sensation hat sich herumgesprochen. Sie reden, rufen und schreien durcheinander, drohend, keifend, die mutigsten stellen sich vor die zu Inhaftierenden, unisono kommt nur eine Forderung heraus:
„Lassen Sie die alten Leute hier!"
Kurz und wirklich gut: Man wagt nicht, sie mitzunehmen, der Untersuchnugsrichter entscheidet zudem, dass Fluchtgefahr nicht bestehe. Erst zum Prozess lassen sich Opa & Opa zum Verlassen des Heims unter dem Versprechen, wieder hergebracht zu werden, erweichen und erscheinen in schmuckster Aufmachung. Einen Anwalt wollen sie nicht, weisen den Pflichtverteidiger mit „reden Sie keinen Quatsch!" zurecht und sind im übrigen in ihrer Redlichkeit und Offenheit die besten Selbstverteidiger der Erde.
„Lebenslänglich! Haben Sie noch ein Wort zu sagen?"
„Das kann nicht mehr lange sein", antwortet Opa fest.
„Ja", verheißt Oma, „wir krepieren bald."

Sprechen's und marschieren schnurstracks durch ein Spalier von Sympathisanten ins Altenheim zurück.
„Und wenn sie nicht gestorben sind..."

* * * * *

Die kriminelle Seite des Rauschgiftproblems ist Ende des Jahrzehnts im Großen und Ganzen gelöst. Aber nicht das soziale, menschliche. Was hat mit den Millionen Konsumenten zu geschehen? Kann man sie im Trockenen und auf der Straße sitzen lassen? Wenn sie alle noch fünfzig Jahre leben würden, wäre auch das Problem gelöst, sofern nicht neue Süchtige heran wachsen. Viele der Bauern, die Drogenpflanzen für die Bosse kultivierten, dürfen offiziell unter strengen Kontrollen weitermachen, da die Erzeugnisse des Hanfs und Mohns ja immer regulär benötigt werden. Alle jetzigen Rauschgiftsüchtigen werden aufgefordert, sich an den bisherigen und den vielen neu eingerichteten Versorgungsstellen einzufinden, wer Mut hat kann sich kostenlosen Entwöhnungskuren unterziehen. Der Erfolg ist insofern durchschlagend, dass in Zukunft keine auf Unsauberkeit basierende Todesfälle mehr stattfinden. Kaum bahnt sich hier also ein Lichtblick an, da ertönen neue Hiobsbotschaften, denen Peter Mefferten schnurstracks nachzugehen hat. Er kommt dabei aus dem Staunen und Sichwundern nicht heraus und lernt Mitmenschen kennen, denen er sonst ganz gewiss nicht begegnet wäre. Zum Beispiel einen Erbsprungtheoretiker...

* * * * *

Mutationen. Zu diesem Stichwort schreibt ein Lexikon, das Peter Mefferten nachschlägt:
„Als Mutation wird in der Biologie eine dauerhafte Veränderung des Erbgutes bezeichnet."
Erbsprungtheoretiker und Mutantenkenner Momo Nemo, 102, hat lauthals gewarnt:
„Wenn es auf unserer Erde so weitergeht wie bisher, wird die Evolution sich in Form von extremen Schöpfungen bemerkbar machen, welche die Herrschaft des Menschen auf diesem Planeten in Frage stellen können."
Er verweist auf den Versuch der Saurier, sich zu Herrschern aufzuwerfen, der immerhin gelang, wenn man ihnen die vielen Millionen ihres Daseins anrechnet. Auch glaubt er heraus gefunden zu haben, dass die Menschheit seit Anbeginn unter der Furcht vor Konkurrenten gelebt hat und zitiert die Kinowelt mit ihren Filmen „Tarantula", „Formicula" und anderen Machwerken. Mag sein, dass alternde Wissenschaftler wie altgewordene Künstler auch ein wenig „spinnert" werden, sich in etwas verrennen, ohne stoppen zu können. Momo jedenfalls wird nicht ernst genommen und verlässt die Erde, ohne in den Genuss zu kommen, seine Theorie bestätigt zu sehen. Aber Peter Mefferten ist einer der ersten Menschen, welche die Schrecken einer Mutation hautnah miterleben dürfen oder ebenso hautnah geschildert bekommen. Der erste Tatort heißt Moskau.

* * * * *

Nikita Borodin, 44, ist Herr der Unterwelt Moskaus. Ganz bescheiden und offiziell und ohne die kriminelle Energie jener Zeitgenossen, denen dieser Rang oft genug eine Ku-

gel, meist das gefürchtete Straflager am Eismeer oder in Sibirien beschert. Jeden zweiten Tag, also montags, mittwochs und freitags, steigt er um 9 Uhr in den feuchten Orkus der Riesenstadt hinab und kontrolliert, ob all jenes, was Moskaus Bürger ihren Abflüssen und Lokussen anvertrauen, auch ordnungsgemäß hier unten in Empfang genommen wird. Der Gestank ist so in seinen Körper eingedrungen, dass er nur als Single im eigenen Häuschen existieren kann. Doch hat er seinen Geruchssinn nicht so verkümmern lassen, dass ihm jetzt, kurz nach Dienstbeginn am Montag, ein neuer, merkwürdiger Geruch entgangen wäre. Schnüffelnd geht er weiter, der Geruch verdichtet sich, erinnert ihn an seine Salbe, mit der er sich jeden Abend gegen Rheuma einzureiben pflegt. Aber er hat leider keine Zeit mehr zur weiteren Erkenntnis, denn ein Arm packt ihn, reißt ihn in eine Wandnische und dreht ihm die Luft ab. In weniger als fünf Minuten bleibt von ihm nur das übrig, was wenig später von seinen Kameraden gefunden wird: Taschenmesser, Schraubenschlüssel, Tackenmünzen, Brille und Gummistiefel.
„Wo nur Nikita bleibt? Ist er krank geworden? Warum meldet er sich nicht ab?“
Fragen am Feierabend, am nächsten Morgen, beim Besuch seiner Wohnung. Nikita bleibt verschollen, eine Suchmannschaft findet später seine erwähnten Habseligkeiten

Irina Furzewa, 26, eine knackige Maid mit schauspielerischen Ambitionen, kommt soeben von Probeaufnahmen zurück und stellt sich hinter die zehnköpfige Schlange Moskauer, die auf ihre Buslinie warten. Einem leicht knirschendem Geräusch hinter sich schenkt sie keine Aufmerksamkeit. Da wird sie an den Füßen gepackt, erstarrt, kann noch einen Schrei ausstoßen, ehe sie in der Unterwelt ihrer Heimatstadt verschwindet. Die Wartenden drehen sich um und glauben, das Unglück erkennen zu können: Ein Gully steht offen, der Deckel liegt neben ihm, die junge Dame muss also hineingefallen sein. Im Lauf ihrer tausendjährigen Geschichte haben Moskaus Bürger allerlei Schrecknisse und Schlampereien hinnehmen müssen, sich aber nie daran gewöhnt, und jetzt nähert sich ihre Empörung einem Aufstand, der den Kreml mehr bedroht als Franzosen und Deutsche es je vermocht haben. Doch die Behörden weisen jede Schuld zurück und sind der Ansicht, andere als ihre Kanalarbeiter müssten den Deckel abgehoben haben. Natürlich steigt eine Suchmannschaft nach unten, um Irina zu bergen. Sie bleibt unauffindbar, auch nachdem man Suchhunde ihre Witterung in der Wohnung hat aufnehmen lassen und dann stöbern lässt. Aber einer verbellt nach einer Stunde und zeigt seinem Herrchen Fundstücke: eine Armbanduhr, Schmuck, eine Sonnenbrille, Metallteile der Handtasche und metallene Utensilien aus ihr.

„Wisst ihr was“, sagt einer der Arbeiter, der auch schon Nikita gesucht hat, „es sieht so aus, als wären beide aufgefressen worden und nur unverdauliche Teile übriggeblieben.“

Ungläubiges Kopfschütteln, Gelächter beinahe, aber ein Verdacht ist geäußert. Und er erhält am Nachmittag neue Nahrung durch die Aussage eines Autofahrers, der „mit Sicherheit gesehen hat, wie sich der Deckel von unten her anhob“.

„Ich befand mich in flotter Fahrt inmitten des Verkehrs“, entschuldigt er sich, „und konnte nicht näher und länger hinsehen.“

Da sich nun auch Zoologen der Universität melden, gerät die Sache in die Öffentlichkeit.
„Da leben Kannibalen in unserer Unterwelt!"
Eine Amateuräußerung nur, aber sie trifft fast ins Schwarze. Auf Vorschlag des erdbekannten Insektenkundlers Dr. Petro Kazcmarek, 51, der einen ungeheuren, zur Zeit kaum äußerbaren Verdacht hegt, wird eine Falle errichtet: In einem nachts wenig frequentierten Stadtteil wird an zwei von Autos her einsehbaren Gullys Schlachthausfleisch ausgelegt, Brocken davon werden durch die Löcher der Deckel nach unten geworfen. Kameras liegen auf der Lauer. Und es funktioniert: Nach Einbruch völliger Dunkelheit und Abklingen letzten Verkehrs fummeln sich längliche Gebilde wie Fühler oder Tentakel durch die Löcher ins Freie, sondieren das Gelände, scheinen regelrecht zu schnüffeln, und dann hebt sich der Deckel und wird zur Seite geschoben. Kopf und Oberkörper eines Monsters erscheinen, beugen sich dem Fleisch zu, das mit einem gierigen Grapsch in die Tiefe gezogen wird. Die Männer hinter der Kamera und in den Autos haben den Atem angehalten, jetzt löst sich die Spannung, Dr. Kazcmarek, der mit dem Fernglas beobachtet hat, sagt triumphierend:
„Formica rufa, wie ich von vornherein vermutete!"
Er muss erklären, dass dieser wissenschaftliche Name der „Roten Waldameise" gehört, ein nützliches kleines Tier in Europas Wäldern, das die bekannten großen Ameisenhaufen anlegt.
„Nach der Größe des Kopfes", schätzt der Doktor, „muss das Tier hier drei bis vier Meter lang sein. Seine Beißwerkzeuge, im Original nur zwei Millimeter breit, müssen dreißig Zentimeter messen. Kein Wunder, dass sie unsere beiden Vermissten auffressen konnten."

Man beschließt nach Besprechungen mit Verwaltung und Polizei diese nächtliche Aktion geheim zu halten, alle fälligen Diskussionen über „Wie?“ und „Warum?“ zu unterlassen und die nächste Nacht zu nutzen, eine dieser Bestien zu fangen.

Dreiundzwanzig Stunden später. Wieder zieht der Duft rohen Fleisches durch die Gullylöcher in die Unterwelt Moskaus. Können Riesenameisen riechen? Wohl nicht im Sinn von Säugern, aber irgendwie kriecht der Geschmack in ihre Mandibeln. Heute hebt sich der Deckel ohne prüfende Bewegungen der Fühler, das Fleisch liegt fünfzig Zentimeter weiter entfernt als gestern, so dass sie „Formicula“, so schon ihr Spitzname, weit aus dem Gully beugen muss, es zu erreichen.
„Jetzt!“, knurrt der Einsatzleiter.
Zwei Männer ziehen am starken Seil, dessen Ende als Schlinge um den Gully liegt. Vorsichtshalber hat man es am nächsten Poller befestig. Das erweist sich als richtig. Im Moment, wo sich die Schlinge zuzieht, will das Ungeheuer, das Fleisch zwischen griffligen Pfoten haltend, zurück in sein Reich. Ein markerschütterndes Quieken, das alle Hausfenster ringsum wie auf Kommando auffliegen lässt verrät, dass das Tier seine Lage erkannt hat.
„Jetzt los!“, befiehlt der Einsatzleiter.
Und drei Mann versuchen „viribus unitis“ es völlig aus dem Loch zu ziehen, vergeblich; mehr noch, der Poller droht nachzugeben und nach wenigen Sekunden samt Seil zu verschwinden, da gibt es ein knirschendes Geräusch wie splitternde Gebeine, ein Ruck, der Druck lässt nach und ein Teil der Riesenameise verschwindet, der Hinterleib näm-

lich, während das Vorderteil auf der Straße in letzten Zuckungen verstirbt.

„Sie ist in der Taille auseinander gebrochen", sagt Kazcmarek trocken.

Die Aufregung im Stadtteil ist ungeheuer, schon kommen Presseleute und machen Aufnahmen. Als diese schon am nächsten Tag um die Erde gehen, verblassen alle anderen Ereignisse wie Wasserstand, Raumschiffnachrichten und Flugzeugabsturz.

„Soweit haben wir's gebracht!", tönen die Sensationszeitungen.

„Gott fängt an", behauptet der „Wachtturm", Organ der Zeugen Jehovas „uns strafen zu lassen!"

Unter solchen Vorurteilen finden vernünftige Erklärungen natürlich kein Gehör. Nach vielen Anhörungen, Stellungnahmen, Diskussionen und Empfehlungen werden drei akzeptable Methoden zur Vernichtung der Ameisenpopulation, nämlich Ausräuchern, Vergasen oder Sprengen wegen zu großer Gefahr für Stadt und Allgemeinheit verworfen und wird Dr. Kazcmareks Vorschlag verwirklicht:

„Ersäufen!"

Da kann die Moskwa sich mal nützlich machen! Das Gequieke und Gestöhne der ersaufenden Riesenameisen wird aufgezeichnet und ersetzt wochenlang die sonst zu sendenden Konzerte im Fernsehen und im Rundfunk.

* * * * *

„Warum hat sich Quetzalcóatl, genannt Gefiederte Schlange, die Vernichtung seines Volkes durch die Weißen Männer gefallen lassen? Warum bleibt König Montezuma ungerächt?"

Zwei Fragen, die Peter Mefferten in den Raum stellte und dafür wenig Antworten bekam. Eine allerdings sehr zutreffende Antwort aus dem Gaststättenmilieu sei hier zitiert: „Montezuma rächte sich seitdem und rächt sich heute immer noch an Millionen Weißen aus Europa, die sein altes Tenochtitlán besuchen kommen – durch ‚Montezumas Rache', kurz ‚Scheißerei' genannt."

„Und die Gefiederte Schlange?", ließ Peter Mefferten weiterfragen.

„Nun, unsere Götter haben Zeit", sagen die Indios Yucatans und Mexicas, die auch viel Zeit haben, „wartet es nur ab, ihr neugierigen Touristen!"

Nach über fünfhundert Jahren betritt ein Häufchen spanischer Nachkommen des Cortés und seiner Kameraden die Halbinsel Yucatan auf dem Weg nach Tenochtitlán/Mexico-City. Sie tragen die alten Namen spanischen Adels: Aguilar, Benítez, Alvarado, Grijalva, Puertocarrero und eben Cortés. So wie die Reiche der Mayas und Azteken untergegangen sind, ist auch die spanische Herrschaft verschwunden – man ist hier wieder stolz, Eingeborener zu sein. Sich von Montezumas Rache nicht überwältigen zu lassen, haben sich die jungen Männer aus Andalusien und Katalanien fest vorgenommen, das glückt auch, aber mit der Vergeltung der Gefiederten Schlange rechnen sie nicht, und sie sind die ersten, die von ihr heimgesucht werden.

Und das geschah so, wie Peter Mefferten aus internen Berichten erfahren wird. Nach einem anstrengenden Tag voller Besichtigungen und Steinstufensteigerei auf alten Mayaheiligtümern sinken sie nach einem Abendessen und ein paar Gläschen auf die Matratzen ihrer Zelte, die am Lagerplatz in der Nähe der Pyramiden aufgestellt sind.

Links beginnt der Urwald, aber von Wildnis kann hier keine Rede sein, darum auch nicht von wilden Tieren, ihnen bekannten wenigstens nicht. Aber sie sind da und nächtlich tätig.

Als sie auf das Morgengekreisch der Papageien hin und unter dem Singsang kleinerer Vögel beim Hellwerden aus den Zelten kriechen, gähnen, sich recken und sich dabei anschauen, macht sie Entsetzen sprachlos und blass. Was ist geschehen?

„Wir sind“, berichtet ein Teilnehmer der Exkursion unserem Berichterstatter, „über und über mit Zecken behaftet, die sich im Lauf der Nacht tief in unser Fleisch eingesaugt haben. Es sind Tiere von einer Größe, die bisher niemand auf Erden gesehen hat, cent-, zehnt- und tackengroß, und sie sitzen so tief, dass man für jede zum Herausdrehen fünf Minuten gebraucht...“

Sofort werden per Handy Arzt und Sanitäter gerufen und inzwischen die in Ungeduld und Panik verfallenen Reiseteilnehmer gewaltsam daran gehindert, sich die Tiere, die nicht viel Blut gezapft haben, aus der Haut zu reißen. Wer es schon ein paar Mal getan hat, gerät unmittelbar in Lebensgefahr, weil der Kopf der Tiere mit dem Saugapparat im Fleisch stecken bleibt und eiternde Entzündungen und Infektionen hervorruft; er muss dann sofort operiert werden.

„Einen Zeckenstich“, erklärt ein Arzt den herbeigeeilten Reportern und Fernsehleuten, „auch solche dieses Formats, spürt man nicht wie einen Mücken- oder Bremsenstich. Erst nach geraumer Zeit kommt die Gegenwehr des Körpers, um die Wunde herum bildet sich eine Rötung, der Juckreiz setzt ein. Darum werden festgebissene Zecken normaler Größe, wenn sie nicht gerade an freien Körperstellen sitzen, erst jetzt entdeckt. Dann hat die Zecke einen kleinen Teil Blut aufgenommen und kann die gefürchteten Krankheiten bereits übertragen haben."

Hier ist der Arzt überzeugt, dass es nicht eintreten wird, da „diese offenbar ganz neuen Tiere selbst noch nicht infiziert sein können". Das scheint zu stimmen, dennoch wird jeder Patient ins Krankenhaus transportiert und gegen Hirnhautentzündung geimpft, sie kommen alle mit fiebrigen Anfällen und Monate lang währendem Juckreiz davon. „Quetzalcóatl ist gnädig gewesen", sagen die Abkommen der Mayas und Azteken.

Haben aber nichts dagegen, dass die Umgebung des Befalls nach gründlicher Untersuchung mit Stumpf und Stiel gerodet und abgebrannt wird. Nie wieder ist eine Monsterzecke aufgetaucht. Die aus den Körpern gedrehten Tiere sind nicht tot und werden von Zoologen aus aller Welt untersucht.

* * * * *

Der nächste und letzte Mutationsschabernack des ausgehenden Jahrzehnts führt uns südwärts an die Golfküste und den Strand Costa Ricas. Dort sitzt Naturfotograf Ignaz Semmelman, 29, auf der Lauer, um an Land gehende Schildkröten, sich sonnende Meereskrokodile, Riesentaschenkrebse und badende Affen zu fotografieren. Ein stilles Plätzchen hier ohne Tourismus, nur Strandwanderer, oft mit ihren Hunden, kommen manchmal vorbei. Das wird auch **Anna** bemerkt haben, die jetzt noch namenlos ist, aber gleich von Ignaz nicht nur fotografiert, sondern auch getauft werden wird.

Ein dünnes aber stetig lauter werdendes Schleifgeräusch lässt unseren Jünger der Fotografie, der wie die anderen, die wir bereits erwähnt haben, bald „stinkreich“ sein wird, aus leichtem Dösen und Einlullen erwachen. Da links im Urwald, der hier auf zehn Meter ans Meer herantritt, bewegt sich etwas! Keine Fußtritte, kein Rascheln, kein Atmen, kein Knacken kleiner Zweige – wer kann sich so bewegen? Eine Schlange? Eine Schlange! Ignaz ist diesen Tieren des mittelamerikanischen Urwalds schon oft nachgestiegen, hat sie in allen Situationen und aus sämtlichen Himmelsrichtungen fotografiert, ist einiges mit ihnen gewohnt. Aber nun, da sich ein züngelnder Schlangenkopf aus der vordersten Vegetation auf den weißen Sand und in die helle Sonne schiebt, ist er beinahe perplex. Beinahe nur, verdattert mehr, denn gewohnheitsgemäß richtet er die Kamera aufs Ziel und drückt mehrere Male ab. Was ihn an der Anakonda verwundert, diese Riesenschlange ist es nämlich, ist ihre Größe. Den Kopf allein „bis hinter die Ohren“ schätzt er jetzt, - was spätere Messungen bestätigen -, auf über einen Meter Länge, siebzig Zentimeter Höhe und sechzig Zentimeter Breite. Der Umfang des Leibes, der sich jetzt weiter vorschiebt, ist so, dass er nicht durch ein großes Ölfass passen würde. Nachdem Anna, so heißt sie nun spontan, sich bis auf drei Meter an den Spülsaum herangeschoben hat, macht sie es sich bequem, entspannt sie sich regelrecht und plattet ihren mächtigen Körper ab, um soviel wie möglich die milden Strahlen der Morgensonne aufzunehmen. Ihr rechtes Auge, groß wie bei Elefanten, scheint Ignaz anzublinzeln, auf das Kamerageräusch reagiert sie nicht.

Anakondas werden, rekapituliert Ignaz, höchstens neun Meter lang. Diese hier muss, geschätzt nach der Länge ihres Kopfes, zwanzig Meter messen und entsprechend zehn bis fünfzehn Zentner wiegen. Wehe dem, denkt Ignaz schaudernd, den sie umringelt: Seine Knochen brechen in Sekunden. Kann sich solch ein Koloss überhaupt so schnell bewegen, um die gefährliche Umschlingung zu bilden? Ignaz weiß, dass er hier sensationelle Fotos macht, die ihm wohl morgen oder übermorgen aus der Hand gerissen werden, nur eines stört ihn: Dass auf den Fotos die enorme Größe des Tieres, mangels Vergleichs, nicht erkennbar sein wird. Was ist zu tun? Kein Naturfotograf mit Drang zur Erdberühmtheit scheut das Risiko, viele von ihnen sind schon in den letzten Jahrzehnten auf Nimmerwiedersehen verschwunden, vermisst, vielleicht ertrunken, versunken, gefressen, verfault. Es muss ein Vergleich her! Ignaz kramt den gelben Zollstock hervor, entfaltet ihn und beginnt behutsam aus dem Zelt, sein Versteck zu kriechen – Anna reagiert nicht. Nun robbt er weiter bis auf fünfzig Zentimeter an Anna heran und schiebt den Zollstock so neben sie, dass sein Anfang, Zentimeter 1, neben ihrer Schnauzenspitze liegt und Zentimeter 200 knapp hinter der sichtbaren Ohröffnung – Anna reagiert nicht. Also vorsichtig zurück und Aufnahmen gemacht. Geschafft! Aufatmen. Gute Erfolge wecken Appetit auf bessere. Also wieder hin gekrochen, den Zollstock entfernen, einen Bogen schlagen und Anna von vorn ankriechen. Wenn diese mächtige Schlange, überlegt Ignaz, nicht in der Lage sein sollte, ihre Beute nach Riesenschlangenart zu packen, dann tut sie es vielleicht auf die „übliche“ Schlangenart: sie mit dem Maul zu fassen – also aufgepasst, Ignaz, du hast das richtige Format für Anna!

Einen Meter vor ihr bleibt er liegen und macht Porträtaufnahmen, die ihm den Atem verschlagen: Mit und ohne gespaltene Zunge, die bis an sein Kameraobjektiv reicht, aus lauter Gefälligkeit öffnet Anna gähnend ihr Maul und zeigt eine Reihen sägeblattähnliche Zähne, die nicht zum Kauen, nur zum Festhalten geeignet sind. Während Ignaz diese Fotos macht, läuft der Selbstauslöser seiner im Zelt stehenden Kamera Schuss auf Schuss, bis der CF-Chip voll ist – auch ein fotografischer Laie wird den Wert dieser Aufnahmen ermessen können.

Zurück im Zelt und beide Kameras neu geladen, überlegt Ignaz neue Einstellungen und Motive. Oder soll er besser abwarten, was geschieht? Anna lauert doch gewiss auf Fressbares wie Schildkröten, Krebse, Wasservögel, kleine Krokodile, gar unvorsichtige Affen. Sie bei Fang und Fraß zu fotografieren, müsste auch sensationell sein. Ignaz handelt richtig und bekommt prompt die Gefährlichkeit seines bisherigen Tuns demonstriert. Von vorn wandert ein Wandersmann heran, nicht nur um sich, sondern auch seinem Hund Auslauf zu verschaffen. Bello, so sein Name, ein frecher Terrier, findet nichts interessanter als seinem Herrn hundert bis zweihundert Meter voraus zu sein. So entdeckt er Anna, erstarrt mit gesträubten Haaren, knurrt, duckt sich, findet ihre schnellende Zunge unwiderstehlich, will sie packen und wird selbst gepackt, ehe Ignaz seine Überlegung zu Ende geführt hat: den Hund warnen oder nicht? Seine Kamera freilich tut ihre Pflicht und hält das nun stattfindende schauerliche Geschehen Szene auf Szene, in Abständen halber Sekunden, für die Erdöffentlichkeit in Bildern fest. Bello steckt unwiederbringlich im Maul fest, quiekt kurz, beendet sein Leben in diesem natürlichen

Schraubstock und kann seinem entsetzten, im perfekten Erdmeisterschaftsspurt herbeistürmenden Herrn nur noch sein Hinterteil zur letzten Ansicht bieten – Anna schluckt, und jeder Schluck bedeutet, dass die Beute zehn Zentimeter tiefer in ihre Innerein rutscht. Ganz außer sich vor Wut und hysterischer Raserei, zugleich offenbar zum Selbstmord entschlossen, beginnt Bellos Herr Anna ins Gesicht zu treten, auf den Schädel zu boxen, auf sie zu springen – sie hat wahrhaft einen vornehmen Charakter, sich nicht zu wehren. Spätestens jetzt und weil eine Chipkarte voll ist beschließt Ignaz, in Erscheinung zu treten. Er reißt den Mann von Anna fort, hält ihn fest, bis er sich einigermaßen beruhigt hat. Anna rutscht, wie von hinten gezogen, in den Urwald davon.

* * * * *

Dass Ignaz ein gemachter Mann geworden ist, braucht kaum näher beschrieben zu werden. Zur Freude seines Finanzamtes fließen im ersten halben Jahr nach diesem dramatischen Ereignis mehr als zehn Millionen Tacken auf sein Konto, ein erklecklicher Teil davon ein halbes Jahr später ans Friscoer Finanzamt. Auch Bellos Herr verdient gut an Interviews mit den Medien, möchte aber dennoch Ignaz an den Wickel kriegen, das heißt finanziell anzapfen: „...weil Sie mit den Veröffentlichungen meiner Person Persönlichkeitsrechte verletzt haben..."
Das Gericht weist ihn mit „es ist ein Ereignis öffentlichen Interesses" ab. Sein Trost besteht darin, dass er Bellos anverdaute Reste ausgehändigt erhält und lebensecht präparieren lassen kann.

Denn „das End' dieser Geschicht'" besteht darin, dass Anna nächsten Tags von aufgebrachten Eingeborenen der nahen Ansiedlung gestellt und überwältigt wird. Hundert Männer sind nötig, sie lang ausgerichtet rücklings auf den Erdboden zu zwingen, wo ihr, da man ihren „Mantel" nicht durch Schläge oder Stiche beschädigen möchte, bei lebendigem Leib einen Längsschnitt von der unteren Kinnlade bis zur Schwanzspitze macht. Trotz wüster Zuckungen ihrer ungeheuer starken Muskulatur „zieht man sie aus", findet Bello, der in der Sonne getrocknet wird, und einige Stücke lecker rosaroten Fleisches bruzzelt schon in Pfannen und Töpfen, ehe Anna ihr Leben aushauchen darf. Alles wird von CRFT = deutsch „Costa Ricas Erstes Fernsehen" gegen eine Gebühr von 100.000 Tacken gefilmt. Heute werden Annas leibliche und lebensecht präparierte Reste im Dorf täglich Hunderten von Touristen gegen eine Gebühr von 10 Tacken gezeigt. Merke:
„Nichts ist so schrecklich, dass es nicht zum Guten gewendet werden kann!"
Ein Indio-Sprichwort.

* * * * *

Den letzten hier zum Thema vorgestellten Fall, mehr fröhlich als dramatisch, können Fachleute bisher nicht einordnen: Mutation oder nicht? Weil sie die Ursache nicht kennen! Wir kennen und nennen sie.
Xaver Grützmacher, 16, Jungbauer im Kanton Graubünden, ist bisher jener Menschentyp gewesen, der auf Erden leider häufig ist und knapp mit „Rabauke" beschrieben werden kann. Von Kultur keine Spur, alles zerrinnt in seinen Händen zu Unglück und Misslingen, Mensch und Tier gehen ihm aus dem Weg, selbst die Blumen des Bauern-

gartens ducken sich bei seinem Auftreten. Psychologen sind derzeit dabei, ihn seelisch zu zerlegen, um heraus zu finden, welche Rolle er einmal in der Gesellschaft spielen soll. Alles unnützes Tun, denn Xaver schlägt ihnen ein Schnippchen, indem er eines Sonntagnachmittags Großvaters Medizin findet, die normalerweise verschlossen im Schrank steht, und da ihn schrecklicher Durst plagt, setzt er sie an den Hals und trinkt sie leer. Auch wenn er vorher das Etikett gelesen hätte, wäre er nicht vorsichtiger oder schlauer gewesen, denn der Name „Apocalypsol“ sagt ihm nichts, und den Hinweis „einmal täglich einen Teelöffel voll“ hätte er nicht befolgt. Wieder einmal scheint sich zu bestätigen, dass viele Medikamente nichts als Bluffer sind, Xaver klappt weder zusammen, muss auch nicht kotzen oder im Galopp zum Klo rennen, noch ist ihm irgendetwas anzusehen. Immerhin ist er so raffiniert, Opas Flasche mit Zuckerwasser nachzufüllen; davon bemerkt dieser übrigens nichts.

Im Lauf der kommenden Woche stellt Xavers Familie Veränderungen fest, die sie früher vergeblich durch verbale Drohungen, massive Prügel, Essensentzug, Freizeitbeschneidung und Hausarrest nicht herbeizuführen vermochte. Hier ein paar Beispiele. Erstens: Früher ließ Xaver auf seinem Zimmer die Musikanlage so laut dröhnen, dass das aus dem Baujahr 1790 stammende Hofgebäude vibrierte und der taube Opa behauptete, er könne wieder hören. Jetzt liegt Xaver auf dem Bett und lauscht den Tönen subtiler Melodien wie Bachs Brandenburgischen Konzerten. Zweitens: Früher ging er grob mit Vieh und Haustieren um, sie kassierten Fußtritte und Peitschenhiebe, so dass er zum Beispiel zum Melken glücklicher Kühe ungeeignet war.

Jetzt reißen sich alle vierbeinigen und gefiederten Mitbewohner des Anwesens um seine Gesellschaft: Hahn Petrus, Kater Paul, Hund Saul, Dohle Jakobus und alle Kühe, Pferde, Ziegen, Schafe und Schweine. Er tötet nicht einmal hungrige Stubenfliegen, gierige Gebirgsbremsen und todesmutige Sumpfgnitzen, die sein Blut saugen wollen. Drittens: Mädchen seines Alters waren für ihn früher dumme Zicken, blöde Tucken und doofe Puten, die man unbeachtet ließ, auch wenn ihre körperlichen Qualitäten selbst im Dunkeln unübersehbar waren. Jetzt ist Xaver einer der ganz seltenen Kavaliere der Schweizer Föderation, alle Frauen sind für ihn Helenas, andere Göttinnen, Elfen und Engel zugleich, sogar der Dorfvettel Isidora, 92, genannt „Hexe vom Rütli", hilft er über die Zebrastreifen des Dorfes hinweg. Prompt ernennt sie ihn zum Alleinerben. Viertens: In der Schule, wie jeder sich denken kann, war Xaver ein ungern gesehener Gast und permanenter Hersteller von Unfrieden und Kriegserklärungen. Im nun dahingehenden Schuljahr „wirst du der einzige Schüler der Schweiz, Europas, ja der Erde sein", wie der Direktor frohlockend verkündet, „der in jedem Fach eine Sechs bekommt – eine Sechzig hättest du tatsächlich verdient!" Sie müssen ihn natürlich sitzen lassen und hoffen ihn nach dem nächsten Schuljahr los zu sein. Jetzt ist Xaver Primus und erneut Ziel wissensdurstiger Psychologen geworden.

Zu Hause kann er nicht genug Bücher lesen und fängt bereits ernsthaft mit dem Studium an. Fünftens und letztens: Trotz seines Rabaukentums war Xaver von Geburt an ein Schwächling, der zwar große Worte machte und drohende Gesten zelebrierte, aber jeder direkten körperlichen Auseinandersetzung auswich. Darum sah man frühzeitig davon ab, ihn Hoferbe werden zu lassen – was ist ein

Jungbauer wert, der den Bullen nicht bei den Hörnern packen und zu Boden zwingen kann? Nichts! Kühe, Pferde und Schweine erkannten Xavers Schwäche und benahmen sich ihm gegenüber frech und anmaßend. Jetzt braucht er nur drohend mit den Augen zu zwinkern und seine germanisch-hohe Stirn in Falten zu legen, schon kuschen sie und folgen allen seinen Anweisungen. Nachdem er in der Klasse dem ehemaligen Primus eine Ohrfeige, bayrisch Waatschen, verabreicht hat, dass eine wochenlange Maulsperre eintritt, wagt niemand mehr ihn zu verhöhnen oder gar gegen ihn anzutreten.

Xavers Werdegang ruft Koryphäen von Couchvirtuosen auf den Plan, die ihn ausführlich nach den Ursachen „Ihrer erstaunlichen Mutation“ befragen.
„Haben Sie ein Schlüsselerlebnis gehabt?“
„Nein, Vater trägt alle Schlüssel des Hauses bei sich.“
„Können Sie sich an irgendeinen Knick erinnern?“
„Ja, den, wo unsere Buchenhecke dem abzweigenden Weg folgt.“
„Die Mädchen laufen Ihnen neuerdings nach wie Ratten dem Fänger von Hameln. Haben Sie früher von ihnen geträumt?“
„Ja, wie ich sie abmurksen könnte.“
„Und jetzt?“
„Werde mir wohl eine krallen.“
Xaver ist nicht zu fassen und behält sein Geheimnis, den Genuss von Großvaters Lebenselixier nämlich, strikt für sich. Auch Peter Mefferten, der sich bei ihm nach allen Regeln der Verführungskunst einzuschmeicheln versucht, wird glatt abgewiesen und höhnisch aus dem Haus gejagt. Seine wütende Erklärung, „der hat nicht alle Tassen im

Schrank“, kann natürlich nicht als Diagnose gewertet werden, und so bleibt uns Xavers Werdegang bis zu seinem seligen Ende vollkommen unbekannt...

* * * * *

Peter Mefferten hat selten das Glück gehabt, in der Nähe des Tatorts zu sein, wenn eine Tat geschah oder ein Ereignis stattfand. Jetzt trat dieser Glücksfall in Form einer E-Mail ein:
„Meister, Sie sollten sich einmal nach Brunsbüttel begeben, dort versucht ein großer Fisch illegal durch den Nord-Ostsee-Kanal zu gelangen.“
Nun, wenn man sich gerade in Rendsburg aufhält, kann man die Hinfahrt riskieren, auch wenn ein Spaßvogel sich einen Spaß machen will. Und es war ein Spaß! Er hatte schon begonnen und Peter Mefferten hatte Mühe genug, am Geschehen teilzuhaben. Darum lassen wir ihn hier nicht berichten und erzählen die Geschichte einer seltsamen Mutation jetzt der Reihe nach.

Ort der Tat: Die westliche Einfahrt des Kanals zur Schleuse hinein. Für alle, die eine Schleuse nicht kennen und nicht wissen, warum Kanäle denn überhaupt mit Schleusen bestückt sind, erklären wir diese. Wenn vom Menschen gegrabene Wasserstraßen, eben Kanäle, keine Schleusen hätten, würden sie zur Richtung ihres Gefälles leerlaufen. Schleusen sind schwere Tore, früher aus Holz, heute aus Metall, die von der Mitte her geöffnet und von den Seiten her geschlossen werden können. Eine Schleusenkammer ist der Raum des Kanals, der beidseitig geschlossen werden kann und in den ein Schiff einfährt und dann „eingeschlossen“ ist. Je nach Fahrtrichtung wird es in dieser angehoben oder abgesenkt, und zwar auf das Niveau der weiteren Kanalstrecke, die es befahren möchte. Wenn es freie Fahrt bekommen hat und die Schleuse verlässt, ist das Schleusentor hinter ihm natürlich geschlossen. Capito?

Der Nord-Ostsee-Kanal war in der Zeit seiner Herstellung 1887 ein technisches Meisterwerk, das von Kaiser Wilhelm I. eingeweiht wurde. Er durchschneidet Schleswig-Holstein, verbindet Nord- und Ostsee miteinander, ist cirka 98 Kilometer lang und erreicht die Ostsee bei Kiel Holtenau. Heute ist er mit weit über 20.000 Passagen die meistbefahrene Schifffahrtsstraße der Erde.

„Käpten", bemerkte der erste Steuermann Martin Diekmann zu Kapitän Ulrich Fincke und zeigte achteraus, „Käpten, ich glaube, uns folgt ein U-Boot."

Sie waren kurz vor der Einfahrt zur linken Schleuse in Brunsbüttel und „schlichen" langsam in die Schleuse hinein. „Sie", das war der funkclnagelneue Touristenkreuzer „KommanBord" aus Papenburg, der erwähnte Kapitän nebst Steuermann und noch etwa tausend Menschen an Bord, davon 700 Touristen und 300 Bedienstete vom Zimmerpagen bis zum Restaurantchef. Die Zeit der übergroßen Pötte mit 6.000 bis 8.000 Menschen drauf war ein wenig abgelaufen, man liebte wieder das individuelle Leben auf mittleren bis kleineren Schiffen.

„Reden Sie keinen Quatsch, Mann", antwortete der Kapitän.

Aber er ging doch nach achtern und erschrak dort: Ja, ein U-Boot folgte seinem Schiff und war bereits bis zur Hälfte mit in der Schleuse – ein getauchtes U-Boot sogar. Das konnte nach dem Stand seines maritimen Wissens gar nicht möglich sein, es sei denn... Er dachte nicht zu Ende und

eilte auf die Brücke, um Alarm zu schlagen, doch der erste Offizier Fanz Lobermann kam ihm zuvor:
„Die Schleusenaufsicht hat's schon bemerkt, die Schleuse hinter uns ist bereits geschlossen und es handelt sich nicht um ein Boot oder Schiff, sondern um einen Orka."

Der Orka oder Schwertwal, (*Orcinus* orca), auch Killerwahl genannt, wird normalerweise bis neun Meter lang und rund sechs Tonnen schwer. Dieses Tier aber hier, vermutlich eine Mutation, muss mindestens zwölf Tonnen wiegen und zwölf Meter lang sein, wie rasch herbeigerufene Experten bereits ausgerechnet haben.
„Wo dessen Schwanzflosse hinhaut, wächst kein Gras und keine Meeresalge mehr."
Darum, wird dem Kapitän der KommanBord befohlen, soll sein Schiff ruhig liegen und sich nicht bewegen, „denn wenn der Wal unruhig wird und sich in der Schleuse drehen will, was er nicht hinkriegt, kann er Ihnen die Schrauben und Ruder kurz und kleinhauen."

Inzwischen hatte sich die Meldung „Killerwal bedroht Kreuzfahrtschiff" wie vom Sturm getrieben ausgebreitet: Menschen verließen Mittagstische und Arbeitsplätze, Betten und Partner, Kind und Kegel, Haus und Hof, Feld und Wiese – um aus allen Richtungen, sogar in der Luft, noch vor dem allgemeinen Sturm auf Schleuse und Kanal hautnah dabei zu sein. Bevor noch Polizei und Feuerwehr großräumig absperren konnten, hatten die Menschen alles überrannt und zugeparkt, so dass Neuankömmlinge jede Art von Erhebungen, seien es Häuser, Baracken, Lastwagen, Omnibusse und normale PKWs, erkletterten und nicht herunterzutreiben waren. Die Polizei gab einfach auf.

Auf der KommanBord selbst begann die Disziplin sich aufzulösen. Kapitän Fincke machte den Fehler, den Passa-

gieren zu versichern, dass „Orky", bereits so getauft, ganz harmlos sei und gar kein Killer oder Menschenfresser.
„Er hätte besser sagen sollen", mokierte sich Steuermann Diekmann, „dass Orky eine Bestie, Ruhe jetzt die erste Bürgerpflicht sei und dass unvorsichtige Menschen über Bord ins Wasser gezogen werden könnten."
Die KommanBord wurde achterlastig, als die Menschen nach hinten strömten und einige sogar begannen, Orky mit Butterbroten, Frankfurtern, Hamburgern und Amerikanern (ein Gebäck) zu füttern. Um Orky loszuwerden, sollte nun diese Schleuse vorrangig abgefertigt werden, als von oben der Befehl kam, dass die KommanBord erst kurz vor Einbruch der Dunkelheit weiterfahren dürfe. Denn Nabu-Experten hatten dargelegt, dass es besser sei, wenn das Schiff und Orky dann losführen, wenn Neugierige, „die ja schon die Ufer in Richtung Kiel zu bevölkern beginnen", eben davon abgehalten würden. Tatsache war, dass bestimmte Kreise der Medien und Wissenschaften daran interessiert waren, Orky abzubilden, zu studieren, zu vermessen und Umsätze mit ihm zu machen.

Auf der KommanBord sorgte die Mannschaft jetzt dafür, dass immer nur ein Bruchteil der Passagiere im Heck Orky bestaunen, bewundern, bejubeln und ablichten konnte. Orky selbst benahm sich vorbildlich. Er hatte keinerlei aggressive Ambitionen und nachdem er sich überzeugt hatte, nicht am Schiff vorbei nach vorn kommen zu können, blieb er still hinter ihm liegen. Er machte auch keine Fisimatenten wie Luft wie eine Fontäne ausstoßen, kein Salto mortale, über kein Killergebaren, obwohl, wie der Kapitän sagte, „er wohl einen Passagier auffressen würde, fiele einer hinab ins Wasser".

Alle Vorsichtsmaßnahmen der Behörden, den Fall Orky herunterzuspielen, brachen inzwischen in sich zusammen. Die Leute aus nah und fern, aus Dänemark bis München, wussten, dass die KommanBord losfahren musste, wenn sie die Ostsee erreichen wollte. Die Ufer in dieser Richtung begannen sich mit Menschen, Autos, Fahrrädern, Sitzgelegenheiten, Pommes- und Würstchenbuden und Zelten zu füllen, bis weit nach Holtenau hin. Eins hatte die Polizei durchgesetzt: Dass die Kanalbrücken nicht betreten werden durften und Autofahrer mit absoluten Halteverboten bedacht wurden.

Um 20 Uhr öffnete sich für KommanBord und Orky das Schleusentor, beide glitten fast lautlos nach Osten in die Dunkelheit davon. Blitzlichter flammten auf, alle Passagiere waren an Deck und hofften, ein paar Fotos machen zu können, wenn Orky „Gas gab“ und am Schiff vorbeizog. Nichts davon! Er hielt sich im Heckwasser und nahm auch keine Notiz von den Motorbooten, die ihn verfolgten und seitlich bis auf zehn Meter herankammen. Alle mit Kameras bewaffneten Begleiter hofften auf einen der berühmten Luftsprünge dieser Delfinart, sein Abtauchen dabei und das beliebte allmähliche Verschwinden der Heckflossen.
„Der ist viel zu groß und fett“, sagte ein Nabumann, „um springen zu können.“

Mit der Normalgeschwindigkeit von 12 bis 14 Stundenkilometern zog nun das Schiff dahin und würde das Ende des Kanals und di Ausgangsschleuse in acht bis neun Stunden erreicht haben. Dort hatte sich Peter Mefferten vorsorglich postiert, um über die letzten Stunden dieser Orka-Odyssee berichten zu können.

„Obwohl Schwertwale, also Orkas“, berichtete er für den NDR, „bei uns Menschen das negative Image von Killern haben, welche Schiffe zerschmettern, um Ertrinkende aufessen zu können, genießen sie weitreichende Sympathien, die nur daher stammen können, dass sie hübsch schwarzweiß gezeichnet sind und ein freundliches Gesicht machen.“

Die Vertreter der KommanBord-Reederei fingen nun an, sich alle Hände zu reiben und den aus Dankbarkeit Orky gegenüber gefassten Beschluss zu festigen, in Zukunft als Firmenlabel einen springenden Orka zu kreieren.
„Unser bestes und meistgebuchte Schiff stundenlang vor einem Orka herzufahren und hunderttausendfach fotografiert und gefilmt zu werden, und das kostenlos dabei ohne jegliche Gebühren und Honorare – potzblitz und dunnerlittken, das gibt's nur einmal, das kommt nicht wieder!“
Ja, es wurde eine Prozession von Natur und Technik: KommanBord in langsamer, das Wasser wenig aufwühlender Fahrt, dass Radfahrer auf dem Ufer mithalten konnten, und Orky artig folgend, mal Kopf und Schwanzflosse, mal nur die Rückenflosse sehen lassend, und am Ufer jubelnde Zuschauermassen wie am Rosenmontag zu Köln am Rhein. Hubschrauber folgten in der Luft, darauf achtend, dass Schiff und Tier nicht von Sturm der Rotorblätter getroffen würden. In Kiel Holtenau stand die entsprechende Schleuse schon offen, KommanBord glitt ohne Halt hindurch, Orky folgte, tauchte einmal tief ab und empfahl sich allen Zuschauern mit einem zwanzig Meter hohen Luftsprung, folgendem Wasseraufprall in einer haushohen Fontäne aus Ostsewasser, tauchte wieder ab und empfahl sich Richtung offene See – er ward nie wieder gesehen...

* * * * *

Bilanz vieler Abenteuer

Nach diesen vielen Schauerlichkeiten und Kuriositäten mit gemäßigtem Ausgang soll jetzt eine Nachricht über ein Ereignis folgen, das schlagartig die positive Veränderung menschlichen Denkens und Verhaltens der Jahre seit Gründung der EU beleuchtet: Das nächste Neujahrskonzert der Wiener Philharmoniker in Mekka!

Es ist nicht das Konzert selbst, das Aufsehen erregt, sondern der Umstand, dass es zum ersten Mal seit „Menschengedenken" nicht in Wien stattfindet. Die Leitung ist der Ansicht, dass die Wiener nun genug Wiener Walzer gehört haben und dass in Zukunft andere Erdenbürger in den Genuss dieser unsterblichen Melodien kommen sollten, jedes Mal an einem anderen Ort. Nach Absprache mit der Regierung des jetzt bedachten Landes platzt im Herbst die Bombe: Das Konzert findet in Mekka statt! Darüber hält man erdweit mehr den Atem an als über Meldungen eines steigenden Wasserpegels. König Faisal, wir haben ihn ja als aufgeschlossenen Monarchen kennengelernt, will, „bevor Allah mich ruft", ein Signal der Religionsverständigung setzen, schmettert seine empörten Geistlichen ab und hofft jetzt nur, bis zum 1. Januar gesundheitlich durchzuhalten. Er hält durch und erlebt einen Jubel, den es in der ganzen islamischen Welt noch nicht gegeben hat.

Der ganze Platz um die Kaaba ist mit einem spitzen Zelt zirkusartig überdacht, das Orchester sitzt erhöht, Sitzgelegenheiten für die Zuhörer gibt es nicht, jeder und jede bringt einen Teppich mit und setzt sich mit gekreuzten

Beinen nieder. Was alle überrascht, sowohl Gegner als auch Befürworter des Projekts, ist die Tatsache, dass die Zustimmung in den normalen, von europäischer Musik bisher nicht tangierten Bevölkerungskreisen ungeheuer groß ist und die zehntausend Karten á 50 Tacken in einer Woche vorverkauft wurden. Also richtet man Video- und Lautsprecherübertragungen auf Plätzen der Nachbarschaft ein. Das erhältliche Programm in arabisch und englisch unterweist das Publikum, dass – „bitte!“ – nicht eher geklatscht werden dürfe, als bis der Dirigent sich ihm, dem Publikum, zuwende und man damit aufzuhören habe, wenn er sich wieder seinen Musikern zudrehe. Alles klappt wie am Schnürchen! „Kaiserwalzer“ von 150 Musikern geboten, „An der schönen blauen Donau“, „Frühlingsstimmenwalzer“, „Pizzicatopolka“, „Donner und Blitz“, Fledermaus-Ouvertüre, am Schluss Richard Strauss’ „Rosenkavalier“, als Zugabe „Radetzkimarsch“ – das schwarz umhüllte Heiligtum scheint zu erbeben unter einem Applaus, der alle Vögel hoch in den Himmel und alle Katzen und Hunde aus der Stadt treibt. Da springen selbst den Mullahs, Ajatollahs und Imamen die Tränen aus den Augen.

Peter Meffertens Bilanz als christlicher Abendländler fasst das Außergewöhnlichste dieses Ereignisses zusammen:
„Noch vor hundert Jahren wäre jeder Christ oder Giaur, wie es im Arabischen heißt, hier an Ort und Stelle in tausend Stücke zerrissen worden. Nun feiern alle möglichen Religionen, auch hier an Ort und Stelle, Verbrüderung in Kultur und Glauben und Allah, Mohammed, Gott und Jesus Christus schauen und hören, vermutlich begeistert, zu und klatschen, ebenso vermutlich, außer sich vor Freude in alle Hände!“

* * * * *

In diesen Wochen eines ausgehenden Jahrzehnts haben auch die Berliner Philharmoniker eine neue Regelung für ihre Konzerte des 1. Mai gefunden, die bis jetzt Europakonzerte heißen. Sie werden in Erdkonzerte umbenannt, finden ebenfalls immer am 1. Mai statt, aber im erweiterten Aktionsradius und nicht nur in Hauptstädten der Erde.
„Hauptstädte", sagt die Intendanz, „besitzen durchwegs alle erstklassige Orchester, aber in der Provinz sieht es arg aus, übrigens auch in Mitteleuropa."
Über das erste Konzert der neuen Art berichten wir später.

Alle Lichtblicke kultureller, sozialer und wirtschaftlicher Art können nicht darüber hinwegtäuschen, dass die Erde sich in Gefahr befindet: Der Meeresspiegel ist zwischen Anfang und Ende des Jahrzehnts erneut um fünf Zentimeter gestiegen! Damit sind, ein Beispiel aus der Nähe, die Vogelinseln an der deutschen Nordseeküste als Brutgebiete endgültig verloren. Die deutschen und holländischen Inseln selbst müssen eine weitere Verkleinerung ihrer Strände hinnehmen, das Festland südlich von ihnen wird bedroht, weil das Hochwasser dort konstant um dreißig Zentimeter höher ausfällt als früher und Sturmfluten mächtiger werden. Zum ersten Mal spüren auch die Ostseeländer, denen hohe Deiche unbekannt sind, das Eindringen der Fluten von der Nordsee her. Die Insel Gotland verliert ein Fünftel ihrer Landmasse. Die breiten Strände der baltischen Küste verschmälern sich, die beiden Nehrungen, Frische und Kurische, verengen sich so sehr, dass man an einigen Stellen einen Stein vom Ostsee- zum Haffufer werfen kann. Das

Mittelmeer, dem wir uns im nächsten Kapitel zuwenden werden, steigt mit dem Atlantik zusammen gleichmäßig an, an den felsigen Ufern kaum bemerkbar, in Tunesien aber, zum Beispiel, wie an der Nord- und Ostsee die herrlichen Sandstrände verkleinernd. Überall in allen ähnlichen Regionen der Erde das ähnliche Bild. Manche Südseeinsel ist abgetaucht, bei anderen schauen nur noch Bergkegel aus dem Wasser. Große Ströme, die ins Meer münden, Amazonas, Rhein, Rhone, Kongo, Lena, Gelber Fluss seien genannt, verursachen durch den Druck der Meere einen Rückstau bis in ihre Mittelläufe, wo man gerade in den letzten Jahrzehnten durch Baumaßnahmen versucht hat, Überschwemmungen zu reduzieren.

Eine aufgeschreckte und wenig informierte Erdbevölkerung verlangt Aufklärung darüber, wie es möglich sei, dass die wenigen abschmelzenden Gletscher und die vielen abtauenden Eisberge und winterlichen Schneefälle soviel Wasser hergeben. Effekt der Befragung, populär ausgedrückt:
„Nichts Genaues weiß man nicht."
„Es stimmt", geben ratlose Wissenschaftler zu, „dass es früher viel mehr geregnet und geschneit hat und dass Gletscher schon immer gekalbt haben. Aber verlässliche Messungen des Meeresspiegels aus älteren Zeiten gibt es nicht. Wir wissen nur, dass manche Landstadt eine Hafenstadt geworden ist, zum Ausgleich dafür, siehe Ravenna, aus einer Hafenstadt eine Binnenlandstadt wurde."
„Gibt es konkrete Pläne, dem Wasser in, sagen wir einmal hundert Jahren Herr werden zu können?"
„Gibt es, sie werden aus Kostengründen undurchführbar sein..."

* * * * *

Allerlei Kriminelles

Zum Ende dieses Jahrzehnts, das wir zu verlassen gedenken, muss der reiselustige Peter Mefferten über ziemlich rätselhafte, jedoch ziemlich kriminelle Ereignisse berichten, die zwar nicht „mirabilis“, sondern „horribilis“ sind, aber hier zur Abschreckung dargelegt werden sollen.

Wir begeben uns deshalb an einige wichtige Tatorte und in Gegenden, die zugleich alte, traditionelle Urlaubshochburgen, aber seit mehr als hundert Jahren verseucht sind: durch notorische und professionelle Taschendiebe und anderes Raubgesindel.

„So herrlich diese Orte an sich sind“, klagen Betroffene unisono in den Medien, „so sehr enttäuscht haben sie uns im Großen und Ganzen.“

Wer so redet und denkt, kommt niemals wieder. Das ist allen Verantwortlichen klar. Klar ist nicht, warum die Polizei nicht Herr der Lage wird.

„Schickt doch jeden Ertappten“, raten Tourismusmanager, „schnurstracks nach St. Helena, wo ihresgleichen schon zu Hunderten hausen sollen!“

Peter Mefferten horcht hier wie elektrisiert auf: St. Helena? Was ist mit dieser historischen Insel im südlichen Atlantik? Er nimmt sich vor, hier bald nachzustoßen und weiß noch nicht, welches Wespennest er anbohren wird. Jetzt verfolgt er den Streit zwischen Medien und der Polizei, der zu eskalieren scheint, und begibt sich nach Neapel.

„Unsere Polizeioberen“, mutmaßt die Presse hier, „macht bestimmt gemeinsame Sache mit den Kriminellen unserer Stadt und lässt sich bestechen.“

Kriminelle? Peter Mefferten wird mit einem prominenten bekanntgemacht. Ein Krimineller? Als solcher fühlt Seniortaschendieb und Altkofferstiebitzer Carlos Pontos, 89 und genauso lange in Neapel heimisch, sich absolut nicht. Er vertritt nach seiner Ansicht eine ehrenvolle Gilde, die schon im Rom, Neapel und Pompeji vorchristlicher Zeit Reiche und Überreiche von ihren sie drückenden Vermögen ein wenig erleichterte. Immer haben Begabte und Könner des Fachs dafür gesorgt, dass Nachwuchs nicht ausging, entweder durch Zeugung und Ausbildung oder durch Anlernlinge. Mit zweien von ihnen ist Carlos, der morgen 90 werden und in den Rentnerstand treten möchte, jetzt im Terminal an der Arbeit: Pepi und Kreti, zusammen 42, sollen seinen letzten Arbeitseinsatz vor dem Rentnerstatus begutachten und Lehren daraus ziehen.

„Schaut den Kerl dahinten an“, sagt Carlos, „ein richtig reicher Fettsack aus Germania, der gewiss seinen elchledernen Trolly mit wertvollen Souvenirs aus unserer Stadt gefüllt hat, Schmuck, Gold und so weiter. Er liest, wie alle Deutschen, seine Bildzeitung...“

Das stimmt nur halb, denn sich ein solches Blatt vors Gesicht zu halten und es zu lesen ist zweierlei. Gerade überlegt unser Trio, wie ihm beizukommen sei, da geht er in die nahe Telefonzelle, den Trolly hinter sich herziehend und ihn vor der Tür abstellend. Wir wollen es kurz machen: Carlos trollt wie beiläufig hin, greift den Trolly und hat in zwei Minuten den Saal verlassen. Eine halbe Stunde später befinden sich die drei Spitzbuben in Carlos’ Wohnung im zehnten Stock eines Wohnhauses und fummeln das Schloss auf. Im selben Augenblick, wo der Deckel sich hebt, gibt es einen derben Knall, Carlos wird in tausend Stücke zerfetzt. Pepi und Kreti leben fünfzehn Sekunden länger als er, nämlich jene Zeitspanne, die sie benötigen, um durch das berstende Fenster nach draußen zu fliegen und auf der belebten Straße aufzuschlagen.

* * * * *

Es gelingt, dieses Ereignis als rätselhaft zu erklären, Gasexplosion oder so. Das nächste freilich ereignet sich vor vielen Augen, bleibt dennoch erst einmal rätselhaft. Die Gebrüder Anzio und Nunzio, 29 und 27, haben trotz ihrer Jugend schon mehr als tausend Raubüberfälle vollbracht, sind nie erwischt worden und danken täglich dem Vesperbild an ihrem Wohnhaus für Beistand und Gelingen. Ihre Spezialität ist die uralte neapolitanische Methode des Raubes von Handtaschen, die sich insoweit nur seit dem Mittelalter gewandelt hat, dass sie von einem flotten Motorrad aus gehandhabt wird. Anzio steuert, Nunzio hockt hinten auf und greift mit seinem rechten Arm die Beute – tausendfache Übung und ebenso häufiger Erfolg haben diesen Arm zehn Zentimeter länger und im Bizeps mächtiger werden lassen.
„Keiner grapscht so schnell wie Nunzio!“
Diese Gnome (Sinnspruch) kennt auch die Polizei, findet ihn zutreffend und konnte dennoch bisher ihre Beute nicht fassen. Nun, schon in wenigen Minuten unserer Darstellung wird das auch nicht mehr nötig sein! Denn Mitglieder derselben geheimnisvollen Organisation, die unsere drei Kofferdiebe ins Jenseits geschickt haben, nehmen sich der Sache an: Hier ein ungenanntes Pärchen, das jetzt über die Prachtstraße flaniert und im Schmusen und Kosen so unaufmerksam ist, zudem auffällig die linke Seite des rechten

Bürgersteiges nutzt, dass Anzio und Nunzio nicht anders können, als im Vorbeifahren die lässig auf der Schulter hängende Handtasche der Dame an sich zu reißen. All das geht so schnell, dass sie schon um die nächste Straßenecke verschwunden sind, als unser Pärchen den Verlust bemerkt; Passanten scheinen gar nichts gesehen zu haben. Heimlich holt „er“ eine Art Handy aus der Tasche, drückt einen Knopf und augenblicklich fliegen Anzio und Nunzio als Leichen in die Luft.

Unser dritter italienischer Fall spielt auf der Autobahn von Rom nach Neapel. Der Mafiaboss Mittelitaliens, Monsignore Toskatini, 59, hat nämlich beschlossen, nach einem Jahrzehnt der Ruhe und des Einschläferns der Polizeiobrigkeit ein paar neue Beutezüge auf amerikanische, deutsche, britische, japanische und chinesische Touristen zu starten.
„Bei denen ist immer viel zu holen! Sie führen ihren Schmuck mit und, doof genug, sehr viel Bargeld. Beides holen wir uns.“
Im Gegensatz zu früheren Zeiten, da es auf ein paar Leichen mehr oder weniger nicht ankam, gehen jetzige Wegelagerer subtiler vor: Sie schießen nicht um sich, wissen aber ihre mächtigen Schlagstöcke so trefflich zu gebrauchen, dass ein Hieb auf die Schulter den Arm für immer funktionslos macht. Toskatini nummeriert seine Männer stets durch, im jetzigen Fall von 1 bis 4, und so wollen wir es mit den Opfern, die freilich zu Tätern werden, auch halten, also von I bis IV.

Ein großer amerikanischer Straßenkreuzer, besetzt mit I, II, III und IV, drömmelt gemächlich von Rom nach Neapel,

und nach einer Weile bemerkt der steuernde I, dass sie verfolgt werden. Aha, sollte es heute tatsächlich klappen? Er inszeniert einen Motorschaden, der Wagen stottert, hüpft, kommt gerade noch auf der Standspur zum Halten. Da halten schon die Verfolger an, 1, 2, 3 und 4, gut aussehende Männer, deren Kleidung edler ist als ihre Visagen. I bis IV sind ebenfalls ausgestiegen, albern aussehende Amerikaner mit virginischen Pommesbäuchen, so richtige Mittelwestheinis scheinbar.
„'ne Panne?", fragt 1.
„ 'ne Panne", antwortet I.
„Nun", schlägt 4 vor, „wenn ihr uns alles Geld und Wertvolle gebt, helfen wir euch gern."
„Nun", antwortet IV, „wenn das so ist, unsretwegen gern."
Während dieser konziliant erscheinenden Antwort ziehen I bis IV je eine mit Schalldämpfer bestückte Pistole und schießen je zweimal. Wie lautet die Faustregel Nummer Eins, die man ihnen in der ersten Lehrstunde von „Wie man Killer killt!" eingebimst hat:
„Ziele immer auf den Bauch, dann triffst du bestimmt etwas!"
Es funktioniert hervorragend: 1 bis 4 erhalten je zwei kapitale Bauchschüsse, die sie auf die Standspur werfen, von wo sie per pedes die Böschung hinabgestoßen werden, wo sie von einem lockeren Gebüsch den Blicken Neugieriger entzogen sind; vorerst. I bis IV brausen davon. Kein fremder Autofahrer scheint etwas bemerkt zu haben. Nachdem der Vorgang bekannt geworden ist und alle vier Verwundeten gestorben sind, ohne brauchbare Aussagen gemacht zu haben, horcht die Erdöffentlichkeit auf. Nun weiß es jeder: Selbstjustiz ist am Werk! Prompt bekennt sich der Verein

„Saubere Erde“ als Täter und kündigt weitere Methoden der Selbstreinigung an.

Zum Beispiel gegen Taschendiebe an Spaniens Stränden. Wie bestrafte der Mensch des Mittelalters Täter? Gerne und nachhaltig dadurch, dass er ihnen jenes Körperteil abnahm, das an der Untat maßgeblich beteiligt war. „Saubere Erde“ richtet sich in einer neuen Aktion danach. Das geht so vor sich: Taschendieben beiderlei Geschlechts werden „Locktaschen“ angeboten, und wenn sie diese erbeutet haben und in sie hinein greifen, schnappt eine Art Schlagfalle zu, stark und messerscharf wie ein Fallbeil, so dass selbst Wurstfinger meist abgetrennt werden – damit sind also die Gliedmaßen bestraft, die schuldig wurden.
„Das ist freilich noch human“, versichert „Saubere Erde“ lakonisch, „denn hauptschuldig ist ja, wie wir alle wissen, das Gehirn.“
Ein ganzes Gewerbe gerät in Panik, zumal die Krankenversicherungen jegliche Kostenübernahme kategorisch ablehnen.

Ein Dorn im Auge redlicher Menschen ist das „Umsichgreifen jugendlicher Banden“, wie die hilflose Polizei es formuliert, in Großstädten und Tourismusgebieten.
„Selbst Stalins brutaler Sowjetstaat“, lässt „Saubere Erde“ verlauten, „ist mit den Moskauer Jugendbanden nicht fertig geworden – wir werden es.“
Diese schrumpfen nun in Jahresfrist auf für Laien unerklärliche Weise so zusammen, dass sie aus ausgestorben gelten können.
„Endlich kann man nachts wieder seinen Hund zum Kacken führen.“

„Nun sind Liebespärchen bei der Arbeit sicher."
„Wir Zeitungs- und Brötchenausträger atmen auf."
„Rentner leben jetzt länger."
Volkes Mund trifft halt manchmal den richtigen Ton. Wo sind die verschwundenen, meist nicht vermissten Jugendlichen geblieben? Abgemurkst? Zu Konserven verarbeitet? Zum „Robot" in Straflager verfrachtet? Nichts derart Unmenschliches, sie leben mopsfidel dort, wo sie hingehören: auf St. Helena. U-Boote haben sie heimlich dort ausgesetzt, nachdem sie von hämischen Matrosen einen praktischen Rat erhalten haben:
„Geht nicht ins Wasser! Dort wimmelt's von auf Menschenfleisch spezialisierten Haien!"
Wieder, also ein zweites Mal, kommt Peter Mefferten „St. Helena" unter!
„Dort muss ich bald einmal hin!", befiehlt er sich.

Weniger freundlich geht man in Südamerika mit den dortigen Banden um, die das lockere und einträgliche Strandleben zum Erliegen zu bringen drohen. Freiwillige Helfer findet „Saubere Erde" hier regimentsweise. Die Banden der sechs- bis achtzehnjährigen Jugendlichen sind so autark, dass sie in sich selbst existieren und sozusagen einen Staat im Staat bilden. Nur durch List, Täuschung und Verrat ist ihnen beizukommen. Alle früheren Versuche der Polizei, ihnen im Rahmen der Gesetze das Handwerk zu legen, sind gescheitert. Nachdem man einigen Mitgliedern der Banden klar gemacht hat, dass sie nur zwei Alternativen hätten, also entweder in düsteren Kellern zu sterben oder als Verräter einen lukrativen Posten zu erhalten, gelingt das Unterlaufen endlich: Man erhält Kenntnis der Verstecke, Versammlungen und geplanten Unternehmun-

gen. Leiden die Einsatzkräfte unter Gewissensbissen? Nein:
„Diese Jugendlichen sind sowieso alle verratzt."
„Besser sie sterben jetzt in unserem Kugelhagel, statt noch Hunderte von Verbrechen zu begehen."
„Sie nennen sich selbst Außergesetzliche – behandeln wie sie entsprechend!"

Coccinello, 20, genannt „Cocco", charismatischer Jungbanditenführer Sao Paulos, fühlt sich inzwischen so sicher, dass er die „Generalversammlung des Jahres" in dieser Stadt in einem geräumten Hochhaus stattfinden lässt, das seit Jahren zum Abriss vorgesehen ist. Nur bürokratische Hemmnisse haben diesen bisher verhindert und würden ihn noch auf Jahre hinaus verhindern, wenn – ja, wenn Cocco nicht diese Idee gehabt hätte. Sie wird verraten. So kommt es zu „dem Unglück", dass cirka fünfhundert Jugendliche, die sich über mehrere Etagen im Haus verteilt haben, übersehen werden und bei einer exakten, punktgenauen Sprengung ihren Untergang finden. Erst nachdem die Staubwolke verzogen ist, melden sich Informanten, das Hochhaus sei, trotz der Absperrung, „möglicherweise" bewohnt gewesen. Es trifft ein, was man in bewussten Kreisen einkalkuliert hat: Niemand vermisst diese verunglückten Jugendlichen und Halbstarken.

Im Prinzip ergeht es so allen Gleichartigen, die im Verlauf der nächsten Jahre erdweit von „Saubere Erde" aus dem Verkehr gezogen werden: Strandräuber in Portugal und Kenia, Straßenbanden in Tokio und Lima, Überfallkommandos in Kolumbien und St. Petersburg. Wer lebend erwischt wird, darf lebenslänglichen Urlaub auf St. Helena

machen, der dennoch meist nur Wochen oder Monate dauert.
„Die Zustände auf dieser Insel zeigen“, muss Peter Mefferten vernehmen, „wie unsere Erde aussehen würde, gäbe es keine Gesetze. Vielleicht haben vor Millionen Jahren unsere Urväter und –mütter so ums Überleben gekämpft. In den Gewässern um die Insel herum gibt es die größten Haipopulationen der Erde mit Exemplaren so groß wie U-Boote...“

Es ist Zeit, den Initiator von „Saubere Erde“ vorzustellen, ohne sein Inkognito lüften zu müssen: Nennen wir ihn „Freddy den Cleaner“, 39, Versicherungsdirektor aus Stockholm. Freddys Dasein bis zu seiner Metamorphose zum großen Reiniger verlief in geordneten Bahnen, die zur guten Ehe, hübschen Kindern, Eigenheim und Vermögen führten. Dann machte seine Familie Urlaub in Spanien und besuchte auch das antike Dorf Castello de Stefano in Andalusien. Freddy stellte das mit dem Reisegepäck für die anschließende Heimfahrt beladene Auto vorschriftsmäßig auf dem Dorfplatz verschlossen ab und die Familie machte sich auf, das nahe Kastell oberhalb des Dorfes zu besichtigen. Als sie zurück kam, fiel Freddy auf, dass „die halbe Dorfbevölkerung“ in den Fenstern der umliegenden Häuser lag und erwartungsvoll „zu glotzen“ schien. Nun, es gab etwas zu glotzen: Das Auto stand zwar noch an seiner Stelle, war aber aufgebrochen und bis auf die Fußmatten geleert worden. Da Freddy alles Geld, alle Kredit- und Bankkarten und Papiere bei sich getragen hatte, das Auto unbeschädigt war, konnten er und die Seinen nach allen Formalitäten, die jede Untat nun einmal mit sich bringt, nach

Schweden heimfahren – voller Groll und Enttäuschung freilich.
„Am meisten ärgert mich", argumentierte Freddy, „dass die gesamten Bewohner des Ortes ganz offensichtlich beim Diebstahl zugeschaut haben, aber zu feige waren, der Polizei die gewiss bekannten Täter zu melden."
Diese Worte sind Freddys offizielle Reaktion auf seine Enttäuschung über „die Schlechtigkeit im Menschen", eine Enttäuschung, die sich zur extremen Rachsucht steigert. Er ruft „Saubere Erde" ins Leben und organisiert, ohne selbst aktiv dabei zu sein, den ersten Rachefeldzug. Dieser läuft so ab.

Wieder parkt ein schwedischer Mercedes in Castello, wieder auf gleichem Platz, wieder mit Reisegepäck schwer beladen, fünf kostbar aussehenden Koffern nämlich und einigen Reise- und Handtaschen. Ein nach Schwerreichtum duftendes Ehepaar begibt sich scheinbar zur Burg, in Wirklichkeit jedoch zu einem Parkplatz am Ortsrand, wo es in einen anderen, mit einem Fahrer besetzten Wagen steigt und fortfährt. So bekommt es die bald eintretenden dramatischen Ereignisse in Castello nicht mit, erfährt diese erst aus den Medien. So ergeht es auch Peter Mefferten dieses Mal.

Nun, man ahnt gewiss schon, was passiert. Alle Koffer und anderen Gepäckstücke, ja das schöne Auto selbst waren mit hochexplosivem Inhalt präpariert worden, der nun, je nachdem, wohin sie diebisch verschleppt werden, in Wohnhäusern, Hütten, Garagen und anderen Diebesverstecken, mit lautem Getöse, viel Feuer und immenser Zerstörungskraft explodiert. Bevor der erste Koffer in die Luft fliegt, möchte jemand den Mercedes kassieren, lässt ihn an

und zerreißt so sich selbst vollkommen, das Auto nur halb und die meisten Fenster und Fassaden der Marktplatzhäuser. Dann hört man überall im Ort die Explosionen. Fast halb Castello brennt nieder, hundert Einwohner bleiben auf der Strecke, hundert andere werden schwer verwundet, weitere zweihundert haben ein Jahr lang zu tun, Häuser zu reparieren.
„Das nennt man Apokalypse im Kleinformat", jubiliert „Saubere Erde".

Die Insel Sankt Helena

Peter Mefferten wird zu einer Kreuzfahrt eingeladen. Er ist inzwischen so bekannt geworden, dass man sich um ihn reißt und ihn mit Angeboten zu locken versucht. So kann er sich aussuchen, welches Abenteuer für ihn geeignet ist. Nun also St. Helena, über deren Geheimnis er sich schon seit Jahren informieren wollte.

Er kommt leicht verspätet an Bord des Uraltkreuzers „Aurora" und verpasst damit das Einschiffen der Passagiere.
„Passagiere auf einem Kreuzer des zweiten Weltkriegs?"
„Ja", antwortet Kapitän George Niemitz, 65 und auf letzter Fahrt, „eine kostenlose Reise für sie, allerdings ohne Rückfahrt."
Peter Mefferten war gewarnt worden, hatte auch etwas läuten gehört vonwegen „Entsorgung" von Sträflingen, es aber nicht glauben wollen – nun saß er mittendrin!
„Wir haben", beginnt Niemitz seinen Gast aufzuklären, „über zweitausend Sträflinge an Bord, Talibans, IS-Leute, gewöhnliche Terroristen und verhinderte Selbstmörder, welche vorher vom Gericht die Chance bekommen hatten,

ihren Untaten abzuschwören und bei erheblichem Straferlass wieder ganz normale Bürger zu werden – sie lehnten ab. Nun sind sie alle mit einem Chip versehen worden, der es uns ermöglicht, ihren Aufenthalt stets sicher bestimmen zu können. Sie fahren jetzt auf die vorbereitete Insel St. Helena, die von normalen Zivilisten geräumt wurde, und werden dort bis zu ihrem Tod verbleiben – eine neue Form von Lebenslänglich sozusagen."
„Und wenn sie ins Wasser springen oder mit selbstgebastelten Booten zu entkommen suchen?"
Niemitz äugt Peter Mefferten höhnisch an und antwortet:
„Wir können sie anhand des Chips ja verfolgen, außerdem haben wir Verbündete im Wasser, nämlich hungrige, bereits angefütterte Haie mit Schmacht auf Menschenfleisch."
„Reporter munkelten am Hafen", wirft Peter Mefferten ein, „dieser Kreuzer solle unterwegs versenkt werden."
„Wir sind doch keine Unmenschen", wehrt Niemitz ab.

Peter Mefferten erfährt, dass das Justizministerium der EU diesen Plan ausgeheckt hat, um dem Verbot der Todesstrafe etwas entgegensetzen zu können und um die gewöhnlichen Gefängnisse von Lebenslänglichen zu entlasten. Die Insel St. Helena, seit Jahrzehnten wirtschaftlich kollabierend und durch Abwanderung fast menschenleer, wird von der EU gekauft und als „Lebenslänglich-Exil" hergerichtet. Noch bevor die jetzige Menschenfracht hierhin verfrachtet wird, hat Heinrich Lindenburger, 38, genannt Henry the Phoegler, die Chance bekommen, als erster US-Bürger nach St. Helena verbannt zu werden. Das geschah folgendermaßen.

Henry hatte das Pech, bei seinem ersten Fehltritt sogleich ertappt zu werden. Als Fehltritt bezeichnete er nicht jene vielen Vergewaltigungen, die er meist vormittags an New Yorks Hausfrauen beging, oft vier innerhalb zwei Stunden. Diese kreidete ihm der Richter auch nicht sonderlich an, aber als Henry an die unwiderstehliche und attraktive Lizzy geriet, 13 und im Stadtpark Blumen pflückend, da übermannte ihn seine Mannbarkeit und er verging sich an ihr, vielleicht ohne sich der Folgen bewusst zu sein.
„Wenn du zu Hause petzt“, drohte er ihr, „erstech in dich später. Kapiert?“
Lizzy kapierte schon, aber eine Stunde später war Henry dennoch in „Schutzhaft“. Diese Haft deswegen, weil draußen Lizzys Familienclan randalierte und „Todesstrafe, Kopfab und an die Laterne mit ihm“ rief. An der Kolumbuseiche von 1510 hing schon der Galgenstrick bereit.

So beeilte sich Richter Donald Thunderworth, Geschworene zusammenzurufen und innerhalb von zwei Stunden ein Urteil zu erreichen.
„Angeklagter, haben Sie etwas zu sagen?“
Hatte Henry nicht, auch sein Verteidiger schwieg.
„Angeklagter, die Jury lässt Ihnen die Wahl: Entweder Sie lassen sich kastrieren und zahlen in Raten 100.000 Tacken Strafe zugunsten des Kinderhilfswerks, oder Sie kassieren Aussperrung für immer.“
„Einsperrung“ hätte Henry verstanden. Aber Aussperrung? So wählte er diese, da ihm eine Entmannung als Tod bei lebendigem Leib erschien. Ein Hammerschlag, das Urteil war auf der Stelle rechtskräftig:
„Der Verurteilte wird für immer und ewig, bis der Tod ihn ereilt, nach St. Helena verbracht.“

Nun fuhr Henry the Phoegler auf der Aurora diesem Schicksal entgegen.

* * * * *

Von Liverpool her ist dem Kreuzer ein Versorgungsfrachter vorausgefahren. Er hat Lebensmittel, Arbeitsgeräte, Zelte und alles, was man zum Leben auf einer Insel benötigt, in Mengen geladen, auch Bauholz, Zement und Farben, damit die Häftlinge sich wetterfeste Unterkünfte bauen können. Auch Saatgut wird mitgeliefert, Getreide wie Weizen und Roggen, Kartoffeln, Runkelrüber fürs Vieh, das in einem zweiten Extraschiff unterwegs ist.

„Es wird den Leuten an nichts mangeln“, versichert der Kapitän, „natürlich außer an der Freiheit, aber das ist ja ihre eigene Angelegenheit.“

Es geht die ganze Fahrt unter strahlendem Himmel weiter nach Süden, keine Stürme, kein Unwetter mit hochgehenden Wogen und so weiter, und so erlaubt der Kapitän nach Rücksprache mit der Mannschaft, dass die „Reisenden“ sich an Deck ergehen und ausruhen dürfen.

„Keine Zusammenrottungen, beim geringsten Verdacht auf Unregelmäßigkeiten wird sofort geschossen. Wer nicht am Ziel anzukommen wünscht, kann über Bord springen, die Haie werden sich freuen.“

„Wohin werden wir transportiert, Käpten?“

„Zu einer südlichen Insel namens St. Helena.“

Diese Insel, jetzt von der Geschichte vergessen und an den Rand der Unkenntnis gebracht, machte 1815 Geschichte, als der französische Kaiser Napoleon I. nach hier verbannt wurde und hier auch starb; davon weiß von den jetzt Verbannten kaum einer etwas. Doch, scheinbar einer wohl:

„Käpten, das ist doch der Arsch der Welt!“
„Stimmt genau, darum kommt ihr ja dorthin. Dieser Arsch wird fortan lebenslänglich eure Heimat sein, niemand von euch wird je wieder zurückkehren können. Eure Kinder können euch, wenn sie das später wollen, jederzeit verlassen, auch Ehefrauen ohne Verurteilung, und werden dann heimgeholt. Flucht ist unmöglich, unser Satellit über euch im Weltall erkennt sogar eine Nussschale im Meer und verrät euren augenblicklichen Aufenthalt. Für euer leibliches Wohlergehen ist vorerst gesorgt, später müsst ihr als Selbstversorger auskommen und Landwirte und Handwerker werden. Material zum Häuser- und Unterkünftebauen ist bereits angeliefert, einmal im Monat kommt ein Post- und Materialschiff vorbei, das schwer bewaffnet ist und jeden Angriff von euch abwehren kann.“
Eisiges Schweigen. Dass man ihnen das antun könnte, hätte der ärgste Pessimist nicht prophezeien mögen.
„Wir sind der Welt abhanden gekommen!“, rief Henry the Phoegler enthusiastisch.
„Genau ins Schwarze getroffen, Mister“, antwortete Kapitän Niemitz.
Empörtes Murren, Grollen, fast Meutern.
„Erschießt uns lieber. Hängt uns auf!“
„Ich kann nur befehlen, Leute, haltet Ruhe beim Aussteigen. Die Wachmannschft ist angewiesen, jeden Störenfried sofort zu erschießen. Im übrigen erinnere ich euch daran, dass ihr Chancen genug hattet, dieses Schicksal von euch abzuwenden.“

Der Kreuzer geht vorm Hafen auf Reede, die Ausschiffung der Häftlinge beginnt und läuft störungsfrei ab. Der Kreuzer tutet „macht’s gut, Leute“ und gleitet langsam zum

Horizont davon. Erst später wird die Öffentlichkeit informiert, auch darüber, dass in Zukunft jeder Lebenslängliche auf St. Helena abgeschoben wird, und das Interesse verlischt langsam aber sicher. Aber im erdumspannenden Volksmund läuft bald das Bonmot „Ab nach St. Helena" um, wenn es Schwerverbrecher vor Gericht abzuurteilen gilt.

Peter Mefferten kehrt einigermaßen geschockt von dieser Kreuzfahrt zu Ehefrau und erwachsenen Kindern heim. Dort debattiert diese Familie über die doch erbarmungswürdigen neuen Bewohner St. Helenas und Peter Meffertens Ältester Petrus, 21, entwirft ein Szenarium zur nahen Zukunft der Insel:

„Da wird das Recht des Stärkeren herrschen, nicht das des Tüchtigsten, wie Charles Darwin es sich vorstellte. Man sollte eine Kommission zur Erforschung menschlicher Urtriebe fordern, eine Gelegenheit, die sich auf St. Helena anbietet. Dort unten wird nie Ruhe einkehren, weil ja die Versorgungsschiffe mit jeder Ladung Material auch neue Häftlinge herbringen werden."

Abschließend sei bemerkt, dass es viel schlimmer kommt als im Hause Mefferten vorhergesagt. In der Folgezeit werden auf St. Helena so viele Verurteilte aus aller Herren Länder angeliefert, dass sie von den bereits „Einheimischen" nicht alle anständig eingegliedert werden können. Ein selbsternannter „Bürgermeister" verweist sie in abgelegene, wenig attraktive Teile der Insel, wo sie dahinvegetieren und bald Selbstmord begehen, indem sie davonzuschwimmen versuchen und prompt von lauernden Haien attackiert und aufgefressen werden. Natürlich ereignet sich auch ein größerer Fluchtversuch, bei dem etwa ein Dutzend Mörder und Mörderinnen, die nichts zu verlieren haben,

mit einem selbstgebauten Floß nach Afrika zu steuern versuchen. Ein Flugboot stöbert sie anhand ihrer Chips auf, gibt ihnen die Chance zur Rückkehr auf die Insel und eröffnet bei Ablehnung das Maschinengewehrfeuer auf sie.
„Die wollten lieber sterben“, berichten die Piloten, „als auf der Insel alt werden.“

* * * * *

Conzerto grosso

Kaum hat Peter Mefferten das St.-Helena-Abenteuer hinter sich und eine Atempause daheim genossen, da ruft ihn ein musikalisches Großereignis nach Afrika.
„Das darf ich keinesfalls verpassen“, verrät er seiner Familie, „wenn ich meine Reputation als journalistischer Tausendsassa nicht verspielen möchte. Außerdem könnte ich mich in klassischer Musik wälzen, wie man international so schön sagt, denn ein Komponist wie Anton Bruckner, einst der wohl frommste Tonsetzer seiner Zeit, bringt meinen Ohrenschmalz zum Kochen und lindert damit meine Neigung zum Tinnítus.“
„Gute Reise, Papa!“

Am 1. Mai des Jahres versammeln sich in Burundis „Schwarzer-Kontinent-Halle“, die funkelnagelneu und nach neuesten akustischen Verhältnissen aus afrikanischen Hölzern ganz ohne Nägel errichtet worden ist, zehntausend Mitglieder aller Hautfarben der Menschheit zum ersten erdumspannenden Konzert der Berliner Philharmoniker. Unter den Gästen befinden sich alle Staatschefs Afrikas mit ihrer Hofcamarilla, allein das sind tausend Menschen. Nach bewährter Manier sitzt das Orchester in der Mitte der

Halle unten auf um zwei Meter erhöhter Bühne, um die herum sich ein breiter Gang zieht, ehe die erste Sitzreihe beginnt und sich ihr alle anderen, stets steigend, „bis fast unters Dach" anschließen. An sich nichts Neues, es ist bewährt, da auch Töne wie Warmluft gern empor steigen. Neu ist die Bühne: Sie dreht sich während des Konzerts! Ganz langsam, nicht im Geringsten störend, nur einmal in fünf Minuten, so dass die Blicke der Zuschauer ruhen, sie jeden Musiker beobachten können und diese keinen „Drehwurm" bekommen. Jeder Platz kostet 50 Tacken, zehn davon gehen an kulturelle Einrichtungen des Landes – so sieht es die neue Satzung der Erdkonzerte vor. Wie bei der Olympiade üblich wird die Örtlichkeit der nächsten Konzerte auf vier Jahre im Voraus festgelegt, so dass jede Stadt Gelegenheit zum Einrichten hat. Am Schluss heißt es:
„Wir hören und sehen uns wieder in ...."

Der welt- und erdweit hervorragende Ruf der Berliner Philharmoniker ist nach wie vor unumstritten, obwohl inzwischen alle großen Orchester dieses Niveau erreicht haben werden. In ihm zu spielen gilt als eines der erstrebenswertesten Ziele aller Musiker der Erde.
„Ich habe beide noch gekannt", sagt ein knochiger Mann unbestimmten Alters in gutem Deutsch dem Berliner Fernsehen, das für die Übertragung zuständig ist, „hier, sehen Sie."
Er reicht zwei Bilder her, die Kaiser Wilhelm II. und Wilhelm Furtwängler zeigen.
„Na", sagt der Reporter und zückt seinen Taschenrechner, „der eine ist seit 120, der andere seit 107 Jahren tot."
„Macht doch nichts, oder?"

Als Auftakt ertönt die Nationalhymne Burundis, die natürlich im Stehen anzuhören ist. Um die der „ernsten“ Musik meist unkundigen Hörer nicht zu verschrecken, hat man auf jede Art Experimente verzichtet und „die Moderne“ ausgeschlossen. Zuerst ertönt Beethovens „Leonore drei“, die für diese hölzerne Akustik wie geschaffen scheint: Pianissimo überirdisch zart bis in die obersten Ränge vernehmbar, Fortissimo raumfüllend und jeden Menschen „klein werden lassend“ ob der Größe musikalischen Geistes. Majestätisch geht es weiter mit Brahms' erstem Klavierkonzert, das Pfosten und Dach vibrieren und alle das schummerige Licht liebenden Geckos in ihre Tagesverstecke flüchten lässt. Es folgt eine einstündige Pause, damit viel getrunken und gegessen werden kann – zehn Prozent der getätigten Umsätze gehen ebenfalls an kulturelle Zwecke Burundis. Als drittes Werk fließt Sibelius' „Zweite“ wie Nil oder Kongo vor den Zuhörern dahin und bewirkt, dass jegliches Husten oder Schnupfen in Hals oder Nase stecken bleibt. Wenn man bedenkt, dass diese europäische Hochmusik den meisten der hier versammelten Zuhörer völlig fremd ist, erklärt sich die Kraft und Vitalität solchen Kulturschaffens der Menschheit. Wie hatte Dirigent Arturo Bellkanto, 49, in der Presse verlauten lassen:
„Und wenn die Meere zwei oder drei Meter ansteigen und damit den Lebensraum aller Individuen der Erde arg beschneiden – unsere Musik wird bis zum eventuellen Untergang erklingen und noch darüber hinaus in den Tiefen eines Ozeans“ – hehre Worte das!

Soweit denken die Zuhörer nicht, als sie sich erheben, zu klatschen beginnen und in eine Ekstase geraten, die Anklänge an den Ursprung allen Händeklatschens und Urwaldtanzens aufweisen. Welch ein Glück, dass die Architekten der Halle keinen Verputz und keinen Mörtel verwendet haben, sie wären von Decke und Wänden gefallen. Eine Stunde lang währt der Applaus, und um zum Ende zu kommen, spielen die Philharmoniker als Zugabe nicht den geplanten Radetzkimarsch, der ja überall auf der Erde auch die fettesten Hintern aus engsten Stühlen reißt, sondern Bachs „Air“, ein Balsam für aufgeregte Gemüter und erhitzte Zuhörer, deren Urahnen vor etwa 175 Jahren Sir Henry Morton Stanley, 1841 bis 1904, aufessen wollten. Nach diesem Ausklang gehen die Menschen heiter und besonnen nach Hause.

„Wer klassische Musik hört“, kommentiert Peter Mefferten am anderen Tag im „Burundi Herold“, „pflegt wenigstens vierundzwanzig Stunden, wenn nicht länger, weder Hass noch Niedertracht, keinen Futterneid und kein Konkurrenzdenken, er ist einfach Mensch, sonst nichts anderes – was wollen wir mehr?“

Als Nebeneffekt dieses Konzertes erfährt eine erstaunte Menschheit, dass selbst auf St. Helena während der Übertragung Mucksmäuschenstille und kollegiale Friedfertigkeit geherrscht hätten – was wollen wir mehr!

* * * * *

Entsorgungen

US-Amerikas Entsorgerkönig Charles Dwight Mackensen, 45, beseitigt laut Interview mit Peter Mefferten alles von „A“ wie Abfälle, „B“ wie Bauernhöfe über „L“ wie Leichname bis „Z“ wie Ziegenpeter. So hat er endlich den US-Regierungsauftrag „Weg mit den Raketen!“ erhalten. Wenn er diese Altwaffen, wird ihm von der UN-Regierung versichert, fachgerecht und erdbiotopmäßig entsorgt, wird er weitere Aufträge derjenigen Staaten bekommen, die noch Tausende Klein- und Mittelraketen auf Lager haben, aber abrüsten wollen und müssen. Charles selbst vereint in seinem Zwei-Meter-Korpus zwei Seelen: Nummer eins fürs Geschäft zuständig, Nummer zwei als Mäzenin der Menschheit tätig. Als er die Tausende Kleinraketen besichtigt, die alle noch funktionstüchtig sind und in unterirdischen Kavernen lagern, bedenkt sein sparsamer Sinn den Unsinn, sie nutzlos zerstören zu müssen, und die Vielseitigkeit seines Gewerbes gibt ihm eine ungeheure Idee ein. Er trägt sie sofort der UN-Regierung vor und bekommt grünes Licht. So entsteht dort, wo 1945 die erste Versuchsatombombe explodierte, in der Wüste von Los Alamos nämlich, das Bestattungsunternehmen „Oh Ewigkeit – oh Donnerwort“, kurz OWOD genannt, dessen erklärtes Ziel es ist, menschliche Leichname der Ewigkeit anzuvertrauen, und das ohne Predigten, religiösen Schnickschnack und Aussichten aufs etwaige Wiedersehen. Nachdem alle christlichen Kirchen inzwischen über tausend Tacken nur für das Vorhandensein eines Geistlichen verlangen, der nicht einmal tausend Worte zu sagen hat, scheint Mr. Mackensen das Ei des Kolumbus in Bezug auf Beisetzungen, Entsorgungen, Einäscherungen und Beerdigungen gefunden zu haben. Weil der schöne Begriff „näher mein Gott zu Dir“ schon abgegriffen erscheint, nennt Mr. Mackensen seine Entsorgung „der Ewigkeit entgegen“ und findet damit den Beifall von milliarden Menschen und ebenso vielen Umweltschützern.

Ab dem 1. April (kein Aprilscherz!) nachts immer von Freitag bis Sonntag, jedoch nur bei klarer Sicht, geht bisher nicht Beobachtetes auf der Erde vor sich: Menschen starren in den Sternenhimmel der Wüste, kümmern sich nicht um Wüstenwolf- und Schakalgeheul, überhören Uhu- und Kauzgeschrei, aber falten die Hände, murmeln Gebete, schlagen Kreuze, machen islamische Kniebeugen, wenn sie nicht gerade durch ihre Ferngläser schauen. Und es ertönen Ausrufe wie diese:

„Da düst unser Großvater gen Himmel!“

„Mach's gut, Mutter!“

„Ach unser guter Vater gibt himmlisches Vollgas!“

„Mit 95 fährt Onkal Max zum ersten Mal Rakete.“

Aber auch Kritik ertönt:

„Dafür also hat Wernher von Braun seine Raketen erfunden.“

Was geschieht hier? Makabres vielleicht? Werden hier Silversterfeuerwerke einstudiert? Solche Unterstellungen hat Peter Mefferten hören müssen. Doch es ist alles rechtens: Denn es finden Weltraumbestattungen statt: Die im Prinzip nützlichere Entsorgungen sind als jede traditionelle Erdbestattung oder Einäscherung. Beschreiben wir sie einmal!

Sie sind natürlich Mr. Mackensens Werk. Mit seiner „Mond- und Weltraumbestattungs-AG“ hat er eine Marktlücke erwischt, als wenn die Menschheit hierauf nur gewartet hätte. Wer von den Hinterbliebenen sich hierfür entscheidet, überlässt den Leichnam der AG, der von ihr entkleidet und in gut brennbare, ökologisch einwandfreie Tücher nach Art von Mumien verpackt und mit dem wöchentlich einmal verkehrenden Zubringer nach Los Alamos transportiert wird. Wer die Kosten nicht scheut, kann freilich mitreisen. Hier wird jede Mumie mit einer der zu entsorgenden Raketen bestückt und jeweils in der genannten

Nacht zur mit den Hinterbliebenen vereinbarten Minute ins Weltall geschossen. Zwei Varianten gibt es: Entweder „Asche zu Asche“, wobei der Leichnam in Richtung Atmosphäre geschossen wird, wo er samt Rakete beim Eintritt in diese zu Nichts zerglüht. Damit ist für die Angehörigen der Fall ein für allemal erledigt. Oder er wird nach dem Grundsatz „Ruhe in alle Ewigkeit“ in Richtung Weltall katapultiert, in dem er bis ans Ende aller Tage, gewiss noch Billionen von Jahre lang, seine Kurven, Kreise und Ellipsen ziehen kann. Vermögende Angehörige können zuvor auf den Mond reisen und von dort die Exkursion ihrer Verwandten beobachten und filmen. Dieses Bestattungsabenteuer ist mit cirka 100.000 Tacken relativ preiswert, zumal Vollpension eingeschlossen ist und der Mondurlaub verlängert werden kann. Es entstehen natürlich keine Folgekosten wie bei einer mittelprächtigen Beisetzung auf der Erde, wo man noch jahrelang Grab, Grabstein, und Grabpflege bezahlen muss. Das Geschäft boomt und Charles wird wohl bald alle alten Raketen verbraucht haben und neue bestellen müssen.

* * * * *

Touristisches

Der Tourismus ist jetzt ein gut verdienendes Gewerbe geworden. Er hat sich auch, wie nicht anders zu erwarten war, der Sahara angenommen. Dort erscheinen jetzt drei Arten von Touristen, die auch woanders auf der Erde den Ton angeben: echte Urlauber für Wochen und Monate, neugierige als Kurzurlauber in Zwei- bis Dreitagebusreisen und im Hinterköpfchen siedlungswillige auf Inspektionsreise. Knöpfen wir uns diese zuerst vor. Es sind zu 80 %

Schwarzafrikaner aus Ost-, West-, Südost- und Südafrika auf der Suche nach neuen Chancen und der Flucht aus städtischer Enge und zwar auch ländlicher Weite, aber in Krals wohnend. Sie kommen aus Kapstadt, Johannesburg, Durban, Nairobi, Kinshasa, Harare, Kairo, Algier, Rabat und Tunis. Sie wohnen für ein, zwei Tage auf den neuen Höfen, packen mit an, unterrichten sich und entscheiden dann, ob dieses Leben etwas für sie sein kann. Die neugierigen Kurzurlauber werden mit Bussen herangeschafft, sie wollen einen neuen Himmel sehen und neues Klima genießen, in neuen Pools baden, an neuen Stränden liegen, auf neuen Wegen fahren und neues Essen kennenlernen. Wertvoller für die neuen Einheimischen, die neue Ferienwohnungen ans eigene Wohnhaus gebaut haben, sind „echte" Urlauber für zwei bis drei Wochen Aufenthalt. Das sind nicht nur Afrikaner, die ihre Massaihütten und Runddörfer für einige Zeit verlassen möchten, sondern auch komfortgewohnte Amerikaner, Europäer und Asiaten. Unter ihnen welche, die das Saharaexperiment mit kritischen Augen betrachten und Einzelheiten wissen möchten, um einschätzen zu können, „ob die Wüsten unseres Landes" ebenfalls kultiviert werden können. Die meisten suchen den üblichen Urlaubsspaß mit „Ferien auf dem Bauernhof" zu verbinden: Radfahren auf den wunderbar glatten neuen Asphaltwegen, Wandern auf Sandwegen und Dünenkämmen, Seeumrundungen, Segelfliegen im Saharaaufwind, Golfspielen auf rasierten Rasenflächen, Angeln an den Bassins mit Wasser, das vielleicht aus Italien oder Spanien hergekommen ist, und Tiere und Pflanzen beobachten. Nur die großen Haupt- und Durchgangsstraßen dürfen mit Benzin getriebenen PKW und Motorrädern befahren werden, wollen sie auf die anderen Straßen ausweichen, müssen sie Elektroantrieb benutzen, der hier überall in Gebrauch gekommen ist und teilweise von Solarenergie unterstützt wird. Ausnahmen bilden nur Traktoren im Arbeitseinsatz.

* * * * *

Natur und Landwirtschaft

Peter Mefferten befindet sich einmal wieder in Afrika und verharrt vor dem Urnengrab des Tierdoktors und ehemaligen Fernsehstars Bernhard Grzimek am Rand des Ngorongorokraters. Gleichzeitig studiert er einen Speisezettel, den er aus dem Fünf-Sterne-Restaurant „Zum fidelen Nashorn“ drüben am Urwaldhang stiebitzt hat. Auf ihm werden dem internationalen Fresspublikum folgende acht „Supergerichte“ angeboten:

„Elefantenrüssel gedünstet, gefüllt mit Meerrettich an Aprikosensoße.“

„Zebrasteak gegrillt auf Palisanderholz mit Tundrapreiselbeeren.“

„Nashorngulasch keniattisch mit Serengetisauerampfer garniert.“

„Eine Scheibe (500 Gramm) Nilkrokodilschwanz in Senfsoße.“

„Giraffenlende gebraten in Stellenbosch-Weißwein mit tunesischen Edelbananen.“

„Warzenferkel am Spieß, mit Sudankartoffeln und zehn verschiedenen Soßen.“

„Wasserbüffelbullen-Filetrösti auf Sumatra-Ananas, dazu Rotwein aus Sri Lanka.“

„Knusprige Impala-Hamburger mit touchierten Usambara-Gürkchen und Whiskydressing.“

Genug der Horrormeldungen!
„Horromeldungen?“, fragt Peter Mefferten sich, „wie kommen diese auf Speisekarten?“
Aber es sind keine! Wenn auch für Tausende der genannten Tierarten dieses Angebot das Todesurteil sein kann. Ein Gutachten der gemeinsamen ostafrikanischen Staaten, das Peter Mefferten zugespielt worden ist, erklärt klipp und klar die nackten Tatsachen:
„Wenn jetzt nichts geschieht, sind alle unsere Naturschutzgebiete und Tierparks in einem Jahrzehnt unbewohnbar, zu Staubwüsten geworden. In einer ersten Aktion müssen mindestens 50% aller Grünfresser abgeschossen werden, danach, wenn diese verarbeitet sind, noch einmal 25% der verbliebenen. Es ist im Interesse der Allgemeinheit keine Rücksicht auf Einwände und Widersprüche zu nehmen, woher sie auch kommen mögen. Sollten sich die USA und Europa widersetzen und den Verkauf und die Gefrierung der Unmassen von Fleisch boykottieren, dann ziehen die betroffenen afrikanischen Länder die Sache allein durch, auch wenn dann Tausende Kadaver in der Sonne verdorren müssen.“

Noch einmal bereisen europäische, amerikanische und asiatische Kommissionen, wie schon vor zehn Jahren, die in Frage kommenden Gebiete, schnüffeln hier, kontrollieren dort, prüfen und fragen hintenherum, und können doch ihren Regierungen nichts anderes empfehlen, als den Afrikanern zuzustimmen.
„Warum werden die Tiere nicht umgesiedelt?“, lautet eine millionenfach gestellte Frage von Bürgern, die von Ostafrika nichts anderes kennen als die herrlichen Farbfilme der Serengeti und der Masai Mara.

Ihnen wird prompt geantwortet:
„Erstens: Weil es Jahrzehnte dauern würde, bis man die gewünschte Anzahl Tiere eingefangen und fortgebracht hätte. In diesen Jahren würden sich die unbehelligt gebliebenen Tiere desto zahlreicher vermehren. Zweitens: Es ist nirgendwo mehr Platz für sie, auch in Südafrika nicht, und solange zu warten, bis einige Trocken- und Sandwüsten bewohnbar geworden sind, ist unmöglich."
„Warum werden die Tiere nicht nach Australien und Tasmanien gebracht?", lautet die andere, hunderttausendfach gestellte Frage von Bürgern, die den fünften Kontinent und seine Nachbarinsel nie betreten haben.
„Wenn in deren Gewässern", lautet die lapidare Antwort der Ostafrikaner, „unsere Transporte auftauchen, werden sie mit Torpedos und Maschinengewehren beschossen. Ist es da nicht besser, die Tiere mausetot, eingefroren, schockgetrocknet, eingepökelt und konserviert hinzubringen! Die millionen Aborigines, allesamt arme Schlucker und auf Hungerrationen gesetzt, würden darüber herfallen wie Dingos über Haushühner."
Diesen Argumenten und Darlegungen hatten auch die größten Schwätzer nichts Glaubhaftes entgegenzusetzen.

* * * * *

Und so hebt ein Gemetzel an, dessen Rasanz und Geschwindigkeit allein von den technischen Möglichkeiten der verarbeitenden Schlacht-, Fleisch- und Kühlfirmen gesteuert wird. Wer mit einem Gewehr ungehen kann, wird in die Armee aufgenommen, welche den Krieg gegen die Grünzeug-, Gras- und Gemüsefresser Ostafrikas zu führen hat. Es wird aus Jeeps und anderen Safariautos geschossen,

womit die langanhaltende Gewöhnung der Wildtiere an die „harmlosen“ Gefährte des Menschen abrupt unterbrochen und vielleicht für immer verloren gehen wird.
„Wir werden für Jahrzehnte alle Touristen, die nur wegen der Vertrautheit der mächtigen Elefanten, dicken Nashörner, kapitalen Löwen, riesiger Giraffen, starker Büffel und der anderen vielen Steppen- und Savannenbewohner hergekommen sind, vergrellen und letztlich verlieren.“
„Das stimmt wohl“, pflichtet Peter Mefferten bei, aber es gibt sonst keine Alternative, die Landschaften zu erhalten.“

Im ersten Schussjahr fallen 10.000 Elefanten, je 20.000 Gnus, Zebras und Antilopen, 5.000 Warzenschweine, 4.000 Giraffen, 500 Nashörner, 8.000 Büffel und 1.000 Großkrokodile. Die Hälfte des anfallenden Fleisches wird in Afrika zu sozialen Preisen verkauft, auch an Arme kostenlos verteilt, die andere Hälfte wandert tiefgekühlt in alle Länder, wo gute Tacken damit gemacht werden. Plötzlich gibt es in nordnorwegischen Restaurants statt Kabeljaufilet für 20 Tacken das Kilogramm Giraffenkottelet für 10 Tacken das Kilogramm, und Rindfleisch, auf Speisekarten stets überteuert, wird nun von Kaffernbüffelrouladen verdrängt.

Fünftausend Abschüsse werden durch Jäger aus den USA, Europa, Japan und China getätigt, die dafür pro gelungenem Abschuss 5.000 Tacken hinblättern müssen – die Trophäen freilich dürfen sie behalten und heimbringen! Im zweiten Schussjahr haben alle Verfolgten begriffen, welch Scheusal der Mensch sein kann, und sie verkrümeln sich in hinterste Winkel der Reviere, die zwar immer grüner und dichter werden, aber Löwen, Nashörnern und Büffeln die Möglichkeit bieten, über Menschen herzufallen.

„Jedes Ding hat mindestens zwei Seiten“, kommentiert Peter Mefferten.
„Warum nicht Löwen, Geparde, Leoparden und Hyänen“, fragt eine besorgte Leserin von „Erde & Tier“, „die Bestände der Grasfresser dezimieren lassen?“
Die Antwort lautet: „Weil alle Fleischfresser faule Viecher sind, die nur soviel jagen, wie sie fressen können.“

Fressen! Fresser! Das sind Stichwörter, die es in sich haben und uns und Peter Mefferten auf den Anfang des Kapitels zurückführen; wo wir uns über acht originelle Speiseangebote hätten hermachen können. Wir tun es nicht, denken nämlich daran, dass mit dieser einmaligen und noch nie dagewesenen Tötungsaktion mehr als 100.000 Afrikaner Brot und Auskommen gefunden haben: Als Treiber, Schützen, Schlachter, Fahrer von Safari- und Tiefkühlautos; als Straßen- und Wegebauer, Selbständige und Verkäufer, als Landwirte und Pflanzer, um alle von den Tausenden Elefanten auf- oder angefressenen Bäume und Gebüsche wieder zu setzen und zu pflegen.
Hier soll auch nicht verschwiegen werden, dass einer der konsequentesten Schießer der grünen Zunft, Nimrod und Waidmann der Sonderklasse, der sich in seinem Jagdschloss „Waidmannsherberge“ in Dakota, USA, kaum bewegen kann, weil überall Geweihe und andere Jagdtrophäen herumhängen oder –stehen – dass also dieser Fachmann der Jagd und Knallerei hier in der Serengeti sein Jägerleben beenden durfte. Peter Mefferten steht dort, wo man ein schlichtes Kreuz errichtet hat und die Gräber von Michael und Bernhard Grzimek nicht weit entfernt sind.
„Peter W. Eisenhauer“, berichtet Safarileiter Ignatius Pankratius, 36, „war solch ein versierter Jäger und Schütze,

dass er wie Old Shatterhand aus der Hüfte schießen und einem Chamäleon ein Auge ausschießen konnte. Er starb aber, weil er eine Puffotter übersehen und aus Gewohnheit sein Gegengift im entfernten Camp liegengelassen hatte."

Und so geschah es: Es ging gegen den Elefanteneinzelgänger und Altherrenbullen Charley, wahrscheinlich an die 60, der über die Abschlachterei seiner Familie so erbost schien, dass ihn schon der Geruch eines Jägers, heimlich vom Rüssel ins Gehirn gestiegen, in Raserei versetzte. Wer von ihm geortet und nicht sogleich einen Volltreffer gelandet hatte, konnte gleich den handgemachten Sarg vom nächsten Dorftischler bestellen. Peter traf mit einer Doublette, welche Charley beide Augen in den Schädel fetzte, so dass er nicht mehr sehen konnte, dass eine Puffotter Peter, der ins Gras abgetaucht war, direkt in den Hals biss. Da half alles nichts mehr, kein Entsetzensschrei, keine letzten Tröstungen, das Auto stand eine Stunde entfernt am Unterstand. Peter dämmerte innerhalb von fünf Minuten dahin und konnte mit letzter Stimme entscheiden, „hier im Busch" beigesetzt zu werden – RIP!

Um die hier geschilderten ungeheuerlichen, aber notwendigen Geschehnisse zu untermauern, hat der unermüdliche Peter Mefferten, der von seinem Reise- und Reporterleben demnächst Abschied nehmen möchte, nach zehn Jahren den großen Amboseli-Nationalpark und andere besucht. Es ging ihm darum zu kontrollieren, ob die Prophezeiungen der so genannten Fachleute eingetreten sind oder nicht. Also bleiben wir noch eine Weile in Ostafrika.

* * * * *

Tierparadiese

Bei dieser Überschrift mutmaßt man richtig, meint Peter Mefferten, dass das neue Afrika viele angenehme Heimstätten zu bieten hat. Zehn Jahre ist es her, dass Menschen unter Afrikas Wildtieren ein Gemetzel anrichteten und viele Pessimisten das Ende der freien Tierwelt Afrikas überhaupt sahen. Das Gegenteil ist eingetreten, was am Beispiel des Amboseliparks deutlich zu sehen ist. Vor der Dezimierung seiner Vegetarier war er drauf und dran zu versteppen. Wo Tierherden zogen, standen Staubwolken himmelhoch und hüllten das Gelände wie Nebel ein. Auf der Suche nach Fress- und Trinkbarem wanderten Elefantenherden von fünfhundert Köpfen tagelang umher, wobei alle Jungtiere und Schwächlinge umkamen und in der Sonne verdorrten, nur Schakalen und Geiern zunutze. Aus dem einst grünen und mit Regen genügend versorgten Park drohte Wüste zu werden und damit genau die gegenteilige Entwicklung wie in der Sahara einzutreten. In allen Nationalparks Afrikas sah es ähnlich aus, auch dort, wo Flüsse und Wasserläufe bisher das Schlimmste verhinderten: Krügerpark, Botswana, Kalahari, Serengeti, Massai-Mara und alle anderen wohlbekannten.

Über einen ganz wichtigen Nebeneffekt der im Großen und Ganzen unbeliebten „Aktion Tierdezimierung“ lässt sie Tansanias Minister für Tourismus und Nationalparks Alfredo Gambia, 57, heute vernehmen:
„Unsere früheren finanziellen Sorgen sind ausgestanden, seitdem die Wilderei durch die auch weiterhin erlaubten und notwendigen Abschüsse von Großwild ausgestorben ist. Diese Abschüsse, wenn sich zum Beispiel gewisse Bestände extrem schnell vermehren, gehen ordnungsgemäß

vor sich und werden an Einheimische billig, an alle anderen Afrikaner preiswert und an Ausländer teuer verkauft. So haben wir letztes Jahr genug Geld gehabt, um in einigen Parks Seen und natürliche Wasserlöcher aus den Flüssen und großen Seen unseres Landes abzuzweigen und haben damit Örtlichkeiten geschaffen, die von Touristen bevorzugt aufgesucht werden. Alle heutigen Touristen bestätigen uns, dass sie lieber weniger Wild in grünen als Massenansammlungen von ihnen in verdorrten Landschaften sehen möchten."

Der menschliche Eingriff der Verminderung der Bestände, einmal vorgenommen, muss natürlich fortgesetzt werden. Wie bei allem Leben auf der Erde, das außergewöhnliche Verluste hinnehmen muss, beim Menschen, bei Tieren und Pflanzen, setzt anschließend eine verstärkte ausgleichende Vermehrung ein. Ein Beispiel nennt der Minister:

„Bei Säugern, die jedes Jahr oder in dreizehn bis fünfzehn Monaten ein Junges werfen können, rechnet sich das so: Eine Herde von 5.000 Gnus enthält 2.500 weibliche Tiere, die im Schnitt eben 2.500 Kälber werfen. Zwanzig Prozent gehen als Beutetiere zugrunde, bleiben noch 2.000 als jährlicher Nachwuchs übrig, Auch von den Alttieren sterben auf die gleiche Weise zehn Prozent, gleich 500, sodass mit einem Zuwachs von 1.500 Tieren jährlich gerechnet werden kann. Das ist, auf mehrere Jahre gerechnet, nicht zu verkraften, also lassen wir lieber jedes Jahr eine kleine Menge abschießen als alle zehn Jahre eine ungeheure Metzelei veranstalten."

Der Abschuss der Tiere, am liebsten durch auswärtige Jäger, findet entweder in den Randgebieten der Reservate nach echten jagdlichen Richtlinien statt, mit Pirsch unter

der Führung ortskundiger Ranger, oder außerhalb der Besuchszeiten, meist früh am Morgen, aus Autos heraus, dann mit Schalldämpfern. Ein einheimischer Jäger berichtet:
„Das Wild ist den Autos gegenüber vertraut, und wenn kein Schuss knallt, es also nur ‚flopp' macht, bringt es den Schuss nicht mit dem Zusammenbrechen eines Tieres in Verbindung und äst oder zieht beruhigt weiter. So kann man ein Dutzend Stücke, die auf einen Lastwagen passen, in aller Ruhe heraus schießen. Bei der kurzen Entfernung ist jeder Schuss ein Blattschuss."
Blattschuss? Das ist ein Volltreffer mitten ins Herz. Jagdlich gesehen sind das keine Großtaten, es ist aber eine bessere Methode als höchst verängstigte Tiere in Gatter zu treiben und dort abzuschlachten. Beutegreifer werden vorerst nicht geschossen, damit sie sich zahlreich an der Kurzhaltung der großen Herden beteiligen können.

Im Krüger-Nationalpark Südafrikas wird seit Jahren vorgemacht, wie es in Zukunft weitergehen könnte. Er ist von freien Farmern umgeben, deren Ländereien an den Park grenzen. Ein Zaun verhinderte früher, dass das Wild der Farmer in den Park ein-, das des Parks zu den Farmern auswanderte. Diese Betriebe sind schon seit über hundert Jahren Jagdfarmen, wo internationale Jäger gegen horrende Preise wohnen und jagen können. Nun sind die Zäune gefallen, das Wild kann wechseln und darf außerhalb der Schonzeiten, sobald es „aufs Privatgelände übertritt", geschossen werden. So gibt es einen beinahe natürlichen Aderlass. Doch vermuten Fachleute, dass das Wild aus schlechten Erfahrungen klug werden wird und in Zukunft die Randgebiete des Parks meidet. In anderen Gebieten Afrikas laufen Versuche, Parkgrenzen auch zu intensiv landwirtschaftlich genutzten Fläche zu öffnen. Alles Wild, das nun, angelockt von leckeren Feldfrüchten, übertritt, darf von lizensierten Jägern geschossen werden, Fleisch und Trophäen, außer Elfenbein, gehen an den Grundbesitzer.

Elfenbein? Was hat man mit dem vielen von damals gemacht, was macht man mit dem jetzt laufend anfallenden? Es dient dem guten, von allen Pianisten herbeigesehnten Zweck, Klaviere wieder mit Tasten aus Elfenbein statt Kunststoff zu versehen.

Beinahe allen zu schießenden Wildtieren gegenüber entwickelt der Mensch wenig Mitgefühl, eines bildet die Ausnahme: der Elefant. Kein anderes Großtier findet bei uns so viel Sympathien bei Jung und Alt und derartige Vermenschlichungen in Wort und Bild. Wer Stimmung gegen Jäger machen will, braucht nur Fotos von sterbenden oder erlegten Elefanten zu zeigen, schon kann er hoher Anteilnahme gewiss sein. Da fällt es sachlichen Verantwortlichen dann schwer, diesen Entschluss unters Volk zu bringen:
„Die beste Methode, die Populationen der Elefanten auf gegenwärtigem, für alle erträglichem Stand zu halten ist, den Nachwuchs eine Zeitlang gar nicht aufkommen zu lassen. Die Arbeit, diese wenige Stunden oder Tage alten Babys zu erlegen, ist nicht erfreulich und setzt nüchternes Kalkulieren voraus, ist aber die wirksamste und letztlich auch für die Tiere selbst beste Methode, die Herden, Gruppen und Familienverbände unter Kontrolle zu halten.“
So geht das dann vor sich. Das Auto mit den Schützen folgt wandernden Herden oder fährt an ruhende oder trinkende so nah heran, dass es nicht stört oder zu Angriffen provoziert, und das ausgewählte Jungtier erhält einen Be-

täubungsschuss, den die anderen Tiere, die Mütter vor allem, nicht wahrnehmen. Nach einer Minute knickt das getroffene Tier in den Beinen zusammen und legt sich hin. Die starke Spritze hält das Tier bis 24 Stunden am Leben, dann stirbt es, wenn es nicht reaktiviert würde, was für Zoos und zur Auswilderung woanders geschehen kann. In diesen Stunden kommt es darauf an, die Herde in Bewegung und zum Fortzug zu bringen, wobei die Mutter des Getroffenen verteidigungsbereit zurückbleibt. Sie erhält nun ebenfalls einen Narkoseschuss, der sie für zwanzig Minuten außer Gefecht setzt. In dieser Zeit wird das Junge verladen und abtransportiert, und wenn die Mutter nach einer Gegenspritze wieder aufwacht, haben sich „die bösen Menschen" aus dem Staub gemacht. Ein Augenzeuge berichtet den „Zoo-News":
„Nach kurzer Benommenheit erinnert sie sich daran, Mutter zu sein, und fängt an zu toben. Als wüsste sie über die Vorgänge genau Bescheid, sucht sie nach Feinden, Gegnern und Dieben und würde jedes Safariauto kurz und klein treten, bekäme sie es unter ihre mächtigen Treter. Manchmal kommt eine andere Elefantenmutter, denen man vor Tagen ebenfalls ihr Kind genommen hat, aus der Herde zurück und hilft mit bei der Suche. Dann ist das Baby längst zerlegt und wird seiner Bestimmung zugeführt: Gegen gutes Geld in Luxusrestaurants verzehrt zu werden..."

Steaks von Elefantenkindern sind, erst tiefgefroren, eine Delikatesse erster Qualität. Die Zeitschrift zeigt einen schlemmenden Herrn und fragt süffisant:
„Ob unser Gourmet hier noch den gleichen Appetit hätte, wenn er einmal dem Ursprung des Entstehens seines tellergroßen Steaks beiwohnen könnte...?"

Doch das sind Emotionen, die nicht helfen, und solche Fragen kann man auch genauso in Bezug auf „erst liebes Kälbchen – dann Schlachthaus – dann Teller“ stellen. Ein Zoologe verteidigt sich, seine Kollegen, die Ausführenden vor Ort:

„Auf diese Art und Weise die Herden konstant zu halten ist jedenfalls humaner, als erwachsene Tiere herauszuschießen. Sie müssen einen genau sitzenden schwerkalibrigen Kopfschuss erhalten, sollen sie, wie erstrebt, sofort fallen. Der Knall dieser Gewehre dröhnt kilometerweit durch den Park, alle anderen Tiere der Herde geraten in eine Erregung, die sich Laien gar nicht vorstellen können, es kommt zu Angriffen auf die Autos, tagelang bleibt die Herde oder bleiben einige ihrer Tiere beim Opfer zurück, das in der Sonne schnell unverwendbar wird. Spätestens nach einigen solcher Vorfälle würden alle Elefanten des Parks so scheu geworden sein, dass sie keinem Auto mehr trauen und sich auf große Entfernungen verdrücken würden...“

Einen Nachsatz liefert der Zoologe dazu:

„...erstens wird man die Vermehrung der Elefanten hiermit wegen ihrer zeitraubenden Fortpflanzung wirksam beeinflussen, zweitens bringt der Verkauf des Fleisches der Jungtiere soviel Geld in die Kasse des Parks, dass Zuschüsse von Seiten der öffentlichen Hand entfallen können.“

Schließlich Peter Meffertens Kommentar:

„Was bedeuten diese menschlichen Niggelichkeiten, wenn man sie ins Verhältnis zu den Großtaten stellt, die der Mensch im Afrika dieser Jahre zugunsten der Tierwelt vollbringt?“

* * * * *

Zum Beispiel dort, wo das Wasser beinahe noch knapper ist als in der Sahara: im Kalahari-Nationalpark im südwestlichen Afrika. Die Kalahari, wie sie kurz heißt, war schon im 20. Jahrhundert so versteppt, versandet und staubtrocken, dass vom Genuss der Landschaft und ihrer Pflanzen- und Tierwelt keine Rede mehr sein konnte. Noch bevor die vier neuen Entsalzungsanlagen zwischen Kapstadt und Angola ihre Arbeit aufnahmen, begann man das Gebiet mit Vertiefungen und Gräben zu versehen, die mit dem einem Teil des Wassers geschmolzener Eisberge der Antarktis gefüllt wurden. Als hätte die Natur nur auf solche längst fällige Wohltat gewartet, veranlasste sie ihre Geschöpfe, voran die Pflanzenwelt, nun endlich loszulegen und Versäumtes nachzuholen, zu explodieren. Nachgeholfen wird dadurch, dass entlang der Bäche und Gräben und rund um die Seen Bäume und Büsche gepflanzt werden, schon nach drei Jahren erkennt niemand der Besucher, dass er „Natur von Menschenhand" betrachtet. Nachdem sich die Kalahari in weiten Partien begrünt hat, lässt man seine dort nie überzahlreiche pflanzenfressende Tierwelt vorerst in Ruhe, eines Tages wird man auch hier gegen Elefanten, Gnus, Zebras, Büffel, Antilopen und Gazellen einschreiten müssen.

Als das Jahrzehnt, in dem alle diese Taten geschehen sind, zu Ende geht, zieht sich längs der afrikanischen Küste ein Netz intensiv produzierender Meerwasserentsalzungsanlagen hin. Jedem Staat einschließlich der Binnenstaaten war zur Auflage gemacht worden, mindestens einen Betrieb zu bauen und zu unterhalten, und so kommt es, wie der Präsident des „Club of Africa" stolz verkündet, dass Afrika seinen Anteil, das steigende Meerwasser abzuschöpfen, voll und ganz erfüllt hat.

„Auch ist die Eindeichung aller flachen Meeresküsten, vor allem im Norden, so gut wie abgeschlossen, die hohen Deiche sind zudem hervorragende Verkehrswege geworden. – Nun, sagen wir Afrikaner, sind die andren Staaten und Kontinente an der Reihe, unserem Beispiel schnurstracks zu folgen."

Die anderen? Einem von ihnen wenden wir uns demnächst zu. Sicher ist, dass in den letzten beiden Jahrzehnten Afrika seinen Platz in einer sich immerzu fortwälzenden Gesellschaft und auf der unermüdlich sich drehenden Erde nicht nur gefunden, sondern auch „ganz oben, an der Spitze" behauptet hat.

„Afrika ist schwarz – und Schwarz ist schön!"

Europa drömmelt in Zukunft ein wenig hinterdrein. Darum begibt sich Peter Mefferten nun nach Eurasien (Kunstwort für Europa/Asien), wo vor einem Jahr die letzte Teilstrecke der Autobahn Lissabon-Wladiwostok, nämlich das Teilstück von Moskau nach Tomsk, eingeweiht wurde.

Autofahren

Mehrere bedeutende Autobahnen sind in letzter Zeit dem Verkehr übergeben worden: Auf dem amerikanischen Doppelkontinent, in Japan und China und sogar in Australien, das seine Schotterpisten nun endlich asphaltiert hat. Die interessanteste Autobahn führt nun ohne Unterbrechung und teilweise im Winter beheizt von Lissabon nach Wladiwostok. Sie ist ab Moskau die am wenigsten befahrene Autobahn der Erde, ein Zustand, der sich mit der neuen Erschließung Sibiriens ändern soll. Auf eine Mautgebühr möchte man vorerst verzichten, weil es gar kein Abrechnungsverfahren gibt, das der russischen Korruption gewachsen wäre.

Diese neue Autobahn kommt den Träumen Moskauer Tunichtgute, Garnichtskönner, Mutter- und Vatersöhnchen, Nichtnutze, Faulenzern und sonstigen Lebens-, Sterbens- und Genießerkünstler entgegen, welche in ihren Garagen jene Autos stehen haben, die sie bisher nicht ausfahren konnten und allesamt deutsche sind: BMW, VW, Mercedes, Audis und Porsches, German-Ferraries. Jedes dieser Gefährte ist über 300 KMH schnell, aber noch nie entsprechend ausgefahren worden. Ihre Stunden der Bewährung schlugen nun mit der Freigabe der neuen Autobahn. Alles verlief vorerst relativ harmlos: Wettrennen dieser Wagen mit der Siemens-Magnetbahn, die ebenfalls von Moskau bis an den Pazific fährt. Beide starten vom Moskauer Hauptbahnhof aus und wer zuerst ankommt, kann mit der Konkurrenz bequem und kostenlos zurückreisen. Klar, dass die Magnetbahn wegen ihrer zahlreichen Aufenthalte, die natürlich länger dauern als das Auftanken der Autos, nicht mithalten kann.

Doch dann kommt, weil die genannten Moskauer Bürger stete Abwechslung brauchen, eine andere Rennvariante ins Gespräch, die nun tatsächlich auch die letzten Fähigkeiten der Fahrer beansprucht: reine Wettrennen im Zweierstart! Wer hierbei an Formel-Eins-Rennen erinnert wird, die längst einen Zuschauerschwund verzeichnen müssen, liegt nicht ganz falsch. Peter Mefferten geht es so, als er auf einer Autobahnbrücke einem privaten Rennen zuschaut.

„Als ich die beiden Autos, die gefährlich nahe nebeneinander fuhren, von Westen herankommen sah und ich schnell zur anderen Brückenseite lief, um auch ihr Verschwinden beobachten zu können, waren sie schon sozusagen am Horizont verschwunden. Die Strecke ist hier im sibirischen Flachland auf hundert Kilometer schnurgerade und erlaubt es, das Letzte aus den Rennautos herauszuholen."

Der Ural-Streckenwärter neben Peter Mefferten schüttelt den Kopf und erklärt:

„Wir, meine Kollegen und Kolleginnen vom Straßenverkehrsamt, trauen uns mit unseren orangefarbenen Autos nicht mehr auf die Fahrbahn, wenn der Sonntagmorgen angebrochen ist. Es gab einen Auffahrunfall, bei dem unser Wagen samt zwei Fahrern so weit von der Fahrbahn in den benachbarten Urwald geschleudert wurde, dass er nur per Hubschrauber wiedergefunden werden konnte. Das Rennauto, ebenfalls zweifach besetzt, schleuderte in Teilstücken und großen Fetzen in den Baikalsee und ist bisher nicht geborgen worden."

„Was tut die Regierung gegen die Raserei?", fragt Peter Mefferten.

„Nichts, denn die Kinder der Regierungsbeamten, Minister, Fabrikanten, Präsidenten und Duma-Abgeordneten sind es ja, die hier diesen Remmidemmi veranstalten."

Peter Mefferten hat eine Idee, die er zwar zu Geld machen könnte, aber er hat genug Zaster zu Hause und gönnt anderen Mitmenschen einiges:

„Eine Geschwindigkeitsbegrenzung ließe sich doch durchsetzen und gegen die dann aufzustellenden Schilder mit 150, 200, 250 und 300 kann auch niemand etwas einwenden. Danach hätte Ihre Straßenbehörde, mein Herr, freie Hand, stramme Bußgelder wegen der Überschreitung von Geschwindigkeiten zu verhängen. Sagen wir ab 1.000 bis zu 5.000 Tacken."

Und das wird schließlich durchgesetzt. Alle Moskauer Raser, die sich natürlich nicht von den Gebotsschildern abschrecken lassen, werden geblitzt, notiert und mit den genannten Geldbußen belegt. Das kratzt sie natürlich nicht, solange Papa oder Mama alles bezahlen, aber die Autobahnpolizei kann sich endlich neue Uniformen verschreiben, ihre Kantinen finanzieren und auch jährliche Sommerfeten, zu denen die kapitalkräftigsten Übeltäter eingeladen und bewirtet werden, veranstalten.
„Suum cuique – jedem das Seine!“

* * * * *

Ein echtes Abenteuer in Sachen „Automobile“ greift Peter Mefferten nach Erkundigungen in Leverkusen auf. Dort krebst August Lankenau, 45, Fotografenmeister, auf der Jagd nach dem Knüller seines Lebens mehr oder weniger erfolglos herum. Was er auch fotografieren mochte, nichts erwies sich als der große Erfolg: Models, normale Mädchen, Mitmenschen von 1 bis 100, Städte, Landschaften, Tiere, Pflanzen, die Welt der Technik – mehr als 1.000 Euro und später 500 Tacken pro Monat sind dabei nicht herausgekommen. Jetzt, in der just begonnenen Tackenzeit, befindet er sich in der Luft, um im Auftrag der Landesregierung NRW Aufnahmen zum Thema „Wir und unser Auto“ zu machen. Da sieht er sie alle stehen und fahren, diese fahrbaren Untersätze von Opel, Ford und VW, zum Beispiel in den Schlangen rund um Köln. Die Sonne brennt vom Himmel, sie lässt die Luft über den geparkten Autos flimmern, so dass kaum scharfe Bilder entstehen können.

Zu Hause, beim Betrachten der Probeabzüge und nachdem er am selben Tag die Anzeige über einen passenden

Wettbewerb gelesen hat, zündet in Augusts Gehirn der Funke seines Lebens. Flugs gibt er seinem Rechner die Aufgabe auszurechnen, wieviel Kilowattstunden das Dach eines normalen PKW, mit einer Fotovoltaikanlage versehen, unter durchschnittlichen Bedingungen von Jahreszeit und Sonnenscheindauer erzeugen kann. Das ist nicht überwältigend viel, wie der Rechner mitteilt, aber der Rechner soll nun auswerfen, wieviel Strom entsteht, wenn man die Autos je eines normalen, mittleren und riesengroßen Firmenparkplatzes hochrechnet. Schließlich wagte sich Herr Lankenau daran, von diesem einen Parkplatz auf alle in der Bundesrepublik, in Europa, in den USA und weltweit befindlichen Parkplätze zu schließen.
„Mir wurde schwindelig", gestand er später.
Mit einem kleineren Handwerker, der ebenso scharf auf Knete war wie selbst und der versprach, vorläufig das Maul zu halten, konstruierte er eine Art von Alufolie, die mit Solarzellen besetzt war und die man aufs Autodach, auf den Kofferraumdeckel und die Motorhaube kleben konnte.

Das Prinzip ist eigentlich kinderleicht auszudenken: Jeder PKW ist, möglichst per Gesetz, auf seiner Karosserie mit diesen Solarzellen zu versehen, welche den gewonnenen Strom in einen Akku lädt. Dieser kann zu Hause entweder über einen Zähler erfasst und gemessen und seine aufgespeicherte Energie übers vorhandene Netz an den Stromanbieter verkauft oder zu Hause direkt verbraucht werden. Nachdem Augusts Gehirn weiter „wie verrückt" hin und hergewerkelt hat, erkennt sein Besitzer, dass die Angelegenheit machbar sei. Innerhalb eines Monats konzipiert er einen Entwurf und ein Modell, das er schleunigst dem Patentamt in München einreicht.

„Akzeptiert und genehmigt!“

Und er gewinnt den mit 10.000 Tacken dotierten Wettbewerb „Energiesparen“, ein Jahr später den Nobelpreis für „Alternative Energien“. Da hat er seine Erfindung schon dem VW-Konzern verkauft und für sich fabelhafte Bedingungen herausgeholt: Statt sich Summen von 5, 10 oder 20 Millionen Tacken auf einen Schlag auszahlen zu lassen, möchte er lieber für jedes mit seinen Zellen ausgestattetes Auto ein Tacken haben. Schlussfazit des eifrigen Peter Meffertens:

„Es bleibt anzumerken, dass Verkauf und Errichtung privater Carports und Garagen um 50% zurückgehen und dass auf vielen Firmenparkplätzen die Bäume beseitigt werden müssen –

weil niemand mehr im Schatten parken möchte!“

„Käfer, Käfer – du musst wandern...“ „Wir sehen von unserem Flüsterhubschrauber aus“, schildert Peter Meffer-ten für den Sender „Australia I“ begeistert, ja enthusiastisch, „die erste Käfer-Rallye unseres Kontinents. Es ist kein Wagenrennen, sondern eine gemütliche Rundfahrt von Brisbane nach Brisbane ohne Überholen, wenn es nicht notwendig ist. Die Autoschlange, jeder Käfer ist anders gefärbt oder bemalt als der andere, besteht aus den Wagen der Fabrikationsnummern 2001 bis 3000 und ist 10.000 Meter lang, weil die Autos aus Gründen der Sicherheit nicht zu eng auffahren sollen. Die Küstenautobahn ist rundum fertig und wird heute sozusagen eingeweiht. Dabei haben die Fahrer Gelegenheit, die kostspieligen Bauten und Veränderungen im Zuge des Hochwasserschutzes, der Begrünung und Besiedlung unseres Kontinents in Augenschein zu nehmen...“

Eine Milliarde Erdenbürger sind ebenfalls via Fernsehen Augenzeugen der Rundfahrt.
„Australien ist schon mehrmals in seiner Geschichte aufgebrochen“, fährt Peter Mefferten fort, „aber heute feiert es tatsächlich den Aufbruch in die Zukunft.“
Mehr Mobilität durch mehr Autos, davon die Hälfte schon mit Elektromotor, verlangt erhöhte Investitionen in Straßen, Parkplätze, Tankstellen beider Arten und Unterkünfte und Restaurants.

Im Weichbild der Hafenstadt Brisbane hat die neue VW-Fabrik ihre Produktion voll aufgenommen. Es ist kein Riesenwerk, mehr ein menschlicher Betrieb ähnlich dem in der Mongolei. Und man wollte auch hier die Eingeborenen in die Arbeitswelt integrieren, sie sollten nicht mehr als fünf Stunden täglich am Fließband stehen, aber es gelang nicht.
„Diese Menschen“, hatte Peter Mefferten prophezeit, „möchten sich nicht regulieren lassen und für andere Autos bauen, höchstens für sich selbst in Heimarbeit.“
Ja, diesen klugen Gedanken griff man auf und darum sind jetzt so genannte „Käfer-Bausätze“ erhältlich – „for Aborigines only“. Sonst wird in einer Schicht von 8 Uhr bis 18 Uhr gearbeitet, die jeweils 500 Autos herstellt. Das Programm entspricht den anderen VW-Werken des Konzerns: Einheitliche Farbe und Ausstattung, keine Sonderwünsche mit der Ausnahme, dass alle Wagen mit einer Anhängerkupplung ausgestattet sind. Sie ist für den erdweit sehr gefragten Klein-Wohnwagen ausersehen. Fünfzig Eingeborene konnte man als Fahrer einstellen, jedoch nur für die Autos, die vom Werk als Exportmodelle auf Schiffe oder Flugzeuge gefahren werden müssen. Ganz stolz fühlen sich

die Fahrer dabei und sie behandeln die Wagen zärtlicher als ihre Frauen und Kinder.

Islamische und asiatische Schaffenskraft

Peter Mefferten lässt im Presseorgan des Vatikan „Osservatore Romano“ einen Artikel los, der zwar von ihm entworfen, aber von Papstgattin Berta autorisiert und eingereicht wird und Aufsehen beiderlei Art erregt: Religiöse Intoleranz und Halleluja. Besonders sein Untertitel „Ach, man will auch hier schon wieder nicht so wie die Geistlichkeit“ verursacht Gelächter und Groll gleichzeitig. Der amtierende „Prinz von Preußen“ Louis Ferdinand, hoch auf Burg Hohenzollern den Lauf der Erde beobachtend und auf ein Come back seines Geschlechts hoffend, meldet sich mit einem Zitat seines größten Vorfahrens zu Wort:
„Alle Religionen Seindt gleich und Guth, wenn nur die leüte, die sie profesiren, gute leüte seindt...“
„Einer der größten“, schreibt Peter Mefferten, „und am meisten gutzuheißenden Fortschritte unserer Erde besteht darin, dass der Islam nun endlich über einen seiner zahlreichen Schatten gesprungen ist, der das Los seiner Frauen verdunkelte. Wie konnte der wichtigste Teil der Menschheit, fragen wir uns heute, auf seine Frauen und Mütter in großen Bereichen des öffentlichen Lebens verzichten? Die archaische Vorstellung, Männer seien die Herren der Erde und der Mann sei vor der Frau erschaffen worden, ist natürlich religiösen albernen Ursprungs und kann man Kitahörern nur unter Gelächter vermitteln. Sie, diese Männer, huldigten bisher der „Macht des Stärkeren“, ein Fehlschluss, wie schon Charles Darwin mit seinem ‚Survivel of the fittest’ beschwor und sagen wollte, ‚dass die Geeignetsten überleben’.Die Natur macht uns bei ihren allermeisten

Lebewesen vor, dass Weibchen fürs Überleben wichtiger sind als Männchen. Heute bereits zeigen uns Millionen muslimische Frauen, wie sie in einer sich ständig wechselnden Gesellschaft ‚ihren Mann stehen können' und dafür sorgen sollten, dass radikale Tendenzen des Islam allmählich aussterben."
Solche Töne einer Papstgattin... Im nächsten Jahr werden Bertas „Bemühungen um eine Humanisierung der Erde" mit dem Friedensnobelpreis gewürdigt.

Nun wird auch die sprichwörtliche asiatische Arbeitswut in geregelte Bahnen gelenkt. Hinzu kommt, dass sexuelle Aufklärung und Aufrufe zur gemäßigten Fortpflanzung Erfolge zeigen. Wenden wir uns, meint Peter Mefferten, erneut dem VW-Werk von Ulan Batur zu. Dieses Werk kennt keine Rückrufaktionen, keine Reklamationen der Kundschaft, der allgemeine Krankenstand ist so niedrig, dass Gewerkschafter daran gehindert werden müssen, neue Berufskrankheiten zu erfinden. Ein VW-Werbefilm lässt zu eindrucksvollen Bildern folgenden Text laufen:
„...wenn sie (unsere Arbeiter) morgens unsere Fabrik betreten, wandeln sie sich von archaischen Hirten zu modernen Arbeitern und abends, wenn sie heimgehen, geschieht das Gegenteil. Ihre Ziegen-, Schaf-, Rentier- und Pferdeherden hüten sie nicht mit Hunden, sondern mit Käfern, an die sich ihr Vieh inzwischen gewöhnt hat. Das Auto mit Wohnwagen bietet ihnen mehr Schutz als ihre Jurte. Alle ihre Familien sind durchweg vermögend, in den Wohnzelten befindet sich alles, was auch ein moderner Europäer, Amerikaner, Chinese oder Japener nicht missen möchte."

Radukale Äußerungen muss sich Peter Mefferten anhören, die ein bezeichnendes Licht auf die geistige und geist-

liche Reformation der Menschen wirft. Ein Klosterflüchtling aus Tibet mokiert sich:
„Übertriebenes Gebetsgeplärre und Gebetsmühlenantreiben sind nun wirklich nicht mehr abgebracht. Was soll das für ein Gott sein, dem dieses Getue Vergnügen bereitet? Und mit Recht sind Ärzte und Krankenkassen besorgt, wegen der Knierutschereien zu maroden Heiligtümern und knackende Wirbelsäulen wegen der vielen ungesunden Verbeugungen."
Ein chinesischer Moslem klagt seinem Mufti:
„Ich weiß nicht, was es bringen soll, wenn ich mich ein paarmal täglich nach Westen (zu Mekka hin) verbeuge, außer dass diese sportliche Übung, solange man jung und gelenkig ist, den Kreislauf fördert."

* * * * *

Der letzte Diktator

Während sich Peter Mefferten mit diesen mehr oder weniger wichtigen Lappalien herumschlägt, braut sich in Afrika einmal wieder etwas zusammen: In Malawi hat sich ein schwarzer Diktator aufgeschwungen. So dass der neue Generalsekretär der EU, Camillo van Veen, 41, in einer Ansprache sich zu drohen entschließt:
„Nichts kann wirklich gedeihen auf der Erde, solange noch Diktatoren unter uns weilen und ihretwegen ein Krieg geführt werden muss."
Van Veens Blicke gehen, von New York aus gesehen, in südöstliche Richtung nach Afrika, wo Peter Okinoto, 39, soeben eins seiner Lieblingslieder singt, nämlich das deutsche Volkslied „Ach, wie war's in Köln vordem mit Hein-

zelmännchen so bequem..." Er singt dieses Lied jeden Morgen bei Sonnenaufgang, denn er ist ein gefühlvoller, in Köln erzogener Mann und Kenner deutscher Märchen und Volkslieder. Doch mit diesen durchaus positiven Eigenschaften kann er den Generalsekretär nicht täuschen. Dieser meldet sich noch einmal, ehe der erste Schuss getan wird:
„Sorgen Sie für freie Wahlen in Malawi und beenden Sie Ihre Rüstungen!"

Peter Okinoto reagiert nicht. Er hat, wie viele seiner Zeit- und Volksgenossen bezeugen, eine Menge positiver Züge, die in Köln ausgebildet worden sind, rheinländische also, die überall auf der Erde wohlgelitten sind. Doch nun treibt er sein Treiben einfach zu weit, wie es bisher alle Tyrannen der Geschichte getan haben.
„Wie weit", fragt Peter Mefferten in der „Kölnischen Allgemeinen", „kann ein Diktator heutzutage gehen, ohne sich selbst umzubringen?"
Er, dieser Peter Mefferten, ahnt jetzt nicht, wie weit er mit diesem „sich selbst umbringen" der Zukunft vorgegriffen hat.

Natürlich lässt auch Peter Okinoto seinen Familienclan an Macht und Überfluss teilhaben, während der größte Teil seiner Untertanen schwer schuften muss. Zum Beispiel die Landbevölkerung: Noch immer traben dort die Hausfrauen morgens um 8 Uhr los, um bis 12 Uhr einen Eimer Wasser und ein Bündel Feuerholz heimzuschleppen – während ihre Männer rauchend, kartenspielend und trinkend im Schatten der Eukalyptusbäume hocken. Zwar wurden vor Peters Machtübernahme wiele neue dorfnahe Brunnen gebaut und Wälder aus den schnellwachsenden Eukalyptusbäumen aufgeforstet, doch wurden die Brunnen kaum gewartet und die Bäume ließ der Diktator abholzen und ins Ausland verkaufen.

Doch die letzten Volkssympathien verscherzte er sich, als er die Gelder, welche das EU-Hilfsprogramm für den Straßen- und Wegebau zur Verfügung stellte, dafür verwendete, fünf neue asphaltierte Landstraßen zu seinen fünf neuen Wohnschlössern anzulegen. Dazu kam sein familiärer Luxus, der „das Fass zum Überlaufen brachte". Diktatorengattin Elvira, 25 und jeweils gute deutsche Pfunde schwer, wie das Jahr Tage hatte, leidet an dem unter Reichen weitverbreiteten Schuhsyndrom: Sie muss jeden Tag ei neues Paar anziehen, und weil sie trotz ihres Gewichts Größe 36 hat, ist auch jedes Paar abends gegen 22 Uhr total zertreten. So kommt es, wie es kommen muss: Eine sonst durchaus tolerante Bevölkerung beginnt zu murren und aufsässig zu werden. Das erwähnte Fass läuft über, als Peter Mefferten erfährt und es der EU-Regierung übermittelt, dass Peter Okinoto seinen Halbbruder während einer Bootstour auf dem Silver-River über Bord stieß und genüsslich zusah, wie Krokodile die Arbeit der Leichnambeseitigung übernahmen.

* * * * *

Vier Wochen später fragt die Redaktion der „EU-Times" aus Johannesburg an, ob ein Besuch eines Teams zwecks Reportage und Interview genehm sei? Ist es. Wie alle Alleinherrscher ist auch Peter Okinoto dort am besten zu packen, wo auch alle anderen Menschen packbar sind: bei der Eitelkeit. Und seine Eitelkeit unterdrückt diesmal sein notorisches Misstrauen, ohne das ein Tyrann niemals existie-

ren kann. Von Süden her fliegt dann nach ein paar Tagen einer der neuen Langstreckenhubschrauber in Lilongwe ein, der Flüsterhubschrauber deswegen genannt wird, weil man sich während des Fluges in ihm ohne Mikrofon flüsternd unterhalten kann. Nach der Begrüßung auf dem Flugplatz sagt der Gastgeber:
„Wenn ich hier und jetzt einmal einen Probeflug machen kann und zufrieden bin, können Sie dem Hersteller eine Bestellung von zwanzig Stück überbringen."
Pilot und Reporter zucken unmerklich zusammen und müssen frohlockendes Feixen unterdrücken – dass ihnen ihr Auftrag so leicht gemacht wird, haben sie nicht ahnen können. Peter Okinoto nimmt neben dem Piloten Platz und winkt seiner besseren Hälfte zu, die wegen ihres Übergewichts nicht mitfliegen kann. Auch sie kann nicht ahnen, dass sie bereits Witwe im Vorruhestand ist. Später kommentiert sie:
„Besser Witwe als selber tot."
Nun denn, ihr Mann jedenfalls startet zu seinem letzten Flug.

In einer großen Schleife nimmt der Hubschrauber Kurs auf den Malawisee, überfliegt das Ufer mit seinen vielen internationalen Hotels und dreht nun auf eine der Inseln zu, die von Vögeln, Waranen und Krokodilen bewohnt werden. Peter Okinoto hatte gerade den Wunsch geäußert, „auch einmal steuern zu dürfen", (sein alter Kinderwunsch das!), und weil die Insel jetzt den Hubschrauber zur Küste hin abdeckt, kommt der Kommandant und Pilot dieses Mordunternehmens dem Wunsch nach und lässt Peter den rechten Steuerknüppel bedienen. Der Hubschrauber aber bleibt stur auf Kurs, statt einer Richtungsänderung öffnet sich jedoch unter Peter Okinoto eine Falltür, durch die er mitsamt dem 50.000-Tacken-Sitz in die Tiefe rauscht. Dieser sitz, nicht nur seine schwere Ordenbrust, zieht ihn unrettbar bis auf den Grund des sauberen Malawisees hinab – „Requiescat in pace!“

Nur allmählich kommen die Bürger des Staates dahinter, dass sie befreit worden sind. Sie schicken Elvira und ihre Clique unbehelligt in ihr Heimatdorf zurück. Ein Prozentsatz von 0,001% der Erdbevölkerung glaubt, sich über diese heimtückische Aktion beschweren zu müssen – ihre Vorwürfe werden ignoriert.

Blitzlichtgewitter

„Lieber, sehr geehrter Dr. Peter Mefferten“, fängt ein Brief aus Detroit an, „wir haben erfahren, dass Sie unter anderem Fotofachmann sind und ein Zehntausendsassa dazu, der für jedes Problem eine Lösung findet...“

„Hört – hört – hört!“, knurrt die Familie dazwischen.

„...und darum schreiben wir Sie an. Unser Problem: Wie machen wir eine nächtliche Blitzlichtaufnahme der Cheops-Pyramide? Diese benötigen wir, um unsere erdumspannende Bedeutung als Lampenhersteller zu untermauern.“

Absender ist General-Elektrik. Noch ehe Peter Mefferten das Schreiben zu Ende gelesen hat, beendet sein Gehirn den Denkvorgang und signalisiert, dass hier Geheimhaltung die erste Bürgerpflicht sei. Geheimhaltung bis zum unterschriebenen Vertrag nebst überreichtem Scheck oder Eingang des Honorars auf dem Konto. Dies alles geschieht mit überraschender kaufmännischer Ehrlichkeit und Nobilität, so dass wir hier diese Vorgänge nicht näher zu erläutern brauchen.

So kommt es an einem Novembersonntag, wo die Tage kurz, die Nächte dafür lang und die meisten Ägypten-Touristen zu Hause sind, nahe Kairo zu einem Volksauflauf. Tausend einheimische Frauen und Männer zwischen 18 und 70 versammeln sich kurz vor der Dämmerung am Fuß der Cheops-Pyramide, erhalten gewissenhafte Anweisungen und steigen, beziehungsweise erklimmen, die ganz nach oben müssen natürlich zuerst, dieses uralte Bauwerk. Derartig, dass dann, nachdem sie aufgestiegen sind, auf den umlaufenden Simsen alle Meter eine Person zu stehen kam. Jede hatte ein Blitzlichtgerät in der Hand, dieses bereits aufgeladen und in Blitzrichtung nach unten ins Tal gerichtet.

Dort hatten inzwischen fünfzig auserwählte Fotografen Stellung bezogen und ihre auf Stative montierten Kameras formatfüllend auf die Pyramide gerichtet. Jeder würde nur eine Aufnahme machen, aber weil diese ganze Horde sich hundert Meter in die Breite zog, würde jede Aufnahme einen anderen Blickwinkel zeigen.

Noch war die Dunkelheit nicht hereingebrochen. Peter Mefferten war mit von der Partie und wusste, dass er sein Honorar wieder herausrücken musste, „wenn die Chose in die Hose ging“. Aber das konnte gar nicht geschehen! 21 Uhr. Das Signal, auf das die Leute auf der Pyramide ihre Blitzgeräte per Hand auszulösen hatten, war, für alle Fälle, akustisch und visuell geplant: ein Kanonenschlag und das Aufleuchten eines starken Scheinwerfers. 21 Uhr 10, 21 Uhr 14 – dann 21 Uhr 15: Die auf T wie Time eingestellten Kameras erfassten die tausend einmalig ausgelösten Blitze und bannten sie auf die Chips. Die sofortige Kontrolle, ob gelungen oder nicht, wäre früher, bei Benutzung von Filmen, nicht möglich gewesen. So winkten die Fotografen ihr „Okay“ an die Leiter der Aktion, darunter natürlich auch Peter Mefferten, und die Pyramidenbesteiger erhielten durch Signal die Aufforderung zum Abstieg.

Zuschauer aus dem nahen Kairo gab’s genug. Und noch Jahre danach wussten die ägyptischen Kameltreiber und – besitzer von einem Abenteuer zu berichten, „das nur der weiße Mann sich ausdenken konnte“. Jedes Jahr werden Millionen der Fotos als Postkarten verkauft...

* * * * *

Königliche Hoheiten

Diesem im Titel angesprochenen Personenkreis ging es ein Jahr später an den Wickel. Daran war Peter Mefferten allerdings nur passiv als Leser und Fernsehzuschauer beteiligt. Irgendwie erst im Untergrund, dann ganz öffentlich hatten Teile der Bevölkerung, die von Hoheiten regiert wurden, zu murren begonnen, als nämlich diese Könige, Herzöge, Dukes, Lords, Königinnen und ihr immer umfangreicher werdender Nachwuchs zu Erbschleichern, Spesenrittern, Lügenbaronen und anderen unliebsamen Subjekten mutierten. Im Volksmund hieß das schlicht:

„Sie verprassen zuviel Tacken und leisten so gut wie nichts dafür!“

Man rechnete aus und gegen, was ein demokratisches oder republikanisches Staatsoberhaupt, also ein Bundespräsident zum Beispiel, den Staat kostete und wie hoch die Summen bei gekrönten Staatsoberhäuptern lagen. Das Ergebnis war so niederschmetternd gegen Letztere, dass in allen betrof-

fenen Ländern ein Referendum beantragt und auch genehmigt wurde. Nur zwei Fragen galt es zu beantworten:
„Erstens: Wollen Sie, dass Monarchen/Monarchinnen als Staatsoberhäupter insgesamt und generell abgeschafft werden. O ja oder O nein, Zutreffendes ankreuzen!"
Zweitens: Wollen Sie, dass die bisherigen adeligen Staatsoberhäupter, so sie denn wollen, im Amt verbleiben dürfen, aber nur wie bürgerliche Präsidenten etc. besoldet werden? O ja oder O nein, Zutreffendes ankreuzen!"

Zahlreiche fürstliche Familienräte traten zusammen, sich auch auf die Füße vor lauter Zornesgewalt. Sie hatten allesamt nichts mehr zu sagen gehabt, doch wer sich und seinen Söhnen zwei Dutzend Verdienstorden und Goldmedaillien an Brust und Bauch geheftet hatte, gar noch einen Unterhosenorden trug, der war nicht willens, sein Gottesgnadentum in Frage zu stellen. Da fielen dann gar nicht so neue Kommentare:
„Macht euren Dreck alleine!"
„Lex dubia non obligat – Ein zweifelhaftes Gesetz bindet nicht."
„Quid sit futurum cras, fuge quaerere – Was morgen sein wird, frage nicht."
„Götz von Berlichingen!"
Aber es gab weder Genickschüsse noch „an die Laterne!", weil Volkes Stimme in allen Monarchien nur eines wünschte: Dass die amtierenden Monarchen/Monarchinnen im Amt blieben, aber nur sie allein nach allgemeinem Status eines gewählten Staatoberhauptes honoriert und Gehalt, Aufwandsentschädigung und Rentenanspruch erhalten sollten. Damit war's aus, dass eine jeweilige Monarchenrasselbande von Volk und Staat gemästet wurde.

Sportliches

Peter Mefferten, selbst ein Sportmuffel, meint, dass Sportliches und alles, was mit diesem Oberbegriff zusammenhängt, hier bisher zu kurz gekommen ist. Dabei, so seine Meinung weiter, hat sich allerhand getan: Aus der Sicht jener Menschen, die schon im 20. Jahrhundert der Meinung waren, mehr sportliche Leistungen ihrer Zeit könne es nie geben – „der Mensch ist doch keine Maschine, die man nach Belieben aufmotzen kann“. Ein Irrtum, wie so vieles aus vergangenen Tagen!

Denn mittlerweile gibt es Leonid Karpow, 36, Rassenforscher, Züchter, Mendellist (nach Mendel!), Trainer und Sportförderer. Er ist begeistert, regelrecht entzückt, dass Peter Mefferten den Weg zu ihm gefunden hat.
„Da rennen sie nun, meine Kinder!“
Diese, stellt Mefferten erstaunt fest, sind zwischen 18 und 25, männlich, farbig und die schönsten und schnellsten Menschen der Erde.
„Diese, die Erde, wird staunen“, sagt Karpow wohlwollend, „wenn ich meine Kinder bei der nächsten Olympiade vom Stapel lasse.“
Er hat mehr als zehn Jahre mit ihnen gearbeitet, war besser als jeder Vater zu ihnen und sie respektierten ihn als ihren eigentlichen Schöpfer. Peter Mefferten bemerkt dieses väterliche Verhältnis auf den ersten Blick und darf daraufhin noch weiter um sich blicken:
„Ich befinde mich im streng bewachtenTrainingscamp im kenianischen Hochland. Ein Stadion ist errichtet worden, das den internationalen Normen entspricht, dazu Unter-

künfte und Möglichkeiten zur Unterhaltung. Auch ein kleiner gepflegter Puff, denn alles kann man diesen Jungens außer Essen und Trinken abgewöhnen, nur nicht den Umgang mit jungen Damen. Was Leonid Karpow jetzt in meiner Anwesenheit so entzückt, ist folgendes: Das Lauftraining über die Kurz-, Mittel- und Langstrecken ist abgeschlossen und es sind Zeiten gelaufen worden, welche bald alle Menschen außer Atem halten werden. Ich schätze, man wird Leonid des Dopings verdächtigen, klar, oder anderer bisher unbekannter Machenschaften, klar – aber nichts anderes herausfinden als ‚logische Konsequenz', klar?"

* * * * *

Verfolgen wir nun den Ursprung des Geschehens. Gebannt von den sportlichen, meist läuferischen Leistungen der Sportler aus Eritrea, Sudan, Somalia, Kenia, Tansania und Unganda, die fast alle verfügbaren Medaillen kassierten, begeistert von der Rasseschönheit dieser drahtigen Menschen, beschloss Leonid Karpow jenes Expiriment, das ihn unsterblich machen sollte: die Züchtung von Sportlern. Zwar weiß er natürlich, dass es nach der Mendelschen Vererbungslehre „schön plus schön" nicht immer schön ergibt, ebenso bei anderen Eigenschaften wie stark, groß, klein oder flink. Aber die Wahrscheinlichkeit, ein gewünschtes Zuchtergebnis zu erzielen, steigt wesentlich, wenn man geeignete Partner zusammenführt, die den Wunschvorstellungen des Züchters entsprechen.

„Das alles ist längst bekannt", erläutert Leond Karpow seinen Kandidaten beiderlei Geschlechts, „von Kaninchen, Meerschweinchen und unserem gesamten Vieh einschließlich der Pferde."

Leonid hat seine Objekte handverlesen, indem er die erwähnten Länder bereiste. Nach kurzen Erklärungen waren sie alle bereit, begeistert und froh, aus ihrem ärmlichen Milieu in den kargen Bergen oder Hochebenen herauszukommen und fremde Luft zu schnuppern. Um sich allem Kritiken moralischen Inhalts zu entziehen, müssen alle Paare heiraten. Und neun Monate nach der Heirat liegen erste Ergebnisse in den Wiegen oder Körbchen und werden hochgepäppelt. Weil Leonid auch die weiblichen Sportdisziplinen zu erobern gedenkt, kann er Mädchen genauso gebrauchen wie Jungens. Er denkt ziemlich weitblickend und schon jetzt daran, seine Zuchtstars in allen lukrativen Sportarten auch außerhalb der olympischen Spiele und Weltmeisterschaften einzusetzen; vor allem auch bei Ballspielen wie Tennis, wo viel Tacken umgesetzt werden.
„Stellt euch vor“, macht er den Eltern künftiger Asse den Mund wässrig, „wenn eure Kinder zum ersten Mal europäischen Tennisstars gegenüberstehen und ihnen Bälle servieren, die sie nie erreichen können. Und beim Fußball solch mächtige Elfmeter hinknallen, dass kein Torwart mehr sich ihnen entgegenzuwerfen wagt, will er nicht totgeschossen werden.“
Schöne Aussichten das!

Entgegen seinen radikalen Kollegen, die sich in Korea, Japan, und China mit ähnlichen Projekten befassen, geht Leonid moderat und human vor. Die Kinder verbleiben in der Obhut der Eltern und erst im Alter von sechs Jahren, wenn sie zur dortigen Schule gehen, werden sie in die Mangel von drei Stunden täglich „laufen, hüpfen und springen“ genommen. Wenn Leonis dann beobachtend und messend dabeisteht, weiß er sich auf dem richtigen Weg.

Nach der Pubertät trifft Leonid die letzte Auswahl unter seinen ranken, drahtigen, schlanken und ungemein appetitlich aussehenden Zöglingen, indem er das Training auf zehn Stunden täglich erhöht und die neuesten Erkentnisse der Ernährungslehre rigoros anwendet. Zudem offenbart er ihnen, dass auch sie wie ihre Eltern zu züchten haben.
„Seht euch durchaus paarungswillig untereinander um", empfiehlt Leonid, „denn nur Nachwuchs aus harmonisierenden Ehen kann optimal werden."
Wunderschöne Aussichten das!
„Wir glauben", meint Peter Mefferten, „nun genügend dargelegt zu haben, was hier in Kenia gespielt wird, und begeben uns auf die nun anlaufenden olympischen Spiele im Gastland Kenia, nach Nairobi."

* * * * *

„Und sind nur bei der Schlussveransatltung, dem berühmten Marathonlauf der griechischen Antike dabei."
Hierfür hat Leonid Karpow vier seiner Züchtungen nominiert, je einen Mann aus Kenia, Uganda, Somalia und Tansania. Im Höhenklima dieser Stadt haben schon unzählige Sportler schlappgemacht, Farbige wie Europäer, und eines hat sich eindeutig gezeigt: Die Verabschiedung des weißen Mannes von sportlichen Höchstleistungen!

Der Startschuss knallt. Hundert Teilnehmer, mehr haben sich keine Chancen ausgerechnet, setzen sich in Trab, einige bereits in Halbgalopp, um sich nicht gleich im hinteren Teil des Feldes abrackern zu müssen. Ihre Träiner haben hin und hergegrübelt, wie den vier bereits mit Medaillen überhäuften Spitzenläufern beizukommen sei, doch niemand von ihnen hat ein Rezept entwickeln können. Nach einer Stunde Lauf unter akzeptablen Bedingungen, was das Wetter angeht, gibt es ein geschlossenes Hauptfeld aus vier Läufern, die ganz eindeutig das Tempo angeben und erkennen lassen, dass sie sich überhaupt noch nicht angestrengt haben. Begleitende Fernsehteams zeigen zeigen der Öffentlichkeit von zehn Milliarden Zuschauern zu Hause Nahaufnahmen, die je beeindruckender werden, desto mehr man sich dem Ziel nähert: Keine hechelnden Gesichter oder hängende Zungen, nur wenige, langsam abtropfende Schweißperlen, lächelnde, nicht verzerrte Mienen, Füße, die locker und vorschriftsmäßig vom Boden abrollen. Diese vier Herrschaften laufen exakt ausgerichtet nebeneinander, als trügen sie das Zielband vor sich her, und zum ersten Mal dämmert den Organisatoren, was sie vorhaben könnten.

Da, endlich erreichen sie das Nairobi-East-Africa-Stadion, das 200.000 Zuschauer fasst, die nun aufspringen und einen ohrenbetäubenden Jubel anstimmen. Das rhytmische, die hölzerne Bauweise des Baus gefährdende Klatscherei geht schließlich in höllisches Gelächter über, als die Zuschauer bemerken, dass es offensichtlich keinen Endspurt geben wird. Denn unsere vier Siegeskandidaten laufen zwar wie antike Berserker, aber schnurgerade ausgerichtet wie die preußischen Grenadiere bei Leuthen und so genau über die Ziellinie, dass keine Fotokamera, kein anderes Messgerät auch nur einen Unterschied von 1/10.000 Sekunde registrieren kann. Während im sich nahenden Verfolgerpulk eine Läufer nach dem anderen aus den Pantinen kippt, drehen vier Goldmedaillengewinner eine Ehren- und Reklamerunde, in der einer seine Flasche Cola leert, der andere einen MacDonald-Hamburger verputzt, der dritte sich mit Eastafrican-Airfresh beschüttet

und der vierte sein Hemd wechselt, das die Überschrift „poor wretch party" offeriert.
„Der ganze Afrikanische Graben (ein Urtal)", ereifert sich ein Reporter im Ekstaseschluckauf, „füllt sich mit Freudentränen. Das ist ein würdiger Abschluss **unserer** Olympiade!"
Leonids siegreiche Zöglinge können sich nach der Veranstaltung vor Werbeaufträgen kaum retten, nehmen Millionen Tacken ein, welche sie zum größten Teil ihren armen „Familien dahinten im Busch" zukommen lassen.

* * * * *

Die US-Amerikaner drohten bei diesen Spielen leer auszugehen, aber tatsächlich stellen sie den Hauptkassierer der Goldmedaillen: Es ist Giacomo Winn é tou, 20, genannt Winnetou III. und Häuptling des nun auf 20.000 Köpfe angewachsenen Stammes der Apachen. Er reckt 215 Zentimeter in die Luft, bringt 250 deutsche pfund auf die Waage und schafft „die 100 Meter" in 10, 5 Sekunden. Das US-Olympische Komitee wollte ihn zuerst nicht zulassen und musste in einer geheimen Vorstellung im neuen Fußballstadion Chikagos überzeugt werden. Sehr zufrieden und verhalten zustimmend ging man heim. Winnetou wurden nun für Hammer- und Speerwerfen, Ringen, Boxen im Schwergewicht, Kugelstoßen und Gewichtheben gemeldet. Außerdem als Ersatzspieler der US-Fußballmannschaft vorgesehen, falls ein sein olympischer Spielplan dies zuließ. Schon beim Eröffnungseinmarsch gerät ein Reporter vollkommen aus dem Häuschen:
„Da kommt unser Fahnenträger, Rothaut Giacomo, genannt Häuptling Winnetou, jetzt sollten wir ihn ‚Mister

Olymp' nennen! Ja, so wie er können die herrlichen alten Griechen ausgesehen haben! Wird er Medaillenabsahner?" Winnetous Betreuer, der seinen Schützling nach Siegen ordentlich vermarkten will, macht die Verantwortlichen des Stadions in Nairobi darauf aufmcrksam, dass scin Mandant wegen seiner Wurfweite ein wenig mehr Spielraum haben müsste – abgelehnt!

Aber alles geht gut. Der Hammer kracht kurz vor den Zuschauern in den Rasen, der Speer fetzt in den Rang und spießt eine Reklamefigur auf, beim Kugelstoßen kommt es auch zu enormen Weiten, das Publikum geht bereits in Deckung, aber mit einem laut hörbaren Plumbs bohrt sie die Kugel so tief in den Rasen, dass ein Maulwurf, wäre er zufällig dort gewesen, an Gehirnerschütterung verstorben wäre. Auch das Gewichtheben gewinnt Winnetou, er hätte glattweg 50 Kilogramm mehr heben können, aber diese schwersten Gewichte fehlten im Sortiment. Beim Ringen bleibt er aufrecht stehen, lässt die asiatischen Fettmöpse gegen sich anrennen, bis er sie hochhebt und mit dem Rücken nach unten auf die Matte schmettert. Beim Boxen verhält er sich ähnlich. Kinnhaken braucht er nicht zu fürchten, weil sein Kinn für alle Gegner unerreichbar ist, und donnernde Kaken knapp oberhalb der Gürtellinie ignoriert er solange, bis sein Gegner, irritiert und entnervt, eine Sekunde Unaufmerksamkeit zeigt – bums, ein Bums gegen den Schädel, auch diese Goldmedaille ist sicher.

Allein seiner Fußballmannschaft auf dem weg zum Endspiel kann und darf er nicht aushelfen: Nachdem er in einem Spiel bei einem Elfmeter den Ball durchs Netz gejagt hatte, weigerte sich jede Mannschaft, gegen ihn anzutreten – er ist eben der typische Solist in jedwedem Spiel!

* * * * *

Alle Sportarten nehmen in dieser Zeit einen ungeheuren Aufschwung. Während an den meisten Schulen der Erde kulturelle Fächer wie Malen, Musik und Kunst noch weniger als vor fünfzig Jahren gelehrt werden, ist die Stundenzahl des Sportunterrichts verdoppelt worden.
„Geraten Kultur und Allgemeinbildung ins Hintertreffen?“, fragt Peter Mefferten.
Und liefert als Hinweis die Szene einer Quizveranstaltung im Fernsehen. Vier Fragen wurden vom Kandidaten, Studienrat a. D., mit Schulterzucken, Naserümpfen und anderen Zeichen des Nichtwissens beantwortet:
„Wie lange dauerte der Siebenjährige Krieg?“
„Woher hat der Bismarckhering seinen Namen?“
„Wem verdanken die Mozartkugeln ihren Namen?“
„Wie heißt der deutsche Barockomponist britischer Nationalität?“

Allen voran hat der Motorsport den höchsten Aufschwung genommen. Und das allen Warnungen zum Trotz, dass der Benzinverbrauch „nichts als Geldverschwendung sei“ und ein Renntag die Umwelt mehr belaste als das jährliche Verkehrsaufkommen einer Mittelstadt. Umsonst: Eine Veranstaltung, auf der 100.000 Besucher 5 bis 10 Millionen Tacken und die Fernsehsender noch dazu 3 Millionen Tacken einbringen, ist nicht erfolgreich zu kritisieren. Um allen Begeisterten den Sport näherzubringen, wird die Formel 1 in zwei parallel laufenden Gruppen auf doppelt soviel Strecken wie früher ausgetragen. So sind Städte eie Johannesburg, Ulan Batur, Tokio, Moskau, Nairobi, Buenos Aires, Delhi, Warschau und Bekgrad dazugekommen, nachdem sie entsprechende Strecken angelegt haben. Diese neuen und die modernisierten erlauben schnelleren Autos als früher Geschwindigkeiten bis zu 500 Sachen. Höhepunkt ist das Duell der beiden ersten der Gruppen, da geht es wirklich hoch her, obwohl nur zwei Autos im Rennen sind. Dem Sieger winkt „ausgesorgt zu haben“, denn er wird mit Werbeaufträgen überhäuft, die ihm jährlich 500 Millionen Tacken einbringen.

* * * * *

„Wundert es bei solcher extremen Entwicklung des Sports“, fragt Peter Mefferten, „dass sich Millionen junger Leute zu ihm drängen?“

Die meisten bleiben freilich im unteren Mittelmaß stecken, weil sie an der Härte des Trainings scheitern und, überwinden sie dieses, später nicht auf die Annehmlichkeiten , die hoher Verdienst nun einmal mit sich bringt, verzichten möchten.

„Reichtum schützt vor Torheit nicht!“

„Ich hatte zeitweise“, berichtet ein solcher Tor anonym der Zeitschrift „Kicker of the Earth“, „mehr als 100 Millionen Tacken auf der hohen Kante, aber so hart ich gegen mich selbst bin, wenn es ums Geld geht, so weich bin ich armen oder scheinbar armen Mitbürgern gegenüber, wenn sie mich um milde Gaben und letzte Hilfen angehen.“

„Ich habe alles“, berichtet ein anderer Kickerstar, „alle meine vielen Millionen mit netten Girls verpulvert, weil ich ihnen nichts abschlagen konnte.“

„Und ich bin“, berichtet ein dritter, „schurkischen Anlageberatern und Managern auf den Leim gegangen, die arm waren, als ich reich war – nun ist's leider umgekehrt.“

Leonid Karpows Sprinter knacken bereits die 8 Sekunden beim Hundertmeterlauf, die 7 davor wird heftig angestrebt.
„Noch ein paar gelungene Zuchtgenerationen“, orakelt er, „und die 6 Sekunden für hundert Meter werden Wirklichkeit.“
Fazit: „Gut gezüchtet ist halb gelaufen!“

Medizinisches

Wenn der Chefarzt einer großen Klinik, gestorben im Jahr 2000, jetzt an seinen Arbeitsplatz zurückkehren würde, müsste er sich wie ein Medizin-Azubi am ersten Lehrtag vorkommen. Schon damals, in den Jahren vor seinem Tod, klagten Patienten über Unpersönlichkeit und Hauruckverfahren in den Krankenhäusern: Dass zu wenig Zeit für gesetzlich versicherte Kranke aufgebracht würde und dass man besser zu Hause bliebe, um dort zwar ein wenig eher, aber in Frieden zu sterben. Dem Gesundheitswesen der meisten entwickelten Länder drohte jener Kollaps, der in den unterentwickelten Ländern seit jeher der Normalfall ist.

Die medizinische Technik selbst steht auf höchstmöglichem Niveau und hat den meisten Krankheiten ihren Schrecken genommen. Neue Geräte der Kernspintografie arbeiten zehnmal so schnell wie ihre Vorgänger von 2000, verarbeiten drei Patienten auf einmal und zeichnen die kleinsten Unreglmäßigkeiten auf. Durch die scho früher begonnene und jetzt fortgeführte Auflösung mittlerer und größerer Krankenhäuser oder deren Zusammenlegung sind Institute entstanden, die Kleinstädten gleichen und bis zu 5.000 Mediziner und Helfer beschäftigen. Weil die Entfer-

nungen zwischen den einzelnen Krankenhäusern jetzt bis zu 100 Kilometer betragen, ist der Zubringer- und Notdienst ausgebaut worden, so dass eine Riesenflotte von flinken Flüsterhubschraubern zur Verfügung steht.
„Und wer bezahlt den ganzen Aufwand?“
„Die Patienten natürlich!“
Der Beitrag zur gesetztlichen Krankenversicherung ist nun überall auf 25% des Bruttogehalts festgeschrieben.

* * * * *

Die goldenen Zeiten für niedergelassene Ärzte sind lange vorbei. Aus ist’s damit, dass Zahnärzte in einem Jahrzehnt soviel kassieren konnten, dass sie sich dann zwei bis drei Häuser, eine Ferienwohnung auf Teneriffa dazu, kaufen oder bauen konnten. Mehr als die meisten Arbeitnehmer kratzt auch ein Arzt in einem Arbeitsleben nicht mehr zusammen: Ein Eigenheim sparsamen Zuschnitts, eine Familie ernähren, Kranken- und Altersvorsorge. Es sei denn, man sucht sich eine Erdgegend als Revier aus, wo ein Arzt noch als Halbgott in weiß gilt und, wenn er tüchtig ist, als solcher angehimmelt wird.

Wie Dr. med. dent. Carlos Clebér, 29 erst und einige seiner Kollegen, die vor einem Jahr eine Gruppenreise in den indischen Subkontinent mitmachten und darüber außerordentlich wortkarg in einem Satz berichteten:
„Noch nie in unserem Leben haben wir soviel reparaturbedürftige Gebisse gesehen!“

Das war der „casus knacktus“ oder „breakevenpoint“ im Leben des Carlos Clebér! Nun, in Zeiten des erdumspannenden Tacken, der grenzenlosen Berufs- und Reisefreiheit

und sonstiger Vergünstigungen im Geld- und Vermögensverkehr, kann Carlos seine junge Ehefrau Anita, 27 und eigene MTA der Praxis, leicht überzeugen, „alle Klamotten daheim wegzufeuern“ und in medizinisch unterversorgte Regionen der Erde abzuwandern.
„Ein paar Jahre dort praktizieren und wir haben mehr Tacken verdient als zu Hause in hundert Jahren.“
Und wohin soll es gehen? Peter Mefferten weiß aus eigener Erfahrung Rat:
„Wo Sie kürzlich waren, Doktor: Indien oder Nepal oder Bhutan oder Afghanistan und nur in mittleren Höhenlagen, damit Tropenkrankheiten und andere Infektionen Sie und Ihre Frau nicht unterkriegen können. Dazu empfehle ich, einen einheimischen Dentisten, die gibt es da noch, ‚mit ins Boot zu nehmen’, wie man so schön sagt, um bei der Bevölkerung schnell und ohne Schwierigkeiten anzukommen und Vertrauen zu entwickeln.“
Wieder einmal ein guter Rat eines erfahrenen Weltmannes!

* * * * *

Aber die alles entscheidende Hilfe leistet ein anderer, wesentlich reicherer Mann: William U. Hoerst, 51 und kurz W.U.H. genannt.
„Er hat“, meinen Neider, „einen leichten Knick in der Birne.“
Doch seinem ostfriesischen Wahlspruch hat niemend etwas entgegenzusetzen:
„Lat Neiders nieden un Haters haten – Lass Neider neiden und Hasser hassen!“
Er hat von Carlos’ Plänen Wind bekommen und sein gutes Herz, welches die genannten Neider gern plündern würden,

zuckt augenblicklich zusammen und beschleunigt seinen Puls.

Eine Woche später sitzen sich W.U.H., Anita und Carlos in einer B-52-Bomberkanzel, die abhörfrei eingerichtet ist, bei Ammerländer Schwarzbrot, Saterlander Butter, Westfälischer Mettwurst und Emsländer Stuten (ein Weißbrot) schwatzend und schmatzend gegenüber. Ds Fazit dieser gemütlichen, erbaulichen und Nachbarschaft fördernder Audienz kann sich sehen, hören und lesen lassen:
Ich gebe euch nun“, sagt William duzend, was als hohe Ehre angesehen werden kann, „ich gebe euch also jetzt einen Scheck, dessen Summe ihr nur zum genannten Zweck ausgeben dürft. Das beinhaltet natürlich auch eure Lebenshaltungskosten im Operationsgebiet . Dazu übernehme ich den Transport per B-52-Bomber der gesamten Ausrüstung nach Nepal, die medizinischen Geräte, eure Wohnwagen und Jeeps, die ich stelle und alles, was notwendig ist. Solltet ihr bei Gelingen ordentlich Tacken machen, was ich trotz der Armut der dortigen Bevölkerung nicht bezweifle, so sollt ihr den Überschuss für die Linderung der Armut und anderen sozialen Fortschritten einsetzen – Good luck, Herrschaften!“
Ein Scheck wechselt den Besitzer. Erst auf der Bank öffnet Anita den Umschlag, liest das Dokument, fasst sich ans Herz und dann Carlos’ Hand:
„100.000.000 T – in Worten einhundermillionen Tacken!“
Na, wir werden W.U.H. und seinen Tackentick noch kennenlernen!

* * * * *

Tatort Jakpur in Nepal, ein Jahr später.

„Die Deutschen sind da!“
Mögen diesee vier Wörter früher einmal ein Schreckensruf gewesen sein – jetzt sind sie der Beginn einer neuen Zeit hier auf dem indischen Subkontinent! Dieser gerät nun bis in die hohen Himalayadörfer hinauf in Aufregung. Abfängliches Misstrauen ist rasch abgebaut, nachdem die ersten Zähne schmerzlos gezogen, andere repariert, wieder andere eingebaut worden sind. Dass man auch lückenhafte Gebisse ausbessern oder gar total neue herstellen und in den Mund schieben kann, ist hier nur wenigen Menschen bekannt. Zähneputzen ist ein Fremdwort, obwohl viele Einheimische Jakpurs, wo Touristen verkehren, so etwas schon beobachtet haben.

Carlos und Anita machen jetzt einen Streifzug, uim einen Alten oder eine Alte zu entdecken, der oder die als Vorzeigeobjekt dienen kann. Und sie finden ihn: Altsherpa Yeti, 59, im Dienst meist ausländischer Bergsteiger zwar nicht ergraut, aber zu Leder geworden und nicht verängstigt, den Fremden eine „zahnlose Mundhöhle zu zeigen, aus der es wie im ferkelstall riecht“, und sie restaurieren zu lassen, wenn es keinen Tacken kostet. So wird von seinem Antlitz, in dem die Kiefer und Backen bereits eingefallen sind, eine „Vorher-Aufnahme“ gemacht, der später die „Nachher-Aufnahme“ zu folgen hat. In seinem Mund gibt’s nichts zu bohren oder zu schleifen, die zwei Gaumenabdrücke sind schnell abgedrückt und schon nach einer Woche, nachdem Yeti sich für „reinweiß“ entschieden hat, steckt Anita ihm die beiden Prothesen ins Maul. Drei, vier Blicke in den Spiegel, dann folgt ein Kommentar, wie er nur hier fallen kann:
„Ihr solltet allen Bhudda-Köpfen Zähne verpassen!“

Kann es mehr Lob geben? Yetis Dank besteht, weil er nicht geschenkt haben möchte, in der Versorgung des Zahnarzt-Teams ein Jahr lang mit frischem Obst, Gemüse und Eiern. Sein „Nachher-Foto“ schmückt, - schmücken ist tatsächlich der treffende Ausdruck -, die Titelseiten aller Magazine zwischen der Westküste Indiens und über Hongkong hinaus, wo überall das Unternehmen „Lachen mit Zähnen“ anerkannt, imitiert und besungen wird:
„Es leuchten die Sterne...“

* * * * *

„Ja, es wird nachgeahmt“, stellt Peter Mefferten erstaunt fest und staunt auch darüber, dass eine große „Ärzteverschiebung“ auf den Kontinenten stattfindet. Und er erklärt sie nach eingehenden Beobachtungen:
„Die einheimischen Ärzte unterentwickelter Gebiete wandern in entwickelte Gebiete ab, weil sie lieber saubere, hübsche, schöne und zahlungskräftige Menschen als schmutzige, die nur mit Naturalien und persönlicher Verehrung bezahlen können, behandeln, kurieren, trösten und abzocken möchten. Europäische und nordamerikanische Ärzte dagegen haben ihre Nasen voll von eingebildeten Kranken, Wartezimmertouristen, Kassendebatten, Regulierungen durch übermütige Krankenkassen, knauserigen Versicherungen, strengen Finazämtern und brutalen Schadensersatzansprüchen bei Kunstfehlern.“
Peter Mefferten vernimmt am Rand einer Ärztetagung ein köstliches Bonmot:
„Was ist der Unterschied zwischen einem Maler und einem Arzt?“
Drei Fragezeichen???. Antwort und Auflösung:

„Wenn der Arzt einen Kunstfehler macht, liegt der nach drei bis fünf Tagen unter der Erde. Wenn aber der Maler einen macht, hängt der noch nach Jahrhunderten an der Wand!“

So sehen sich die Bewohner vieler sonst vergessener Regionen plötzlich ärztlich überversorgt: Südseeinseln mit just soviel Bewohnern, die eine Praxis zum Überleben braucht; Tundra- und Taigebewohner werden von reisenden Doctores besucht; letzte Indiostämme der Llanos, bisher jeder Zivilisation trotzend, sehen ein, dass sie fliegenden Ärzten vertrauen sollten; Pygmäendamen lassen sich die Pille verschreiben, weil sie nicht mehr den Standpunkt ihrer Männer einsehen möchten „nur eine Frau, die jedes Jahr ein Kind in den Urwald setzt, sei auch eine Frau“.

Mit der Erwähnung der Pille, meint Peter Mefferten, nähern wir uns der größten medizinischen Revolution der Erde: der Zustimmung des Vatikans zur Verhütung. Was, mutmaßen Insider, ist in den Papst gefahren? Können je wieder Päpste, sollte die Zustimmung nicht korrigiert werden, in den Himmel eingelassen werden? Hat Gott seinen Ebenbildern deswegen die Kopulationsbegierde verordnet, damit sie erfolglos bleibt? Das sind Fragen, nebst ihren Antworten, die in gelehrten Habitilationen erschöpfend behandelt werden. Also: Welcher Teufel reitet den Papst und hat ihn geleitet?

Er heißt Albertino Juarez, ist 57 und mexikanischer Kardinal mit Ambitionen zum nächsten Pontifikat. Er hat absichtlich ein abenteuerliches Jahr hinter sich, indem er sich der Masse der Gläubigen und Ungläubigen dieser Erde stellte: Allein und verkleidet als asketischer Mönch suchte

er sie auf. Die räumlich nächsten hat er direkt vor der Haustür, in den Slums von Mexiko-City, die entfernteren findet er in Johannesburg, Bombay, Kalkutta, Tokio, Singapur, Nairobi und anderen Metropolen. Seine häufigste Frage lautet sinngemäß:
„Warum, Mutter, haben Sie dreizehn Kinder?"
Die Antworten ähneln sich alle:
„Weil mein Mann mich immer braucht und ich die Pille nicht nehmen darf."
„Wer verbietet sie Ihnen denn?"
„Mann der Kirche, wie können Sie so dämlich fragen! Der Papst, wer sonst?"
Nachdenklich, weil schwer getroffen, kehrt diese Eminenz ins Amt zurück und lässt sich Bevölkerungsstatistiken vorlegen. Aus diesen geht natürlich klar hervor, was sich auf der Erde in Sachen Vermehrung tut, nämlich Schreckliches! Die Vorstellung von 50 Milliarden Erdenbürgern in zwanzig bis fünfzig Jahren steht wie Satans Gespenst am Horizont. In seinem Sprengel, der mexikanischen Hauptstadt, sterben täglich 100.000 Menschen, 150.000 werden geboren, 1.000 ziehen jeden Tag aus dem Umfeld zu.

Nachdem Kardinal Juarez seine wenig klerikalen Überlegungen und Vorstellungen für gut befunden und zu Papier gebracht hat, nimmt das Werk seinen Weg in den Vatikan. Dort sitzt zur Zeit ein Papst, „der Stroh im Kopf" aber erkannt hat, dass entsprechend zu handeln ist. Plötzlich geht alles ganz rasch, als stünde der Teufel „ad portas", und am nächsten ersten Januar erscheint die Enzyklika „Omnium rerum auctor Deus – Gott ist der Schöpfer aller Dinge", in der jene Meinung vertreten wird, die mehr offene und weniger religiös gebundene Menschen schon seit Jahrhunderten vertreten haben – „für die vor 500 Jahren noch öffentlich verbrannt wurde“: Dass, falls man überhaupt die Schöpfung des Alten Testaments anführen möchte, auch eingesehen werden muss, wer der Urheber „Aller Dinge auf Erden“ ist.

Einige knirschen mit den Zähnen, andere jubeln. Wer jubelt am meisten?

„Das ist doch klar“, jubelt Peter Mefferten und zählt sie auf, die alle mit P anfangen, „Pillenhersteller, -verschreiber, -verkäufer und –nutzerinnen. Höhnisch titelt „Der Spiegel“ mit einem Grabstein folgender Inschrift: „Hier ruht niemand, weil seine Mutter die Pille nahm“. In den ersten Monaten des Jahres gibt es natürlich Engpässe in der Pillenversorgung, aber nachdem MacDonalds-Shops die Verkaufserlaubnis erhalten, bessert sich die Lage.

* * * * *

Zum Abschluss des Kapitels „Medizinisches“ weist Peter Mefferten darauf hin, dass, so paradox es erscheinen mag, mit dem Fortschritt der Schulmedizin auch die Quacksalber fortschreiten. Der Begriff „Quacksalber“ ist niederländisch und bedeutet „Kurpfuscher“. (Wurde schon immer bei Kuren am meisten gepfuscht?) Diese Herrschaften, oft sogar mit einem akademischen Titel versehen, reisen umher und bauen auf den unausrottbaren Aberglauben der Menschen. Auf großen Veranstaltungen preisen sie ihre Erzeugnisse an, Stanniolkugeln, magnetische Armringe, obskure Lehrbücher, Handauflegen, ins Maul schauen, Kruzifixe, in die Reliquienrudimente eingebaut sein sollen, Wässerchen, Pillen, Dragees und anderes Kroppzeug.

Dr. Walter Miller, 45, Arzt in San Francisco, besucht im Auftrag Peter Meffertens die Wunderheilveranstaltung des Hieronimus Magnolius, 47, die im Ort stattfindet. Dr. Miller hat Verständnis für chronisch Kranke, bei denen nichts anzuschlagcn schcint un dic sich in Daucrschmcrzcn vcrkrümmen. Und er staunt heute, bei aller skeptischen Einstellung, wie einige seiner eigenen Patienten, denen Hieronimus seine schweren Pranken auflegt, tatsächlich gesund nach Hause gehen. Sie bleiben vor ihm stehen, sehen ihn vernichtend und verachtend an:
„Sie Quacksalber", muss er sich beschimpfen lassen, „Sie haben mich jahrelang falsch behandelt und dafür noch Geld genommen. Sie Pfuscher Sie!"
Vor Jahren hat Dr. Miller einen Jumbo voll Kranker nach Lourdes begleitet und dort festgestellt, dass einige der im Rollstuhl hergekommenen Patienten diesen dort stehen gelassen haben. Aber kaum daheim, dem Zauber religiösen Bannes entzogen, brauchten sie ihre Rollstühle wieder. Dr. Miller verübelt seinen Patienten die Beschimpfungen jetzt nicht, weiß er doch, alle diese Schimpfer demnächst in seiner Praxis wieder behandeln zu dürfen.

Alte Bekannte

Eva und Seth traben scheinbar unausgeglichen und ziellos durch die nördlichen Breiten.
„Sie sind der Welt abhanden gekommen", meint Peter Mefferten.
Mammuts waren früher, bis in die Eiszeit hinein, fette Beute der damaligen Menschen, weil sie alles Benötigte lieferten, wenn man sie einmal zut Strecke gebracht hatte. Heute würde eine starke Remington-Kugel einen solchen Koloss

schnurstarcks zu Boden strecken, damals machten sich ein oder zwei Dutzend Männer hinter ein Stück Mammuts her und bewarfen es solange mit Speeren, Keulen, Lanzen und Backmännern, bis es in den Schnee brach. Vielleicht hatte es dabei ein oder zwei Jäger erledigt – was machte das gegen die Sicherheit, tage- und und wochenlang mit frischem Fleisch versorgt zu sein!

In diesem Urinstikt dachte auch wohl Eskimo oder Inuit Jacobus Pankraz, 64, als er eines schlechten Morgens Eva und Seth in seinem Garten bei der Gemüseernte sehen musste. Eskimo-Sommer sind kurz aber fruchtbar, ein Kohlkopf, im Juni gepflanzt, kann im August geerntet werden, und so geht es auch mit Erdbeeren im Gewächshaus oder Kartoffeln im Hochbeet. Sollte all dieses heuer nicht zur Verfügung stehen, nur weil zwei Uraltungeheuer zufällig Vegetarier und nicht Fleischfresser waren?

Jakobus war durch die Jagd auf Seehunde und Walrösser ein geübter Blattschussjäger geworden.

„Ein Blattschuss, wie es auf deutsch heißt“, weiß er zu berichten, „ist ein Volltreffer seitlich genau ins Herz, und der oder die Getroffene hört nicht einmal den Knall meiner Büchse.“

Was weiß er von Artenschutz und Raritäten der Natur? Er hält Eva und Seth für aus der Serengeti ausgebüxte und hierher geflohene Elefanten, denen während der langen Fußreise in die Arktis ein kapitaler Pelz gewachsen ist. Zweimal sagt es Bumms. Eva und seth sterben sen gemeinsamen Tod und hinterlassen dem Eskimo und seiner Frau Amalda viel Fleisch für die Tiefkühltruhe und zwei wollene Zudecken, die jedem kalten Luftzug im Iglu trotzen...

* * * * *

Und Dino und seine Sippschaft? Dino selbst ist jetzt Irländer geworden, sie hat sich eingewöhnt und weiß nichts von ihren Kindern auf der Osterinsel. An ihr hofft man feststellem zu können, wie alt Dinosaurier früher geworden sein mögen, ob sie an Altersschwäche starben, Schwindsucht, Arteriosklerose oder Arthritis in den mächtigen Beinen.

„Es wird so gewesen sein“, hört Peter Mefferten die Fachleute mutmaßen, wie überall in der Natur: Wer nicht mehr im vollen Besitz seiner Kräfte ist, wird unweigerlich seinen Fressfeinden zum Opfer fallen.“

Weil Dinos Appetit auf Grünzeug beinahe unstillbar ist, muss sein Gehege in einzelne Reviere aufgeteilt werden, damit sie sich erholen und regenerieren können. Seine Zufütterung, gewaltige Lastwagen voll Grün-, Weiß-, Rot- und Rosenkohl, Topinambur, frisch geschnittenes Gras und Runkelrüben bezahlt die EU-Landschaftsgärtnerei, so dass der Staat Irland nicht in Versuchung gerät, Dino einfach abzuschaffen.

Dinos fünf Kinder fühlten sich anfangs auf der Pazifikinsel sozusagen sauwohl, bis sie eines Tages von Besuchern der Insel als vermisst gemeldet wurden.

„Sie können nur an den steilen Hängen der Insel abgestürzt und ins Meer gepurzelt sein!“

Tauchroboter fanden später ihre Skelette auf dem Meeresgrund.

„Es wär’ so schön gewesen – es hat nicht sollen sein!“

Kriegsspiele

Wenden wir uns nun über Peter Mefferten einem anderen Bekannten zu: US-Milliardär William U. Hoerst, bekanntlich kurz W.U.H. genannt. Seine durch ihn traumatisierten Eltern waren froh, als er ihnen endlich „Adios" sagte und ihren Augen entschwand. Eine Anekdote über ihn kolportierten sie freilich in alle Erdteile. Sie klingt traumatisierend und lautet im Original so, wie Peter Mefferten nach einem Interview rekonstruieren konnte:

„Am Anfang fiel uns auf, das William als Säugling nie nörgelte, an der Ammenbrust scheinbar zufrieden nuckelte und sie mit starken Fäustchen wegstieß, wenn er satt geworden war. Als er Brei und dann schon feste Kost zu sich nehmen konnte, aß er selbstzufrieden vor sich hin und kümmerte sich nicht um seine Umgebung – weder lustiges noch nörgelndes Krähen und Quäken, wenn er satt war packte er sein Spielzeug zusammen und schaute es zufrieden an. Laufen konnte er früh, wenn er hinfiel oder an Tischen und Stühlen aneckte gab's keine Schimpferei, höchstens ein empörtes Anschauen des fraglichen Gegenstandes. Viele Eltern sind froh über die ersten Kinderlaute – wir hörten keine bis zum 2., 3., 4. und 5. Geburtstag und zogen eine Menge Psychiater, Gedankenklempner, Gehirnakrobaten und Stimmenhandwerker zu Rate, die William arg hernahmen und mit ewiger Verdammnis drohten, ‚wenn du dein Maul nicht aufmachst'. Kindergarten? Stumme kann man dort nicht brauchen. Vorschulklasse? Abgelehnt!"

Die Erzählerin, Williams Mutter, muss tief Luft holen. „Und dann kam dieser Tag einen Tag vor seiner Einschulung. Mittagessen. Es gab Suppe mit hausgemachten Nudeln und Hühnchenfleisch, Williams Leib- und Magengericht, sein Gesicht strahlte, als müsste er etwas sagen. Er

probierte die Suppe artig mit einem Löffelvoll, verzog das Gesicht, schob den Teller von sich und sagte vorwurfsvoll: ‚Versalzen!'"
Mutter Hoerst kippt bei dieser Erinnerung fast aus den Pantinen. William, dieser Erzschelm, war also die ganze Zeit über vollkommen normal gewesen und antwortete jetzt auf den Vorwurf, solange geschwiegen zu haben:
„Es war doch bisher alles in Ordnung, Leute."

* * * * *

Und es lief auch alles Weitere wie am Schnürchen. Seine Altersgenossen und Kameraden beneideten ihn um den Reichtum, den er einmal als Einzelkind erben würde, aber ab 18 träumte er nur davon, einmal Feldherr zu werden:
„Wenigstens Dreisternegeneral."
Doch in Friedenszeiten haben Feldherren und Generale wenig Berufs- und Aufstiegschancen, sie hocken in Büros herum oder in endlosen Sitzungen.

Wer weiß, vielleicht wäre der gute William, trotz oder wegen seiner Milliarden, eines im Sumpf von Langeweile und Unausgeglichenheit versackt – aber da erreicht ihn die Nachricht der US-Regierung über die Allgemeine Abrüstung. Sofort ahnt er, dass er seine Berufung zum Soldaten doch noch erfüllen kann, dass seine schnieke Marschallsuniform nicht für den häuslichen Schrott maßgeschneidert worden ist.

Er kauft zehn ältere Panzer, die seit den Feldzügen gegen die Taliban und IS nicht mehr zum Einsatz gekommen sind, lässt sie renovieren, neu anstreichen und mit seinem Emblem, einem angreifenden Büffel versehen. Dann überführt er sie persönlich auf sein 10.000-Hektar-

Gelände in Texas, teilt sie in Kampfgruppen A und B ein und eröffnet seinen Privatkrieg. Nur ein Schönheitsfehler besteht dabei: Man will ihm ganz und gar nicht scharfe Munition verkaufen, auch für 5.000 Tacken das Stück nicht!
„Das ginge selbst in unserem Land zu weit", entscheidet das Pentagon, „da könnten wir ihm gleich auch unsere alten Atombomben mitverkaufen."

Derweil arbeitet W.U.H. an der Vervollkommnung seines Arbeitsgebiets. Er hat sich seit Jahren über den Zweiten Weltkrieg schlau gemacht und gedenkt ihn so naturgetreu wie möglich nachzuspielen: die Landung in Nordafrika, die Invasion in Frankreich, den Rheinübergang, das Treffen mit den Russen an der Elbe, die Eroberung der asiatischen Inseln. Dazu braucht er Statisten, die er kurzerhand den Hollywood-Leuten wegkauft: Infanteristen, Piloten, Grenadiere, Pioniere und Seeleute. Auch neue alte Geräte gibt es auf dem sich etablierenden internationalen Markt plötzlich in Hülle und Fülle zu kaufen: Geländewagen, Motorräder, Maschinengewehre, Eierhhandgranaten und Leuchtpistolen. Schwere B-52-Bomber, die später sein Leben ausfüllen werden, ziehen über einem imaginären Schlachtfeld ihre Kreise, entlassen Fallschirmjäger und werden von russischen Migs angegriffen. Alles ist so realistisch, dass amerikanische, kanadische, russische, japanische und chinesische Filmgesellschaften wegen der Aufnahmetermine Schlange stehen – so entwickelt sich alles, was William in die Hände nimmt, zu barem Geld.

Und so geht's weiter. Nach drei Jahren anstrengender Tätigkeiten braucht William Erholung und Entspannung. Dazu kauft er einen US-Veteranen-Kreuzer samt Kapitän und Besatzung, die sonst arbeitslos geworden wären. Es gibt eine Weltreise von Miami nach Miami, Freunde und Freundinnen sind an Bord und sorgen für Geselligkeit und Frivolitäten in Hafenstädten wie London, Hamburg, St. Petersburg, Murmansk, Nagasaki und Hongkong. William wird entsprechend seiner rasselnden Reklametrommel wie der amerikanische Präsident empfangen, so dass erste Gerüchte auftauchten, er wolle den jetzigen in zwei Jahren aus dem Amt werfen lassen. Noch während dieser Reise erreichen sein Büro 100.000 Buchungen für die nächste Reise, und das, obwohl bekannt ist, dass an den spartanischen Unterkünften des Kriegsschiffes nicht verändert wurde und auch die Essensqualität denen der ehemaligen Matrosen entspricht. Vorm Einlaufen in Miami hat William ein Dutzend alte Zerstörer erworben, die in den nächsten Jahren fünf bis sechs Kontinentalreisen mit je fünfzig bis hundert Passagieren machen, die dafür 10.000, 20.000 oder 30.000 Tacken hinblättern müssen – „Williams Zerstörerfahrten“ genannt.

Irgendjemand steckt W.U.H., dass auch die US-Luftflotte zum Verkauf anstünde. So gibt ab nächstes Jahr „Williams Bomberflüge“, Reisen in äußerst spartanischer Ausführung mit Hockern zum Sitzen und Plumpsklos und Wasserspülung per Eimer. Einziger Lichtblick der männlichen Mitreisenden sind die Flugbegleiterinnen von 21 bis 25, deren Miniröcke nicht länger als dreißig Zentimeter sein dürfen. So eine „Bomber-Erdumrundung“ kostet 50.000 Tacken, die Flüge sind auf Jahre ausgebucht.

Ihnen folgen schon ein Jahr später die beliebten Hochzeitsnachtflüge für je zehn Paare à 60.000 Tacken pro Person. Kennenlernflüge für Singles, die nicht länger allein bleiben wollen, Kegelausflüge für Millionärswitwen, Doppelkopfflüge speziell für deutsche Kartenspieler, „Bombenangriffe für Kriegstreiber“ auf imaginäre Großstädte und als absoluter Clou und Tackenbringer „Brothel-Flights“, Stratosphären-Bordells genannt mit je zehn Freiern und Edelpuffnutten an Bord, Preis je Frier 100.000 Tacken, runden das Angebot ab.

Mit diesen Flugunternehmen hat William endlich seinen Lebenszweck gefunden und kann sich nun von Mammi und Pappi lösen. Und im Lauf der kommenden Jahre entwickelt er sich zu dem, wie wir ihn vorher kennengelernt haben: zu einem echten Menschenfreund, auch Philantrop genannt...

Verwandtenbesuch Drei

Doktor Erich Mazarro, 26, ist der Enkel des uns schon bekannten, jedoch leider verstorbenen Dr. Edgar Mazarro, der ein Gorillavater war. Ihn interessierten jene Mutationen, sie vor 30 Jahren „seiner“ Gorillafamilie geschehen waren. Seinen Sohn interessierte das nicht, aber dessen Sohn, eben dieser Erich, war Feuer und Flamme, als er den Nachlass seines Großvaters studierte und sofort den Entschluss fasste, dieser Gorillafamilie nun nachzusteigen.

Natürlich, dass weiß er, sind es nicht mehr jene Familienmitglieder, die sein Großvater so bewunderte und in Herz geschlossen hatte. Aber er weiß auch, dass seinem Großvater die unverhofft schnelle Mutation der Gorillafamilie von Urwald- zu Steppenbewohnern aufgefallen war.

„Wie weit“, fragte er sich, „mag diese Mutation, sollte sie angehalten haben, fortgeschrittten und angewachsen sein?“
Erich Mazarro konnte sein Glück kaum fassen, als in dem Schwarzendorf, wo sein Großvater Station gemacht hatte, noch Leute antraf, die ihn vom Hörensagen kannten und begriffen hatten, was er damals erforschen wollte.
„Ihr Großvater war ein guter Mann“, sagte jetzt Fremdenführer und Gorillakenner Amadeus Baldowius, 27, „und ich hoffe, Sie sind auch so, weil ich Ihnen gerne weiterhelfen möchte.“
Natürlich sagte Erich, dass er „genauso gut“ und schwarzen Menschen gegenüber ebenso gut gesonnen sei wie weißen, gelben oder roten.

Wie Amadeus berichtet, habe sich in den vergangenen Jahrzehnten nur diese eine fragliche Gorillafamilie in die Steppe gewagt und Verhaltensnormen angenommen, die sich grundlegend von Bewohnern des Urwaldes unterscheiden.
„Sie gehen aufrecht, fast wie wir Menschen, aber schon länger als vor dreißig Jahren, so dass ich mutmaße, sie haben in diesen Jahren mehr Evolution zurückgelegt als in tausend und mehr Jahren vorher.“
Sie marschierten vom Dorf aus los und fanden die Familie beim Frühstück vor. Aber vonwegen Vegetarier! Alle Mitglieder, vom tapsenden Baby über fürsorgliche Mütter bis zum Chef, dem Silberrücken betätigten sich jagdlich. Da hatte dieser vor ein paar Minuten eine Boa constrictor gestellt, sich von ihr umwickeln lassen, was sein Rippenbau ohne weiteres aushielt, und sein Nachwuchs war nun dabei, die Schlange regelrecht auseinanderzunehmen: ein Stück-

chen Schwanz abgebissen, seitlich angenagt, so dass ihr leckeres Muskelfleisch genossen werden kann, ihr die bunte Haut abgezogen und damit gespielt – kurz und nicht gut für das Reptil, es wurde bei lebendigem Leib verspeist. Ein halbstarker Gorilla hatte seinen rechten Arm tief in eine Baumhöhle gesteckt und zerrte nun einen sich wehrenden Vogel heraus, dem er kurzentschlossen den Kopf abbiss. Sechs Monate junge Babys machten Jagd auf Heuschrecken, aber nicht als Spiel, sondern als Beutefang. Sie haschten auch nach großen Schmetterlingen. In einer Akazie waren zwei Spezialisten dabei, die Nester der Webervögel zu plündern, die natürlich ein furchtbares Spektakel machten. Zwischendurch waren Grünfresser nach Art der Paviane dabei, allerlei Gräser, Blätter, Stengel und Wurzeln aufzuklauben und in den Mund zu stecken.
„Sie sind ein diszipliniertes Völkchen geworden“, sagt Erich Mazarro.
„Und haben Sie beobachtet“, Baldowius, „wie wachsam und aufmerksam der Silberrücken seiner Pflicht nachkommt, Beschützer und Wächter seiner Familie zu sein?“
Ein Schabrakenschakal streicht um die Gorillafamilie, sicherlich hat er die Baby und Kleinkinder erspäht, die ihm schmecken könnten. Der Silberrücken, er heißt übrigens Goliath, hat ihn längst und seine Absicht bemerkt, er versucht, auch das ein Zeichen neugewonnener Klugheit, ihn durch scheinbare Nichtbeachtung zu übertölpeln. Aber Schakale sind noch geriebener und abgebrühter als Wölfe, dieser eicht aus und verlääst locker trabend die Familie.

Dr. Erich Mazarro bleibt eine Woche bei den Gorillas und wird als Familienmitglied derart angenommen, dass er sich zwischen den einzelnen Tieren bewegen kann, ohne dass es

zu Berührungen kommt. Als er abreist und, wie er weiß, nicht wiederkommen wird, ist er froh, das Werk seines Großvaters fortgeführt und ergänzt zu haben. Warum gerade diese Gorillafamilie den Quantensprung der Evolution vollzogen hat, weiß weder er noch sein Gehilfe Baldowius. Dieset stellt lakonisch fest:
„Es wird noch Jahrmillionen dauern, bis sie den Status des Homo sapiens erreicht haben – Viel Glück dabei!"

„Und wenn man einmal trinken muss, ist Wasser da im Überfluss"

Wir beenden unsere Darstellung der Erde zum Thema „Terra mirabilis" mit zwei futuristischen Kapiteln, die sowohl Peter als auch Paul Mefferten in ihrem neu erschienenen Buch „Land unter" geschrieben haben; das als Ausklang stehen soll und geschrieben wurde, um einer unwissenden Menschheit klarzumachen, dass man sich, wenn schon soviel vom Klimawandel, Ansteigen der Wasserfluten und Untergang gefaselt, spekuliert, schwadroniert und geschwätzt wird, auch Vorstellungen machen sollte, wie es abgehen könnte. Ganz bewusst haben sich die Autoren darauf geeinigt, zwei Dramen darzustellen, die sich ereignen könnten. So kann jeder Leser gedanklich miterleben, was es heißt, auch unschuldige Kreaturen wie Tire in den Strudel des Untergangs mit hineinzuziehen. Hier also im Original die Kapitel „Nur die Füße im Wasser" und „Krater unter", die in vielen Buchhandlungen von den Autoren „eigenhändig" tausenden interessierten Lesern zu Gehör gebracht wurden.

Nur die Füße im Wasser. Paul Mefferten wollte schon immer auf Madagaskar wandern. Und wie kann das preis-

werter geschehen in der Eigenschaft als Wanderführer und Reiseleiter! Dieser Inselstaat gilt seit kurzem als Musterbeispiel eines etwaigen Landverlustes durch den ansteigenden Ozean rundum. Der bisherige Wasseranstieg auf der Erdsüdhälfte von über fünfzig Zentimeter hat dieser mit etwa 587.041 Quadratkilometer viertgrößten Insel der Erde bereits tausend Quadratkilometer gekostet. Aber die Bevölkerung bleibt optimistisch und verweist auf das gebirgige Land des Vulkans auf 2.876 Meter Höhe.
„Da werden noch tausend Jahre ins Land gehen, ehe wir verschwinden."
Das mag stimmen, aber niemand weiß, dass es Landunter auch vorübergehend und zeitweise geben kann.

Pauls Gruppe besteht aus fünfzehn drahtigen schwedischen jungen Leuten, die Berge besteigen und Tiere und Pflanzen bestimmen und beobachten möchten. Jetzt haben sie die heiße und feuchtwarme Zone des Gebirges durchschritten und machen Rast auf einem Bergkegel unterhalb des Vulkans, von wo aus sie ost- und südostwärts einen herrlichen Blick auf den Indischen Ozean und ganz in der Ferne im Nordwesten die Küste Afrikas sehen können. Blau und friedlich liegt das Wasser unter ihnen, auf dem weiße Kreuzfahrtschiffe und rote Tanker fahren und im Südosten ein Papenburger Luxusschiff mit mindestens 6.000 Menschen an Bord herankommt. Direkt vor den jungen Leuten hocken Chamäleons im Gezweig, Eideechsen huschen ihnen über Beine und Füße, an Menschen gewöhnte Lemuren warten im Hintergrund auf touristische Liebesgaben. Dennoch hat Naturfotograf Carl von Kantzow seine Telekamera am Auge und sagt plötzlich:
„Er ist umgekippt!"
„Wer? Der Herr Mefferten?"

„Nein, der Luxusliner dortunten."
Jetzt richten sich sechzehn Ferngläser auf die Szene. Eine Riesenwelle hat das 100.000-Tonnen-Dampfer quer erfasst, sie hebt ihn empor, umwirbelt ihn und drückt ihn im Bruchteil einer Minute unter Wasser.
„Mit Mann und Maus", kommentiert Paul Mefferten entsetzt, „man sieht nichts auf dem Wasser schwimmen, keine Menschen, keine Bordratte."

Nach dem ersten Entsetzen gibt Paul Mefferten den Abstiegsbefehl, aber von Kantzow widerspricht und deutet nach unten:
„Sehen Sie sich das erst einmal an!"
Die für das Unglück verantwortliche Flutwelle schiebt sich der Insel zu, eine weiße Schaumkrone vor sich hertreibend und alle Boote, Tanker und Schiffe umwerfend, die ihr im Weg stehen.
„Ja", stimmt Paul Mefferten zu, „das ist eine Monsterwelle von noch nie gesehener Größe und so stark, dass ich vorschlage, vorsichtshalber statt ab- jetzt aufzusteigen bis unmittelbar vorm Gipfel."
Das war Paul Meffertens größte Idee und Tat! Niemand kann den Menschen unten helfen, ihnen hier oben hilft vorläufig niemand, denn all die Notrufe, die jeder von ihnen jetzt per Handy und Smartphone abgehen lässt, gehen unter wie Mensch und Tier tausend Meter unter ihnen. Immerhin erfährt die Reisegruppe, dass es sich nicht um einen Weltuntergang, sondern nur um ein örtliches Geschehen handelt. Sie stehen jetzt auf 2.500 Meter Höhe und rechnen nicht damit, noch höher steigen zu müssen oder hier und heute zu ertrinken.

Leichen von Menschen und Tieren werden gegen den Berghang geworfen, Haustrümmer, Autos und Fernseher schwemmen an. Zwar hat die Gruppe Verpflegung dabei, aber nur bis zum Abend, weil sie ja dann zurücksein wollte.

„Wir leben nur noch“, stellt Paul Mefferten fest, „weil wir unseren gestrigen Ausflug auf heute verschoben haben.“

Das Wasser steht jetzt, nach einer Stunde sinkt der Stand so langsam, dass mit dem Abstieg begonnen werden kann – durch Schlamm, über Leichen von Kleintieren, die nicht in der Lage waren, zu reagieren. Die Lemuren wichen dem wasser aus und befinden sich jetzt in unmittekbarer Nähe des Gipfels. Paul Mefferten schaut instinktiv nach Afrika hinüber, wo er seinen Bruder Peter in Tansania oder Kenia weiß, am großen Krater wohl, den er noch einmal besuchen wollte.

„Ich glaube“, sagt von Kantzow, „die große Flutwelle rollt jetzt gegen Afrika zu und wird sich im Großen Afrikanischen Graben verlaufen.“

Da stimmt. Bei Dunkelheit ist die Gruppe unten an der Küste und muss feststellen, dass ihr Hotel nicht mehr da ist und alle ihre Sachen vernichtet sind.

„Noch einmal davongekommen!“, schließt Paul Mefferten seinen Bericht von „Nur die Füße im Wasser“ – selbst diese waren trocken geblieben!

Krater unter. Paul Meffertens Bruder Peter schließt sich hier mit **seiner** Erzählung an. Der welt- und erdberühmte Ngorongorokrater muss nicht beschrieben werden. Er ist bekanntlich das Zentrum eines großen Tierparadieses. Paradies freilich nur, wenn man akzeptiert, dass dieser Begriff und seine Ableitung „paradiesisch“ nicht Idylle und Frieden bedeuten können. Alle Gefahren, die eine Ausbreitung der immer zahlreicher werdenden Bevölkerung mit sich zu bringen pflegt, sind bisher abgewendet worden. Jetzt ist es die Natur selbst, die sich ins Unglück stürzt. Auch muss die Vorstellung, Tiere machen in Notzeiten instinktiv alles richtig, korrigiert werden. Wie sollte es auch anders sein, besitzen doch weder Tier noch Mensch irgendwelche Erfahrungen mit Katastrophen des jetzt geschilderten Ausmaßes.

Ich stehe mit einigen Begleitern an Bernhard und Michael Grzimeks Urnengrab an der Abbruchkante des Kraters und beobachte, warte ab. Dic Flut ist also von Madagaskar hergekommen, - wovon Peter Mefferten noch nichts weiß -, und soweit gestiegen, dass sie den genannten Krater bedroht. Er ist bereits mit Millionen an Tieren gefüllt, die sich zusammendrängen und sich gegenseitig auf die Füße treten. Stoisch stehen die Elefanten als graue Masse in der Mitte des Kraters, äußerlich ruhig, doch ihre Trompetenstöße und aufgeworfenen, in die Richtung des Herkommens gerichteten Rüssel zeigen ihre Angst an; Elefanten, heißt es, riechen das Wasser auf Meilen herankommen. Tausende von Löwen und Leoparden, denen jaglicher Appetit vergangen zu sein scheint, verhoffen in halber Höhe der Hänge, erklettern teilweise Bäume, und auch Geparden, keine Kletterkünstler, versuchen das auch. Ich möchte „die Kleinen“ nicht vergessen: Mäuse und Verwandte, Reptilien und Eidechsen, Warane und Landschildkröten, sie werden von den großen Hufen zertreten und zerdrückt. Gute Kletterer und Läufer wie Hasen, Füchse, Dikdiks, Schakale, Springböcke und Verwandte, Hyänen, kleine Katzen und Affen aller Größen retteten sich bisher im Großen und Ganzen und glauben nun wohl, in den Baumkronen alles überstehen zu können. Im Umfeld des Kraters sind alle Tiere ertrunken, welche bei Flucht sich im Erdboden verkriechen. Die gefiederte und fliegende Tierwelt? Geier und alle Greifvögel sind vorerst Nutznießer der Katastrophe. Ihre Bodenbruten draußen sind verloren. Und die Fische und andere Wassertiere? Ihnen öffnet sich ein Eldorado und so scheint uns die Evolution an den Anfang zurückzuversetzen: „Am Anfang war das Wasser!"

Wir steigen ins bereitgestellte Flugzeug. Bevor das Wasser so ansteigt, dass es am Kraterrand zu züngeln beginnt und sich den Abfluss sucht, schäumt es mächtig auf, dann stürzt es brausend in die Tiefe. In der letzten Viertelstunde, solange der Tankvorrat unseres Flugzeuges reicht, kreisen wir über der Unglücksstelle und denken und sagen nur einen Satz:
„Wir sind Augenzeugen einer Sintflut."
Die Sintflut der Bibel? Jeder weiß, dass sie nicht wie dargestellt stattgefunden haben kann, denn es ist schier unmöglich, dass sich unser Planet an allen Stellen „vierzig Fuß hoch" überschwemmen lässt. Aber der Krater füllt sich nun wie eine überdimensionierte Badewanne und ertränkt die stoisch dastehenden Geschöpfe ohne Ausnahme. Benzinmangel zwingt uns zum Abdrehen.
„Jedes Ende ist auch ein Neuanfang!"
Auf diese uralte Weisheit, welche auch die Bibel akzeptiert, beschließe ich meine Reisen und Betrachtungen zum Thema „Terra mirabilis et horribilis"...

ENDE

Außerdem von Walther Rohdich erhältlich:

Flinte, Forke und Skalpell
Landarzt in Deutschland

Soldat und Menschenfreund
Ein historischer Roman aus dem 18. Jahrhundert

Das Hitler-Attentat vom 8. November 1939
Wenn es gelungen wäre ...

Das Hitler-Attentat vom 20. Juli 1944
Wenn es gelungen wäre ...

Pimpfe, Pauker und Propheten
Jugend in Deutschland, 1930 bis 1948

„Als die Ostfriesen frech geworden ...“
Eine politische Zukunftsvision

Weites Land – raues Volk
Eine harte Ostfriesengeschichte

Ein Mäusekrieg
Ein Tagebuchbericht von 1938 bis 1954

Abenteuer Kriegshunde in den Weltkriegen
Tatsachenberichte

Roßbach
verfügbar ab Herbst 2017